江苏人民教育家培养工程丛书（第三辑）

中国风·母语美

——建构中国本色的语文教育

ZHONGGUO FENG　MUYU MEI

JIANGOU ZHONGGUO BENSE DE YUWEN JIAOYU

吴建英　著

江蘇鳳凰教育出版社
Phoenix Education Publishing, Ltd

图书在版编目(CIP)数据

中国风·母语美：建构中国本色的语文教育 / 吴建英著. —南京：江苏凤凰教育出版社，2021.6
(江苏人民教育家培养工程丛书. 第三辑)
ISBN 978-7-5499-9406-9

Ⅰ. ①中… Ⅱ. ①吴… Ⅲ. ①小学语文课—教学研究 Ⅳ. ①G623.202

中国版本图书馆 CIP 数据核字(2021)第 124264 号

江苏人民教育家培养工程丛书(第三辑)

书　　名	**中国风·母语美**——建构中国本色的语文教育
作　　者	吴建英
责任编辑	李　丹
出版发行	江苏凤凰教育出版社(南京市湖南路 1 号 A 楼　邮编 210009)
苏教网址	http://www.1088.com.cn
照　　排	江苏凤凰制版有限公司
印　　刷	南京顺和印刷有限责任公司
厂　　址	南京市江宁区麒麟街道天和路 78 号
开　　本	787 毫米×1092 毫米　1/16
印　　张	11.5
版　　次	2021 年 6 月第 1 版
印　　次	2021 年 6 月第 1 次印刷
书　　号	ISBN 978-7-5499-9406-9
定　　价	31.00 元
网店地址	http://jsfhjycbs.tmall.com
公 众 号	苏教服务(微信号:jsfhjyfw)
邮购电话	025-85406265,025-85400774,短信 02585420909
盗版举报	025-83658579

江苏人民教育家培养工程丛书(第三辑)编委会

总序

FOREWORD

为江苏未来教育家成长奠基

纵观世界教育史，每一次深刻的教育变革都离不开教育家的参与和推动。邓小平同志在 1986 年就提出“希望中国出现一大批三四十岁的优秀的科学家、教育家、文学家和其他各种专家”。2007 年《国家教育事业发展“十一五”规划纲要》明确提出了“倡导教育家办学”的方针。《国家中长期教育改革和发展规划纲要(2010—2020 年)》也明确提出，要创造有利条件，鼓励教师和校长在实践中大胆探索，创新教育思想、教育模式和教育方法，形成教学特色和办学风格，造就一批教育家，倡导教育家办学。

倡导教育家办学，要在扎根于民族文化土壤的同时，吸纳一切人类文明成果，形成具有本土特色和全球视野的教育实践和教育智慧。在我国源远流长的几千年文明发展进程中，不仅积淀了丰富的教育话语体系，而且涌现出一批又一批的优秀教育家。如，有被推崇为“大成至圣先师”“万世师表”的孔子，有“匹夫而为百世师，一言而为天下法”的韩愈，有“捧着一颗心来，不带半根草去”的人民教育家陶行知，等等。

江苏素有重教兴学的优良传统。明清两代全国 202 名状元中，有 66 人出自江苏，约占总数的三分之一。新中国成立以来，两院院士三分之一以上是江苏籍。“十一五”规划以来，江苏认真贯彻国家、省教育规划纲要，坚持把优先发展教育作为强省之基，把科教与人才强省作为经济社会发展的基础战略，扎实做好教育改革发展各项工作。为顺应发展要求，江苏在 2009 年启动实施“江苏人民教育家培养工程”，旨在通过培养一批具有教育家潜质的校长、教师，带动全省师资队伍建设，提高全省教育质量。工程启动和实施以来，得到了省内外同行的高度关注，《中国教育报》《人民教育》等权威教育媒体纷纷予以报道，给予了很多的支持和鼓励。在工程的带动下，全省基础教育人才队伍建设工作蓬勃开展，人才梯队不断优化，人才培养形成常态化。无锡的教育名家培养工程、常州和镇江的名师工作室、苏州的姑苏人才计划、南通和淮安的名师名校长培养工程、连云港的中小学高层次人才"333"工程、泰州的中小学卓越教师培养计划、扬州的领雁工程等都取得了良好成效，为江苏基础教育事业的明天提供了人才支撑。

一、设计思路

古今中外的教育家，虽然成长路径各不相同，但他们身上都有一个共同特点，那就是都有强烈的发展愿景，都是积极主动、持之以恒地追求自我发展。而有计划的培养可以促其自觉、促其坚定、催其奋进、助其提高。实践证明，通过有效地整合社会资源，建立系统而完整的培养制度，对培养对象进行引领、促进、支持，给予他们相对良好的成长空间和必要的规制，有助于他们更快更好地成长。我们认为，确立"人民教育家是可以培养的"观念，是科学的人才观、发展观在师资队伍建设中的体现。

确立目标宗旨。为一批立志终身从教、教育理念新、科研能力强、专长突出、风格鲜明、发展潜力大的中小学教师和校长创造条件，提供平台，给予重点培养，帮助他们在教育理论素养和创新实践能力等方面得到全面提升，使其个人专长更加凸显，特色风格更加鲜明，为他们成长为社会公认的人民教育家奠定基础，并以此带动和促进全省中小学师资队伍水平的整体提升，为江苏建设教育强省、率先实现教育现代化、办人民满意的教育做出更大的贡献。

制订培养计划。工程实施的目标是培养基础教育高端人才。从2009年起，计划在全省范围内分四批选拔200名特级教师进行重点培养。200个培养名额，低于特级教师总数的20%，不到中小学专任教师总数的万分之三。分四批培养，每批50人，确保每一名培养对象都能享有足够好、足够多的专家资源、活动资源、财力资源和实践平台，保证培养过程更加具有科学性、针对性和有效性。

明晰选拔标准。分析近代以来我国教育家表现出来的特质，我们发现他们具有三个方面的共同特质：一是志存高远，具有远大的教育理想，"敢探未发明的新理"，善于发现和潜心研究教育问题，形成自己独到的教育思想；二是学高为师，具有丰富的学识和科学的经验，勇于探索，在办学理念和思路、学校建设与管理、教育教学方式等方面形成鲜明的特色和风格；三是身正为范，具有高尚的人格魅力，热爱学生，尊重学生，对学生有大爱之心，并有较大的社会影响。为此，在培养对象的选拔上，我们确定了"坚持一个基本条件、着重考察三个方面"的遴选原则。基本条件必须是特级教师，是"师德的表率、育人的模范、教学的专家"。在此基础上，着重考察培养对象是否有正确的、强烈的成长动机，有为人民教育事业奋斗终身的坚定理想和不懈追求；是否具有深厚的教育理论素养、文化素养和专业素养，有成为人民教育家的基础条件和发展潜力；是否具有高尚的人格魅力，在区域和学科专业领域内声望高、影响大、示范性强，受到同行、学生、家长和社会的广泛敬重和好评。

二、制度建构

“江苏人民教育家培养工程”是一项系统性工程，旨在探索高端教育人才培养的政策、制度和实践模式，以培养对象的教育思想、办学行为和先进事迹激发全省所有校长、教师的教育热情和奉献精神。经过五年的实践探索，逐步形成了一套比较完整的培养体系，制定了《江苏人民教育家培养工程实施指南》，形成了管理、培养、考核“三位一体”的培养工作机制。

建立了管理机构。在管理上，教育厅成立了“江苏省人民教育家培养工程领导小组”，负责培养工作的整体把握和指导，指定江苏省教育科学研究院负责工程的具体实施工作。根据培养对象的特点和研究方向，成立了分学段或分学科领域和学校管理等不同培养方向的五个研修组。与培养对象相对应，组建了五个专家指导小组，通过个别指导和集体指导相结合的模式，就培养对象的发展规划、研究方向、课题研究进行指导。

搭建了培养平台。在培养上，以“政府创设平台、专家引领指导、个人主动发展、团队共同提高”为培养机制，以帮助培养对象“提高师德修养、拓展教育视野、创新教学理念、提高教育教学能力水平”为核心培养内容，规划实施了九大系列培养计划：催生教育主张——培养对象理论素养提升计划；聆听高端讲座——培养对象知识结构更新计划；牵手农村教育——培养对象责任修炼计划；推动教育创新——培养对象实践模式构建计划；走近教育家——培养对象分类阅读计划；聚焦实践问题——培养对象小组合作研究计划；带动共同发展——培养对象团队建设计划；教育家办学——影响力论坛计划；行者无疆——教育考察计划。围绕计划，在2014年至2019年第三期培养对象培养期内，共开展省级集中活动20余次、小组活动近100次。

制定了考核制度。在考核上，省教育厅委托省教育科学研究院与培养对象签订“目标责任书”，依据目标责任书开展年度考核、中期考核和终期考核工作。其中，年度考核实行报告评价式考核，研修小组和培养对象每年要做一次工作总结，报告一次研修心得；中期考核在培养期的第三年举行，实行发展性评估考核；终期考核按目标责任书实行目标考核。培养周期完成，在个人考核的基础上，成立“培养工作评估项目组”，对项目实施情况进行整体评估。

提供了条件保障。主要从专家、平台、经费等方面为工程实施及培养对象提供专业支持、环境支持和政策支持。一是组建了专家指导团队，聘请了国内一流专家。目前共聘请专家119人次，其中为第三期培养对象聘请的专家有35人。二是设立省教育科学规划“十三五”人民教育家培养对象专项课题，鼓励培养对象申报教育科研课题研究项目，通过课题研究推动培养对象成长。三是为每位培养对象至少安排一次出国研修的机会、召开一次教育思想研讨会、资助出版一部专著，为他们形成教育教学思想创造条件。

三、实践成效

工程实施以来，每一位培养对象都以教育家的素养标准要求自己，经过五年努力，提升了综合素养，取得了很多教育教学成果，带动了区域内多元团队的共同发展，还通过跨区域的合作在更大范围发挥了重要作用。

素质显著提高。五年的研修对每一个培养对象来说都是一个迅速进步的过程，他们的专业素养与教育能力不断提升，教育思想已现雏形。其一，潜心读书，提升了专业素养。有的培养对象五年阅读了100多部专著，撰写了40多万字的读书笔记。其二，实践探索，提高了教育能力。通过构建自己的课堂教学模式提高课堂教学质量，通过成立名师工作室和建设学科基地发挥辐射作用，通过管理模式的变革寻求学校的优质发展，已成为培养对象的行为自觉。其三，活动研修，拓宽了教育视野，丰富了发展内涵，增强了服务江苏教育发展的责任感与使命感。其四，自省反思，凝练了教育思想。通过回顾和反思、梳理和归纳，做到更深刻地认识、更清晰地表达自己的教育理念，初步形成了自己的教育思想。

研究成果丰硕。五年来，各位培养对象在实践研究方面积极进取，取得了丰硕成果。据不完全统计，第三期培养对象公开发表论文880篇，其中在核心期刊发表191篇；编著图书79本，出版专著35本；主持市级以上课题（项目）研究166项，开设县级以上公开课、讲座1821节（次）；被媒体报道210次。教学办学上，他们不仅善于把自己的教育理念运用到实践中去，而且非常注重特色成果的形成，成为江苏基础教育改革大背景下一例例鲜活的典型。他们的教育教学实践获得了广泛认可，产生了深远的影响，累计获得各级各类荣誉表彰300余项。这些成果来之不易，体现了各培养对象不断超越、勤于探索的精神。

带动效应显著。培养对象皆有自己领衔的发展团队，不仅有学校管理团队、教师集体和学科教师团队，而且有市（区、县）的名师团队、骨干教师团队，为带动当地教师发展做出了很大贡献。在团队发展过程中逐渐形成了由“被动发展”走向“主动发展”、由“短期性发展”走向“持续式发展”的良好格局，表现出相当高的发展水平与强大的辐射力。另外，第三期培养对象共开展“牵手农村教育”活动近30次，覆盖近30个县、市（区）50多所农村学校，发挥了培养对象的专业服务作用，带动了农村地区教师专业发展。难能可贵的是，他们在成为“培养对象”后，依然有着清醒的自我认识。他们常常淡看自己的努力和成就，却对“机遇”怀有感恩之心。正如一位培养对象所说：“孔子的彼岸是闻达于诸侯，我在想我们的彼岸是什么？也许我一辈子也成不了教育家，但我可以拥有教育家的志向、教育家的情怀、教育家的理想。在培养工程一千多个日日夜夜里，我如农夫般日日耕耘，如哲人般时时自省。从此岸到彼岸，是岁月的距离，更是成长的步履。让我们揣着梦想、带着感恩、携着激情，执着行走在成为教育家的路上，不为彼岸只为海！”

当前，江苏教育系统正在全面学习贯彻落实党的“十九大”精神，全力推进教育现代化建设，坚持以立德树人为根本，以发展素质教育为主题，以提高教育质量为核心，以促进教育公平为重点，以服务经济社会发展为重任，以深化教育教学改革为动力，以扩大教育对外开放、提升教育国际合作交流水平为重要路径，以教育信息化为着力点，以争取加大教育投入、建设高素质专业化教师队伍为关键，探索建立中国特色现代学校制度，努力营造健康向上的校园文化和有利于教育改革发展的社会氛围，努力办好人民满意的教育。衷心地希望“江苏人民教育家培养工程”的实践探索能给我国推进教育发展和办学专业化、促进高端教育人才成长提供借鉴。

编委会

2020 年 11 月

序

PREFACE

惠风和畅母语美

“‘中国风·母语美’小学语文教育”是吴建英老师研究了十多年的项目。她从教学、课程和学校文化等方面整体建构，潜心探索，取得了骄人的成绩。

首先是她的教学实践。近些年，我听过她上的《伯牙鼓琴》《如梦令》《长相思》等课，留下很深的印象。她的课雅致灵动，情意交融，带有独特美好的课韵、课情，既有文化蕴藉、内涵和品位，又适合儿童发展需要，有些课例堪称经典，为她的“中国风·母语美”语文教育作了最好的诠释。

她的语文课堂是贴着儿童的，她的课堂之美首先是情感之美。吴建英研究儿童，激活儿童经验，设计具有挑战性的任务，让学习过程成为主动发展的一种生命状态。“文似看山不喜平”，吴建英的课亦然，激发学生积极、愉快、主动的美好情绪，鼓励深度思维和多元见解，促使他们产生强烈的求知欲，感受学习的快感与成功，获得“高峰体验”。

她的语文课堂是洋溢母语芬芳的，是激活母语美的基因的课堂。“中国风·母语美”语文教育注重利用母语美的基因，引领学生从美学维度去学习祖国的语言，激起情感波澜，点燃思想火花，张扬独特个性，引发其对母语情感美、形式美、意境美和哲理美的认同与赞赏。在长期的熏陶中，培养儿童的语感、美感、灵感，丰富他们的精神世界，涵养他们的博学气质和文化风度。

她的语文课堂是有个性的，“雅致”是吴建英教学的风格标志。“中国风·母语美”语文课堂的文化心态和审美心灵是“雅化”的，文雅的语言、优雅的举止、古雅的氛围、典雅的方式、闲雅的情致、静雅的冥思激发了学生学习语文的雅兴、雅意、雅趣，使她的语文教学呈现出一种温文尔雅的格致、隽永悠长的情致，舒卷自如，意态邈远，清新宜人。同时，吴建英努力探寻“中国风·母语美”语文课堂范式，并进行“情境建构”，还形成了母语教育特有的审美节律。这不仅是教学形式的一种表现形态，更是对语文本源的一种阐释，是一种精神态度，一种美学追求，让语文走上了“回家”之路。

在坚持教学研究的同时，吴建英针对目前课程教学实际，以儿童认知心理为依据，以回溯母语习得规律为指归，整体架构符合汉语言文字特点的、多元融合的“儿童书香课程群”体系，包括“中国风·母语美”微课程群、整本书共读课程等，以期在儿童语言发展的关键期，播下经典语言的种子，使他们获得语言的滋润和精神的拔节。作为校长，她又在学校文化积淀的基础上，高举“崇美立人”的文化旗帜，将“中国风·母语美”小学语文教育项目有机融入学校文化建设，成为“崇美立人”的一张靓丽名片。

吴建英正努力让母语教育美成一首诗，让学生产生审美的愉悦和发自内心的热爱，进而沉淀为儿童生命中的一种美丽的文化特质。而这种文化特质是具有植物性特征的，是扎根的、葱绿的、生长的。“二月春风似剪刀，万条垂下绿丝绦”，这正是人们在感受到吴建英母语教育惠风和畅时，可以看到、想到的儿童母语发展应有的活泼泼的样子。

杨九俊

2021 年 1 月

目录

CONTENTS

第一章　教育理念探索

第一节　认识我们的母语

我国著名语言学家周有光先生指出，共同语有范围大小的不同，有民族共同语，有全国共同语（国语），在我们这样一个多民族国家中，我们以主体民族的共同语作为全国共同语。因此，汉语是中华民族的共同语，是中华民族的母语。

“母语”的英文表达为 mother tongue，直译作“妈妈的舌头”。从妈妈的舌头发出的声音，那是一个生命来到世上听到的最初的声音，也是最美妙、最温暖的声音。正如哲学家叶秀山所说，“母语”是父母给的，是“家”给的。“家”给的“语言”是最原始的，也是最牢固的。母语，蕴含着一个民族的精神、文化与力量，是一个民族的根系，能让我们产生亲切感、归属感和文化认同感，是我们的灵魂得以栖息的家园。

一、汉语之美

作为中华民族母语的汉语，是一种美的存在。鲁迅先生说，汉字“具三美，意美以感心，一也；音美以感耳，二也；形美以感目，三也”。汉语，不仅是一门语言，更是一种艺术。

1. 汉语之美，美在字形

汉字是一种平面表象符号，有一种朴质的天然美。汉字的笔画形成的字形结构，具备了造型艺术的条件，因而一些书法理论认为，这就是汉字的“天生丽质”。此外，汉字的结构还有字意的含蕴，无论是象形程度较高的古汉字，或是隶变以后抽象化的字形，都是一种“意”的表达，能抒情达意。正是凭借汉字这种“天生丽质”，才有“书圣”王羲之行书的行云流水之美，颜真卿楷书的雍容雄健之美，张旭草书的恣肆浪漫之美……

2. 汉语之美，美在音韵

汉语有“阴平、阳平、上声、去声”四声调，因此就有轻重有序、错落有致、铿锵有声的抑扬之美。汉语本身的读音具有音韵之美，而汉语内里蕴含的音韵之美，更是妙不可言。从曹操的“秋风萧瑟，洪波涌起”，到岳飞的“三十功名尘与土，八千里路云和月”，到文天祥的“人生自古谁无死，留取丹心照汗青”，再到顾宪成的“风声，雨声，读书声，声声入耳；家事，国事，天下事，事事关心”，每一句都是那么铿锵有力、动人心魄。

3. 汉语之美，美在意蕴

汉语有天高云淡般的深邃，也有行云流水般的通畅，时而轻快，时而深沉，时而欢愉，时而伤悲。“山如黛，月如钩”，那是静谧；“帘卷西风，人比黄花瘦”，那是悲凉；“寂寞梧桐深院锁清秋”，那是萧条……一部《诗经》，将汉语的美妙挥洒得淋漓尽致；一曲“但愿人长久，千里共婵娟”，成了千年的“中秋绝唱”；一部《红楼梦》，更是将汉语的“独到之美”推向了极致。同时，从她诞生的第一天起，就与中华民族的历史紧紧相连。孔子写《春秋》，屈原赋《离骚》，司马迁作《史记》，用的都是汉语。五千年的岁月累积，汉语早已像高山一样意蕴深沉、厚重博大。

4. 汉语之美，美在智慧

汉字有四种基本造字法：象形、指事、会意、形声。象形字，如“日”“月”“水”，分别是太阳、月亮和河流的形状。指事字，如“刃”，就是“刀”上那一处最锋利的地方。会意字，如“采”，由“爪”和“木”组成，表示用手在树木上采摘叶子或果实；“从”由两个“人”组成，表示一个人紧随着另一个人；至于双木为“林”，三木为“森”，三人为“众”等，其意义就显而易见了。形声字，由形旁和声旁两部分组成，如“狼”字，“犬”表形，“良”表音；“狗”字的形旁是“犬”，声旁是“句”……汉字，是中国人智慧的结晶。

此外，我们的母语还蕴含着中华民族的精神之美、文化之美，能让我们产生亲切感、归属感和文化认同感。

二、汉语的文化特征

汉语表达极其灵活和自由，具有“情境建构”的特点：句读简短，形式松弛，组合自由，充满弹性，以神摄形，情趣盎然，气韵生动，意义遥深，富有独特的人文品格。汉语具有独特的“三重”文化特征：

1. 重意会

我国现代语言学奠基人之一的王力先生说过一句很有意思的话：“就句子的结构而论，西洋语言是法治的，中国语言是人治的。”“法治”和“人治”的区别，就是形合和意合的区别。汉语具有很强的意合特性，语句的组合往往不受形态成分的约束，而更多地受语义因素的制约。只要语义搭配上合乎事理，就可以相连，合成在一起。意合，造就整饬；意合，令表达简洁。只要留意我国的古典诗词，就会发现古代的诗人们常常采用意合的方法，用最少的语言、最简要的结构形式表达最复杂、最丰富的意象和情趣，从而使古典诗词享有“凝练”“含蓄”“富有表现力”“以有限寓无限”等美誉。可以毫不夸张地说，汉语没有意合，就难有唐诗、宋词的辉煌，就难有成语、俗语的宝库，就难有中国文学峰峦叠起之风景。汉语的意合折射出的思维方式是意会。意会的思维，对事物的认识是直观的、整体的、非逻辑性的，重“体验”而轻“概括”，重“领悟”而轻“分析”。这种思维方式具有很强的直觉内省、体验感悟的情感色彩。

2. 重虚实

由于汉语是重意会的，所以只要能够会意，语词安排上就可以“人详我略”。汉语的造句注重的不是空间构架的严整，而是线性的流动、转折，追求流动的韵律和节奏，因此汉语有虚有实，虚实相间，不滞于形，辞约义丰。汉语重虚实，在语法上表现为省略，在修辞上表现为跳脱。跳脱不是简单的省略，而是以前后语作为语言环境，省去了一些很重要的内容，让读者凭想象和经验，自觉补充被省略了的内容，从而使语言含蓄、凝练，产生空灵之美。

3. 重具象

我国古代哲学讲求“观物取象”，即取万物之象，加工成为具有象征意义的符号来反映事物。汉语习惯用直观、形象的方式来反映客观事物，用意象组合的方法使语言表述富于图像化，用联想、比附的方法来论述抽象的概念或道理，这就是汉语的具象性特点。如汉语中有一批常用词，“红通通”“香喷喷”“冷冰冰”“喜洋洋”等，它们不仅传达一种概念，同时诉诸人的视觉、嗅觉、触觉、心理感受等，给人一个生动可感的整体形象。汉语的具象性正是中国人传统的具体的经验性思维方式的体现。

汉语保留了更多感性的东西，更接近人的瞬间体验而非理性分解，因而显得有“情”有“意”。面对感性的汉语世界，仅凭借理性的语言分析是无法达到对其内蕴的深刻把握的。只有引导学生把整个心灵都投放其中，用自己的感官去触摸语言文字的声音、形体与色彩，才有可能抵达语言的深处，激发其对母语的炽热感情，唤醒溶解在血脉中的母语文化，在心灵上建构起牢不可破、永不遗忘的“母语情结”。

在当前课程改革深入展开的态势下，人们更加深刻地认识到：语文教育要想摆脱现实的困境，提高科学性和实效性，就必须植根于汉语文本土，走一条母语教育民族化、审美化、儿童化之路。

第二节 母语教育现状反思

母语教育，是每一个国家教育的基础与核心。令人遗憾的是，在全球化网络化语境下，我国产生了较严重的“母语危机”，母语被污损、遭质疑，母语文化根脉缺失，活力不足。审视当下我国语文教育现状，主要存在以下问题：

一、漠视汉语特点，弱化语文灵性

漠视汉语特点，弱化语文灵性是我国当代语文教育中的不足。近代的“西学东渐”思潮使语文教育领域表现出文化价值取向上的“西化”，其表征之一就是在语文教学过程中轻汉语言文字、重心灵感受，把语文课堂教学建立在工具化、符号化和理性化的知识观基础之上。这样的课堂教学淡化、剥离了汉语所固有的特点与价值，使原本充满人性之美、富有情性之趣的语文变得不像语文了。机械、单调、抽象成了语文课堂教学的主要呈现方式，而被动、僵化和苍白则成了儿童生命的典型表征。具体体现在：

1. 重讲解轻体悟

汉语是非常情意化的，往往要靠体验感悟来内化。当前语文教学中含义解释、要点归纳、情节分析、文法疏通、机械练习、主题概括等讲解方式不胜枚举，而体验感悟的学习方式却被“放逐”。结果，鲜明的形象被淡化，丰富的情感被稀释，自由的想象被禁锢，美丽的意境被破坏，文本的意蕴被肢解……语文教育不可避免地患上了“贫血症”：汉语的深厚意蕴、丰富内涵，学生的灵动气韵荡然无存。于是，常有学生这样说：“我们喜欢语文，但我们不喜欢语文课。”这种过度追求科学理性的教学方式，违背了学生的认知规律，不符合汉语文重意会、重感悟的基本精神。

2. 重局部轻整体

文章是一个有机的整体，一个词、一个句子、一个段落都与整篇文章有着内在的、千丝万缕的联系。教师如果胸有全局、善于驾驭，教学则能收到事半功倍之效。但令人遗憾的是，不少教师在进行语文教学时只注重局部的字词、表达等内容的提问，涉及某个知识点时，教者的眼里就只有这个知识点，只见树木不见森林，一篇篇优美动人的文学作品被剖析得支离破碎。这种做法导致学生眼中只有零碎的字词、割离的句子、机械的段意，甚至刻意总结出来的中心思想，却没有作品本身，弱化了语文的灵性。

3. 重程式轻个性

文本是千变万化的，语文课堂也应该形式多样，富有个性。然而，有些教师总是刻板地按一套固定的流程开展教学活动，缺乏独特的视野与方式，一味采用死板的程式，跳不出介绍作者和时代背景、讲解字词、分层划段、分析课文、归纳思想、总结写作特点等框框。结果，语文课堂教学变得毫无生气、毫无活力，原本流光溢彩的文章变得美感、灵感全无，读来如出一辙，味同嚼蜡，磨灭了学生学习语文的热情。

二、过度追求感性，虚化语文内涵

语文课堂教学出现的另一种偏颇，就是过度追求感性，变得越来越复杂，越来越玄乎，形式多、花样多，让人觉得繁花满目、异彩纷呈，但细细咀嚼，只感觉平淡，缺乏内涵和品位，语文课变得苍白而贫乏，陷入了一种新的“少、慢、差、费”的境地。在目前的语文课堂教学中，以下几种情况比较突出：

1. 重铺张轻静思

有的教师认为，成功的、精彩的语文课堂教学应该追求气氛活跃，节奏紧凑，活动充分，最好能“让学生感动”。于是，他们运用多种手段来渲染、催化情感，课堂上便有了大段激情渲染的台词，有了直抵心灵的音乐与画面，有了大量课外资源的拓展与引进。然而，教师过分的情感铺张与思想流露，不但不能带动与感染学生，反而成了一种精神负累与情感逼迫，让学生无法自由地呼吸、细致地阅读、独立地思考、静静地体验。

2. 重花样轻内涵

学生学习语文的根本目的，在于能正确理解与运用祖国的语言文字，会听说读写，有一定的语文素养，这是语文课的“保底工程”。然而一些语文课堂，游离文本，吹拉弹唱画，形式多样，把很多非语文的东西强加在语文身上。庄子说：“文灭质，博溺心。”意思是花样、名堂太多，会掩盖事物的本质。这样的课堂不堪重负，语文学科基本特点丧失，语文课程根本目标迷失，语文课成了“大杂烩”。

3. 重语意轻语言

多年来，我们的语文课堂大部分仍在围绕内容做文章，走的是内容分析的老路。重情节内容的疏通、思想意义的解读，轻语言形式的领悟、语言表达的实践，很少从“形式”入手，探究“内容”是如何承载或表达“意义”的，这是典型的“得意忘言”。长此以往，必将模糊语文的面影，虚化语文的内涵。也许，这就是长期以来语文教学高耗低效的重要原因。

语文课堂的这两种偏颇，使语文教学既缺失了母语的典雅与智慧，也缺失了生命的灵动与光辉，显然与素质教育的理念是背道而驰的。

第三节　“中国风·母语美”内涵阐释与探索历程

一、内涵阐释

“‘中国风·母语美’小学语文教育”以“探索展示母语之美的语文教育”为目标，坚持走母语教育民族化之路、母语教育儿童化之路、母语教育审美化之路，这三条路聚焦同一个主题、同一个核心价值观：提升母语素养，弘扬中华文化，培植民族精神，实现中国梦。

“中国风”是文化的视角，即中国风格、中国气派与中华民族的风尚；“母语美”是语言的视角，意指中华民族母语特有的审美意趣与审美表达。中国现代教育专家成尚荣先生曾这样评价，“中国风·母语美”彰显的是中华文化的特质，凸显的是语文教育的特质与使命，建构的是具有中国特色、语文特质、儿童特点的小学语文教育。“中国风·母语美”的语文教育内涵与特征可以概括为：以增强中华民族文化认同、生长中国精神为宗旨，以汉语言文字的使用为任务，以开发与优化母语课程为载体，以儿童学习母语研究为基础，培养以“中国风·母语美”为核心的语文核心素养，让儿童成为中华文化的传承者、建设者、创造者。

“‘中国风·母语美’小学语文教育”是一种母语教育的回归。首先，回归中华民族的优秀传统文化。在中国的土壤里寻找中国母语教育的钥匙，让传统文化经典在当下儿童的语文生活中复活。其次，回归语文和儿童的关系。语文教育要使母语成为儿童的精神家园，这个家园中有民族的文化信念和信仰，让儿童成为有民族文化根基的人。再次，回归课程。为儿童铺设一条促进母语素养提升的跑道，以民族文化为核心，追求母语的情调性灵，强调儿童的精神关怀和智慧生长，将最有价值的知识授予儿童，用适宜的方式传承和发展母语文化。

其核心思想体现为：

1. 回归优秀民族文化

母语是最具民族性的，母语凝结着民族精神、民族情怀、民族立场，坚持并优化母语教育就是坚守民族文化。母语教育，理所当然应深植于本民族土壤。回归优秀民族文化传统，深刻把握和领悟汉语的本质特征、审美特性和学习规律，构建独具民族特点和中国特色的母语教育体系，探求符合规律的现代母语教育方法，让儿童积淀民族的语言、民族的精神和品格，在其心灵上建构起牢不可破、永不遗忘的"母语情结"，形成有民族文化根基的学养和人格。

2. 注重母语本体特质

汉语重意会、重虚实、重具象，具有情境建构的特点，富有独特的本体特质。母语教育要引领儿童去追溯、探寻、领略母语的文字之美、文学之美、文化之美，进而激发他们对母语的炽热感情，培养他们丰富的语言感受力和对母语的认同感，最终实现学生母语素养以及核心素养的全面提升。

3. 坚持儿童本位立场

小学母语教育只有融入儿童的世界才有意义。母语教育应从儿童出发，以儿童的成长为指归，依循儿童的心理特点、兴趣特征、思维方式以及对母语的感受力，选择适应儿童的乐学方式，使他们获得语言的发展和精神的成长，最终让母语成为儿童的一种生命存在。

二、探索历程

"'中国风·母语美'小学语文教育"改革探索力图解决四个问题：第一，形成"中国风·母语美"的语文教育核心思想；第二，探索语文教育中提升儿童母语素养的途径和方式；第三，构建与国家课程相对应的"中国风·母语美"课程群，促进母语课程体系的完善；第四，加强中华优秀传统文化教育，促进其在小学母语教育中的具体落实。

主要分为以下三个阶段：

1. 第一阶段：课堂教学改革阶段

探索重点：把握母语教育民族化精髓，构建"情意课堂"，铸造语文教学的民族品格。

反思语文教学中存在的问题，有助于我们的语文教学改革走上"母语教育民族化"之路。"母语教育民族化"是一种教育理念，它不是"复古"，也不是"排外"，而是遵照汉语言文字特点与汉语文学习规律，遵照现代先进的教育思想来进行和改造母语教育，以尽快祛除语文教学效率低下的痼疾，加速提升青少年乃至整个中华民族的文化素养。

应该指出的是，母语教育的目标是现代化，其过程是民族化。只有坚持走“母语教育民族化”之路，才能实现现代化的目标。正如我国著名语文教育家张翼健先生指出的，语文教育必须坚持民族化的方向。但我们这里所说的民族化，绝不是狭隘的民族主义与保守的复古意识。相反，开放意识与现代化意识正是“民族化”题中的本来之义……我们的现代化建设必须扎根于中华民族的文化，这是语文教育必须坚持民族化的重要依据之一。

本阶段，通过深入调查、理论研究、课例研讨、案例分析等方法，“旧”中求新，重读母语文化，深刻领悟中国文化传统与汉语特点，构建“情意课堂”，铸造语文教学的民族品格，这是语文学科的内在需求与本色回归。

2. 第二阶段：课程群开发阶段

探索重点：把握儿童发展特点，走母语教育儿童化之路，开发课程群，把最美的母语献给美好的童年。

在研究中我们发现，母语阅读必须契合儿童生命成长的需要，关注儿童语言发展和精神发展的关系；必须突破原有的阅读框架，引进新的资源和力量。于是，我们树立大母语观，充分利用汉语的文化禀性，开拓阅读疆域，让学生走进迷人的童话、绮丽的诗歌、精彩的小说、神奇的科学、绵延的历史，以及充满人文情致的民歌、对联、成语、农谚、童谣等。我们改变过去平面式的只阅读一本语文课本，而语文课本又大多以单篇美文为主要阅读材料的阅读课程体系，将中华经典诵读、经典童书阅读、主题美文赏读结合起来，建设独具个性的、符合汉语言文字特点的大母语阅读课程体系。我们从儿童的实际生活出发，遵循儿童的认知特点和发展规律，让他们能以喜欢的方式学习母语，接受民族文化的熏陶。

本阶段，通过深入研究儿童，让学生成为课程的主人，以乐学策略自主建构学习资源和学习方式，提高学生知识建构的能力、自主学习的能力和文化选择的能力，过一种美好的大母语阅读生活。

3. 第三阶段：审美品格提升阶段

探索重点：把握母语发展特点，通过“情境建构”，彰显母语教育的中国美学特点与丰富意蕴。

中国美学有着极为丰富的资源和深刻的内蕴，例如古代“天人合一”思想、和谐的宇宙观、“立象立意”的传统等，再如中国古典美学把中和之美、自然之美、素淡之美奉为至高标准等，这些都值得母语教育吸收、运用，并加以弘扬。中国美学的优良传统就是“返本开新”，所以，我们应该用中国传统的智慧来引领当今的母语教育。

本阶段，通过借鉴、运用，提出汉语教学应具有“情境建构”的特点。母语教育的“情境建构”，就是让儿童在优化的情境中，以“美”为突破口，努力彰显审美追求，让儿童在语文学习中有审美化的体验。我们认为，只有认识、揭示、开发、创造母语之美，才能真正实现母语教育的民族化、儿童化。母语教育民族化、儿童化之路就是审美化之路，也是中国美学精神的弘扬之路，是铸造母语教育审美品格之路，其品格就是“中国风·母语美”。

第四节 母语教育民族化

语文作为中华民族共同语的课程，民族性是它的文化个性。语文教育具有鲜明的民族特色和民族风格，必须坚持“以我为主”。然而，现代语文教育没有保持清醒的认识，没有形成足够的定力，一直在不断削弱甚至抛弃民族性。

一、母语教育民族化之殇

近代以来，受“西学东渐”影响，语文教育由传统向现代化转变，语文改革如火如荼，虽百花齐放、繁花似锦，但基本现状仍是“少、慢、差、费”。究其原因，主要是在现代化过程中，严重背离了汉语文特点和母语教育传统。具体体现在：

1. 趋向西化，“民族特征”消失

我国的语文教育始于先秦时期，在漫长的发展历程中，形成了鲜明的民族特色。经过古代长期的研究与实践，语文教育已形成从汉语言文字出发的规律、特点与方法，有着丰富的传统，其中许多至今亦行之有效。然而，近代改革从最初的彻底否定并对其贯以“封建八股”之名，开展汉语拼音化运动，到后来掀起“师从苏联”“效仿欧美”的热潮，在没有认真研究中国国情、没有准确把握母语学科基本性质的情况下，背离传统，照搬印欧语法体系，套用西方思维方式，重分析轻感悟，重法则轻积累，再加上应试教育的烦琐训练、题海战术的干扰，语文教育一度陷入困顿，高耗低效，无情无趣，民族化特征逐渐消失。

2. 忽视特点，“以我为主”迷失

不同种类的语言文字有其独特的规律和特点，不同民族的母语教育又有其鲜明的人文特征、民族特色，这就决定了母语教育的发展虽可借鉴其他民族的经验，但不可丢失“自我”。然而，现代汉语文教育变革却走进异化误区。例如，目前流行的标准化考试，就忽视了汉语文灵活性、整体性、表意的丰富性与模糊性的特点；今天的大多数阅读教学重视条分缕析、信息筛选、阅读技巧等，从根本上轻视了传统阅读教学的熟读精思、博览群书、感悟涵泳，轻“道”重“技”，舍本逐末；识字教学中集中识字和使用韵语的传统做法相继被废弃，恢复甚难；写作教学中缺少了强调推敲语言文字、锤炼文章思路……凡此种种，不一而足，都是以“否定自我”、违背汉语文特点及其教学规律为代价的。

3. 淡化经典，“传统文化”缺失

很长一段时间内，语文教材的编辑思路与母语教材的文化属性格格不入，仅就古诗文而言，在教材中所占比例不断下降，严重削弱了中华优秀传统文化的教育功能。2014

年，习近平总书记到北京师范大学看望一线教师时说："我很不赞成把古代经典诗词和散文从课本中去掉，'去中国化'是很悲哀的。应该把这些经典嵌在学生脑子里，成为中华民族文化的基因。"这番话，促使我们要从文化强国的战略高度重新思考语文教育，要把传承中华民族文化作为语文教材文化体系建设的核心来抓。

4. 偏重工具，"人文底蕴"流失

语文是一门人文底蕴深厚的学科，包含着民族的历史文化、思想认识和民族情感，蕴含着优秀的民族文化，有利于培养学生健全的人格。然而，现代语文教育却走进一个误区，就是过多强调了其工具性。从 20 世纪 50 年代起，语文教学渐渐变为只注重语言教学。1963 年，《全日制小学语文教学大纲(草案)》将语文学科界定为"学好各门知识和从事各种工作的基础工具"，把"工具性"提到突出的位置，再加上"双基论"的影响，语文教学变成了掌握这门工具的基础知识和基本技能训练。教学时，一篇课文往往被肢解为段落大意、中心思想和写作特点等，变成了需要死记硬背的琐碎知识点与抽象符号，毫无人文价值和美育价值可言，人文内涵所剩无几，人文底蕴大量流失。

二、民族化应成为母语教育之根

母语的根在于民族文化，民族性是它的主旋律。我国语言学家张志公先生指出："语文是个民族性很强的学科。它不仅受一个民族语言文字特点的制约，而且还受这个民族文化传统以及心理特点的影响。"语文不同于其他学科，语文学科承担的主要任务是母语教育，而母语的根，在于民族文化。母语是最具民族性的，母语凝结着民族精神、民族情怀、民族立场，坚持并优化母语教育就是坚守民族文化。所以，开展母语教育首先必须要有"根意识"，其根本就是民族化，就是传输和弘扬母语文化和民族精神。只有拥有民族化，语文才算找到了自己的核心，有了自己的灵魂。

在当前国际和国内形势下，大力弘扬母语教育的民族化，是一种本质回归，是固本培元、振奋民族精神的有力举措，而且是促进学生提升国家认同、文化自信的重要条件，对于立德树人同样具有重要和深远的意义。

三、如何实现母语教育的民族化?

"中国风・母语美"小学语文教育注重继承、发扬我国优秀的传统语文教育经验，并结合现代语文教学理论与实践成果，创造性地加以运用，在识字教学、阅读教学和习作教学三个方面追求鲜明的民族化特征。

1. 识字教学：追根溯源，强调汉字文化

"为学必先识字"，两千多年来的语文教育历来重视识字教学。清代文字学家王筠提出了利用汉字造字规律进行识字教学的主张，他编著的《文字蒙求》把汉字分成象形、指事、会意、形声四类，提倡用字形构造剖析法进行教学。古代流传广泛的蒙学教材《三字经》《百家姓》《千字文》等韵语读物，整齐押韵，朗朗上口，便于记忆，书中还渗透着伦理道德、经学哲学和历史知识等内容。古时教汉字，充分运用汉语四声音律的特点，采用集中识字、韵语识字的方法，让儿童在一年左右的时间里认识两千多字，既体现了汉字象形表意、字理结构独特等特点，又较好地把识字教学与思想教育、知识教育、审美教育等结合起来，对现今识字教学依然具有重要的借鉴意义。

我国历史学家、语言学家陈寅恪先生说："凡解释一字即是作一部文化史。"我们的汉字是世界上最美丽的文字，它凝聚了古人的悟性、灵气、情感和智慧，具有丰富的文化内涵，因此识字教学不能脱离汉字文化语境。"中国风·母语美"的识字课堂，从"汉字文化"的高度出发，通过"字理识字"，注重运用传统的字源探求和形义析解法，追根溯源，探究汉字的构字依据和演变规律，运用汉字音、形、义的关系，挖掘汉字本身蕴含的文化、历史、知识、故事等要素，采用学生喜闻乐见的形式，让学生体味到汉字的神奇有趣，进而领略到中华民族独有的思维方式、风俗习惯、审美标准等，潜移默化地让学生感受中国传统民族文化，激发他们了解汉字、喜爱汉字、敬畏汉字的情感，进而提升其对中华民族的认同感与民族文化的自豪感。如此教学识字，学生对汉字的认识就不只是一个文字符号，而变成一个有独特生命意义的存在，从而真正融入他们的生命之中。

2. 阅读教学：继承传统，尊重独特规律

张志公先生认为，"一种文明或文化，生命力如此强，存在这么久，其中必然有异常优秀的、超时间局限的东西"，"古人有一套或几套行之有效的语文教育的办法"。我国阅读教学在数千年的漫长历史发展中积累了丰富的宝贵经验，一些传统的教学原则和方法针对汉语文的特点，体现出汉语文教育的独特规律，值得我们创造性地吸收、运用。

"文以载道"。我国传统语文教学，既要学"文"，也要悟"道"。刘勰在《文心雕龙》中提出"圣因文而明道"的主张，柳宗元主张"文以明道"，宋代周敦颐强调"文所以载道也"，朱熹认为"道者文之根本，文者道之枝叶"。他们基本概括了传统语文教学中"文"与"道"之间的关系。"中国风·母语美"语文教学，注重通过感受和体验，让学生产生情感共鸣，领悟作者心境，在发展学生语文能力的过程中，使其"润物细无声"地受到熏陶，净化其心灵，提高其道德修养和文化素质。

"诵读积累"。在我国古代语文教学中，就方法而言，"读"是第一大法。诵读，即高声朗读，自然成诵。汉语具有以神统形、以意运法、灵活自由的特性，富有声韵之美、节奏之美、句式之美、情意之美，唯有通过诵读，方能"声与心通，声可求气，亦可传情"。朱熹强调，"凡读书……须要读得字字响亮，不可误一字，不可少一字，不可多一字，不可倒一字，不可牵强暗记，只是要多诵遍数，自然上口，久远不忘"。母语课堂应继承这一传统，注重引导诵读，着力启发学生在具体语言情境中揣摩体会，领悟言语作品的意趣韵味，训练语感，引发共鸣，达到"使其言皆若出于吾之口，使其意皆若出于吾之心"的境界。

"熟读精思"。古人强调多读，并非是糊里糊涂地读，而是倡导读和思相结合，所谓"熟读精思"。苏轼说："旧书不厌百回读，熟读深思子自知。"在熟读基础上，让学生质疑深思，批注感悟，品味涵泳，沉浸其中，用心揣摩，这是一种有鲜明民族特点的读书方法。这种方法合乎汉语灵活自由、虚实相生、辞约义丰、意在言外的特质，与民族的具象思维方式十分吻合。“中国风·母语美”语文教学，注重引导学生熟读精思，沉潜于语言语境之中，入情入境地对作品用心品味，细心涵泳，从而形成敏锐的语感，获得情感的震荡和深刻的认识。

“博览群书”。刘勰在《文心雕龙》中写道：“凡操千曲而后晓声，观千剑而后识器。故圆照之象，务先博观。”博览群书，是传统阅读教学的又一条基本经验。让学生在年少时广泛涉猎，大量阅读，能获得广阔的知识背景，提高获取新知识的能力。儿童时期处于记忆的黄金期，在这个阶段，让儿童博览群书，对一个人的终身发展有着特别重要的意义。“中国风·母语美”语文教育，注重引导儿童阅读，培养他们对书籍的亲近感，其实也是在培养他们的母语意识，母语意识是集体意识、民族意识、国家意识的根本所在。博览群书，不仅能提高学生理解与运用母语的能力，也是他们精神发展、融入社会、文化认同的过程。

3. 习作教学：汲取经验，倡导真实写作

前人认为，学生作文应从模仿入手。朱熹曾说：“古人作文作诗，多是模仿前人而作之。盖学文既久，自然纯熟。”先模仿，而后再创新，这是学习写作的正确路径。传统写作教学，还主张“先放后收”。宋代谢枋得认为：“凡学文，初要胆大，终要心小。由粗入细，由俗入雅，由繁入简，由豪宕入纯粹。”写作教学首先注重培养学生“想写”的兴趣，鼓励学生展开想象力，大胆地写，从易到难，显然是科学的；同时主张“词”“意”并重，也就是说在义理辞章方面并重，从传统文学中汲取写作营养。此外，还应注重锤炼字句、谋篇布局等基础练习，如在作诗之前，先练习属对，等具备一定基础后，再要求字斟句酌、推敲琢磨、多番修改，如此循序渐进。另外，古人提出的“多作多改”或“多作少改”等主张，都符合作文教学的一般规律。

“中国风·母语美”语文教学中的习作教学倡导基于对生活世界的真实感受与认识，表达真情实感。让学生浸润在生活之中，通过看、听、闻、嗅，了解周边的生活环境，感受大自然的景象，洞察社会的百味状态，产生感悟，受到触动，产生兴趣，大胆表达，真正做到“我手写我口”“我口说我心”。此外，还必须通过大量阅读、模仿，以读促写，以写促读，读写结合，让学生在阅读中解读写作密码，体验写作奥妙；接下来，让学生加强练习，多写多改，提升写作能力。

第五节　母语教育审美化

审美教育本是母语教育的核心，然而一直以来，它在我们的母语教育中被淡化，甚至被忽略。语文教育功利主义倾向严重，母语之美弱化、窄化现象严重，语文教育之美的实施缺少可行路径，语文课堂缺少审美立意，汉语美的文字、美的音韵、美的意境、美的意蕴被当成工具，被拆解成毫无生命气息的零部件强塞给了学生。母语教育的审美功能被消解，必然会影响学生的整体发展，所以，我们需要对母语教育审美化给予高度重视。

一、教育审美化的思考

对于审美教育，理论界已形成共识。从狭义层面看，就是通过艺术手段对人们进行教育；从广义层面看，就是运用一切美的形式给人们以耳濡目染、潜移默化的教育。审美教育是一种生命与情感的教育，其目的在于培养并提高学生的审美感受力、审美判断力、审美鉴赏力以及美的创造力，进而培育美的人格、追寻美的生活、塑造美的生命，为儿童的美好人生奠基。重视教育审美化，主要基于以下原因：

1. 基于中国传统的教育之美

“美”这个字跟中国传统文化大有关系。有人从解字上说“羊大为美”，“羊”总体上给人祥和、自由的感觉。汉字中许多与“羊”有关的字，如善、祥、鲜等，表达的意思大多与美好相关。商周时期，学校叫“庠”，意味着人们集中在学校中从事美好、合顺的活动。所以，从本源意义上说，学校本来就是美的，学习本身就是美的。中国传统教育追求“美”的境界，《礼记》曰：“春诵夏弦，大师诏之。”郑玄注：“诵，谓歌乐也；弦，谓以丝播诗。”可见，古人早已倡导音乐和文学相结合的审美教育。“孔子以诗、书、礼、乐教弟子”，《史记·孔子世家》有云：“《诗》三百五篇，孔子皆弦歌之，以求合《韶》《武》《雅》《颂》之音。”这里的“弦”即音乐，“歌”即歌咏。他注重“温柔敦厚”的诗教，强调“兴于诗，立于礼，成于乐”，其中诗、礼、乐就属于审美教育范畴。荀子也认为美育的方式是动于内，主张从内心、从人的情感角度去打动人。孔子、荀子，还有孟子、庄子等不约而同地把“美”作为人学习、生活的最高境界。

2. 基于美好生活的时代回应

习近平总书记多次强调：“人民对美好生活的向往，就是我们的奋斗目标。”美好教育是美好生活的重要基础与组成部分。当前，中国社会与教育都在升级、转型之中，现阶段国人的一些不文明行为不仅是德育之耻，也是美育之失。因此，如何回应人民群众对于美好教育的需求是当前中国教育最为迫切的任务。此外，十八届三中全会审议通过的《中共中央关于全面深化改革若干重大问题的决定》也提出，“坚持立德树人”“改进美育教学，提高学生审美和人文素养”，以中央决定的形式重申了美育在现代教育中的地位。可以说，关注教育之美，正当其时；投身美之教育，时不我待。

3. 基于“人之初”的教育必需

教育最核心的美是“立人之美”。教育的对象是人，出发点是人，途径也靠人。而人本身就是美的存在，人的所有活动都离不开审美，人只有通过审美才能成为一个自由而幸福的人，因而教育和美密不可分。古希腊哲学家柏拉图曾说过，凡事开头最重要，特别是生物，在幼小柔嫩的阶段，最容易接受陶冶，你要把他塑造成什么形式，就能塑造成什么形式。美国著名诗人惠特曼说，有一个孩子每天向前走去，他看见最初的东西，他就变成那东西，那东西就变成了他的一部分……可以说，一个人初始阶段接受的教育会决定这个人未来的发展方向。爱美是孩子的天性，如果教育能在“人之初”提供真正美好的事物，唤醒儿童的“美之初心”，这种美好就会潜移默化地在孩子心里生根发芽，甚至会伴随他的一生。

4. 基于美之教育的重要价值

美的教育究竟有多重要？荀子《劝学》言，“君子之学也，以美其身”。中国近代教育家蔡元培先生曾提出“以美育代宗教”。德国诗人、美学家席勒认为，美(或艺术)能使分裂的人变成自由、完整的人。苏联教育学家苏霍姆林斯基说，美是一种心灵的体操，它使我们精神正直、良心纯洁、情感和信念端正。我国著名美学家朱光潜认为，美育的目标是培养健全的、完美的人，使人生中充满情趣，让人们学会艺术化地生存。可见，审美教育对儿童生命成长有着重要的价值：美能育德、美能益智、美能健体、美能激美、美能养性……它不只培养学生的审美意识、审美情趣和审美能力，还包括了人的自我完善和全面发展。可以说，一个人的审美层次决定了他的人格结构与智能结构，也决定了他的文化品位与人生境界。

二、母语教育审美化的实施

美之于儿童成长，不可或缺；母语，恰是美的载体。美的本质与母语教育难解难分、情投意合。母语教育审美化，就是在母语教育过程中用美的规律、美的方式引领学生在学习中发现、感悟母语之美，激发学生的审美情感、审美心理，培养学生发现美、感受美、鉴赏美、创造美的审美意识，提高学生的审美能力，使他们获得高尚的审美情趣，形成正确的审美观念，实现言语生命的成长，成为全面发展的人。

1. 让母语教育承载审美责任

语文是一门美的学科，母语教育承载着审美的重要责任。蔡元培先生早就指出：“国语国文之形式，其依准文法者属于实利，而依准美词学者，属于美感。”他始终倡导美育，将国文与音乐、美术并列为美育最基本的课程，发挥其“陶养性灵，使之日进于高尚”的功能。现今《义务教育语文课程标准(2011年版)》(下文简称《义务教育语文课程标准》)总目标之一，是“在语文学习过程中，培养爱国主义、集体主义、社会主义思想道德和健康的审美情趣，发展个性，培养创新精神和合作精神，逐步形成积极的人生态度和正确的世界观、价值观”。

汉语作为中华民族的共同语言，其博大深厚的内涵具有非凡意义。母语教育作为一种审美教育，注重引领学生从美学维度去学习自己国家的语言，超越功利，真诚投入，激起情感波澜，点燃思想火花，张扬独特个性，引发学生对母语情感美、语言美、意境美和哲理美的认同与赞赏。在长期的熏陶中，培养学生的语感、美感、灵感，丰富他们的精神世界，涵养他们的博学气质和文化风度，促使他们变得纯粹而高雅。久而久之，学生的语文能力、语文素养、文化品位、健全人格均能得到提升。

2. 充分挖掘母语之美的基因

美到处都有，生活中不缺少美，而是要有发现美的眼睛。长期以来，母语教育的审美功能没有得到足够的重视，究其原因，是教师对语文教材中的美缺少发现，教学中只注重知识的讲授和文章思想的归纳，使母语课堂变成了干巴巴的语文训练课和空洞的说教课。

朱光潜说："美是文学与其他艺术所必具的特质……语言文字是每个人表现情感思想的一套随身法宝，它与情感思想有最直接的关系。因为这个缘故，文学是一般人接近艺术的一条最直截简便的路；也因为这个缘故，文学是一种与人生最密切相关的艺术。"母语教材充满美的基因，如汉字作为一种象形文字，富有字形之美、音韵之美、意蕴之美、简洁之美、智慧之美、文化之美……是世界上最成熟、最完美的文字之一；母语中的诗词、骈文、戏曲、对联等，有着独特的音律美与节奏美。"中国风·母语美"语文教育，把对这些美的感受力、鉴别力、应用力（创作力）的培养作为重点。再如，教材中的文章大多是依照美的法则创造出的"文质兼美"的典范佳作，蕴含着自然之美、社会之美、人性之美，有着丰富多彩的艺术形象、精彩传神的优美词句、强烈感人的抒情色彩、引人入胜的深邃意境……这些美的基因，渗透于文本的天、地、人、事、物、情、景之中。所有这些，都是美育的极好内容和形式。充分利用教材美的基因，发展学生的语言能力，陶冶美好情操，培养高雅情趣，树立正确的审美观，提高审美创造力，是全面实施素质教育的重要一环。

3. 让教学过程成为美的历程

母语教学更应该把美学引进课堂，顺应儿童内在情感成长与认知发展的规律，用美的形式和规律展开教学，通过知识之美的挖掘、人文之美的营造、艺术之美的感染、智慧之美的激发等，把教学过程转化为包含美的发现、美的体验、美的欣赏、美的表现和美的创造的"美的历程"，进而焕发师生的生命活力，醉心其中，身心愉悦，实现教学活动最优化。

"中国风·母语美"语文教学具有这样的特征：以学生为主体，以情感为纽带，以思维为核心，以综合为策略，以审美为境界。"以学生为主体"，指教学中更多地"让学生自己学"，把时间和机会让渡给学生，激活、调动、维持学生自己学习的主动性、积极性和创造性，唤醒他们与生俱来的学习本能，促使他们心灵健康成长。"以情感为纽带"，指让母语教学成为一个"情感源"，通过情感的驱动、浸润、濡染、感化，让学生与知识世界建立联系；同时，师生情感也在一种自由和谐的氛围中不断得以陶冶。"以思维为核心"，指教学中注重思维的挑战、智慧的生长，通过精神沸腾的智力冲刺，教会学生判断、推理、概括、比较等思维策略，提高思维品质。"以综合为策略"，指在教学过程中以开放与融合的理念，打通学科之间的壁垒，建立全方位的、开放的"大课堂"，实现全科综合建构，让学生在各种资源的对话和沟通中，情思、感知、思维等得到综合提升。“以审美为境界”，指在教学过程中把审美带入课堂，通过课程内容之美、课堂节奏之美、情境创设之美、言谈举止之美、互动合作之美、教学效果之美等，促进学生迈入美的学习境域，受到美的熏陶，能愉悦地、主动地、创造性地学习。

4. 对母语课堂进行审美化改造

“中国风·母语美”语文教学应该以审美精神改造母语课堂文化，把教学目标、教学内容、教学方法、教学评价等教学因素转化为审美对象，将教学过程转化为一种审美享受、审美历程。例如，营造一种开放和谐、生动有趣、寓教于乐、多样激励、情意交融的课堂教学场域，激发学生积极、愉快、主动学习的美好情绪，鼓励深度思维和多元见解，促使他们产生强烈的求知欲，感受学习的快感与成功，获得“高峰体验”。再如，教学按美的形式充分展开，教师的仪表仪态、言谈举止、板书设计，课堂的教学节奏、教学结构，多媒体展示等充满美感，促使学生为之陶醉，产生学习的愉悦感。课堂教学的审美化改造，使母语课堂成为一个充满活力、成就学生生命幸福的审美空间，从而使学生的核心素养得到切实的关照。

第六节 母语教育儿童化

目前，小学语文教育有很多问题和弊端，其根源是“儿童化”的缺失。在教学过程中，教师没有从儿童的身心特点和需要出发，没有把儿童放在核心地位，忽视儿童在教育中的自发性和能动性，而是以“成人的标准”，以成人已有的、被限定的状态为目标来代替儿童无限可能的成长。教师无视儿童特征的现象严重：教学内容儿童是否真正需要？教学方式是不是真正适合儿童？每个儿童有何差异？……这些问题很少被考虑，甚至根本就没有考虑。教师眼中有教材，有课堂，有自己，却少有儿童。这样的母语教育远离儿童，使学生难以切身参与其中，没有激情投入，无法享受学习的成功与快乐。

一、母语教育儿童化的认识

儿童化，即“童心主义、儿童本位、童年哲学、自然天性、发现儿童”等儿童教育观，就是指“教育是为了儿童的，教育是依靠儿童来展开和进行的，教育应从儿童的需求出发”（成尚荣语），追求的是一种懂得儿童、引领儿童、成全儿童的教育。在心理学中，儿童化即具有儿童期个体言语、认知、情感和个性等行为模式，反映儿童心理、生理发展特点和规律的现象。

教师持有怎样的儿童观会直接影响他们对儿童的教育理念、教育方式、教育行为等，从而直接影响儿童的成长。小学是教育的基础阶段，也是人生命成长的起点，只有从“儿童化”出发，真正关注儿童的需要、儿童的生活，才能真正找到教育的立足点。

小学语文教育是儿童学习母语、运用母语的教育，事关儿童的心智成长，事关人的综合素质的养成。它所施教的对象是儿童，施教的内容是适合儿童的语文。教师应以“儿童的情怀”，清楚儿童母语学习的真正需求，懂得儿童的生理状况与心智特点，遵循儿童的身心特点和认知规律，契合儿童的精神世界，洞悉儿童的心灵，用最适合儿童的、最符合学科特点的喜闻乐见的方式，帮助儿童获得自身成长所必需的语文素养。

二、母语教育应回归儿童化

母语教育需要进一步“发现儿童”，不仅要在理念上确立，更要在语文教育教学实践中贯彻“儿童化”这一教育思想。

1. 需要“读懂儿童”

“读懂儿童”是母语教育儿童化的重要体现。语文教学只有真正读懂孩子，遵循知识的逻辑关系和儿童不同阶段的发展规律，把握儿童不同能力和品质培养的最佳时期，抓住合适的时机进行教学，才能使母语教育事半功倍。学生是学习的主体，母语课堂儿童化离不开“读懂儿童”。

读懂儿童的本质特征。母语教育需要回到“儿童”原点，探索“儿童的秘密”。儿童是自由的，是本真的，是发展的。教育家陈鹤琴认为，儿童不是“小人”，儿童的心理与成人的心理不一样，儿童时期不仅作为成人之预备，亦具他的本身的价值，我们应当尊敬儿童的人格，爱护他们的烂漫天真。因此，我们不能把儿童仅看成是“小大人”，儿童有自己独特的思想、心理、情感和行为，每一个具体的儿童又有其特殊性和差异性，需要我们在母语教育中爱护和尊重、发现和理解，要用多元的眼光看待儿童的发展。

读懂儿童的学习特点。只有在真正读懂儿童的学习起点、学习思维、学习心理等基础上，才能真正有效地把握儿童的母语学习需求。研究表明，7 至 9 岁儿童注意力的保持时间是 20 分钟左右，在这段时间里，小学低年级儿童的无意注意占优势，有意注意的发展还不完善。根据这一学习心理特点，低年级母语教学必须设计精妙的环节，通过丰富多彩的形式展开教学才能真正吸引学生，使他们产生持续的学习动力。

2. 呼唤“游戏精神”

陈鹤琴说：“游戏是儿童的生命。”心理学研究也表明，儿童审美的基本方式是游戏。可以说，游戏源自儿童内心的自发需求，是儿童主要的生活方式以及精神展示方式，母语教育渗透游戏，能使儿童获得自由、积极、愉悦、灵动、感性等精神体验，心灵得以自由舒展，生命得以自然绽放。

“中国风·母语美”语文教育呼唤“游戏精神”，就是让儿童“回家”，回到他们最原始、最美好的精神家园。母语中有诗歌、故事、散文、小说等，这些本身就是语言的游戏、文字的游戏，也是游戏的一种表现形式。母语教学与游戏高度融合，在游戏性的设计、对话、活动中，使教学走向愉悦、走向本真、走向生动、走向鲜活、走向自由。儿童诗意地栖居在母语课堂之中，自愿自觉徜徉并专注沉浸其中，在主动投入、忘我卷入中达到物我两忘的境界，他们内在的参与热情和学习母语的兴趣才能得到更好的激发，他们才能真正享受学习母语的乐趣。

3. 立足“儿童视角”

“中国风·母语美”语文教育立足“儿童视角”，就是在教学中尽力呈现儿童所特有的认知方式、思维习惯和价值取向，要用儿童的眼睛去观察，用儿童的耳朵去倾听，用儿童的大脑去思考，用儿童的情感去体验……

如小学语文教材中儿童文学作品较多，儿童文学是“从儿童的角度出发，以儿童的耳朵去听，以儿童的眼睛去看，特别是以儿童的心灵去体会”的文学。儿童阅读这些文本时更多地用形象思维，在他们眼里，文中的事物，包括思想、情感跟他们一样，是有生命的、活生生的、触手可感的，所以他们会很快全身心投入，沉浸其中，成为文中角色，感同身受，获得审美愉悦。儿童这种解读文本的方式是异于成人的。这时，就需要教师立足“儿童视角”，了解儿童阅读文本的方式，用儿童的眼光看文本，在了解儿童认知水平的基础上去把握教学内容，并在自己的文本解读中对儿童的文本解读方式予以吸纳。教学时，也要立足“儿童视角”，从儿童的真实需要着手，从儿童感性认识的角度展开教学，还原儿童体验，直指心灵深处，点燃激情，唤醒灵性，培养儿童对语文的热爱。

第二章　课堂范式建构

第一节　基本内涵:尚情尚意,情意交融

在反思当下语文课堂教学现状以及对汉语本体价值研究的基础上,借鉴诸多现代小学语文研究理论、古代文论和传统语文教学精髓,直面课堂,我们捕捉到了母语教育的精髓:尚情尚意,情意交融。

一、关于“情”

“尚情尚意,情意交融”中的“情”,可理解为情感、情绪、情趣。

语文教学首先需要“情感”,这是由语文学科的自身特点所决定的。刘勰在《文心雕龙》中指出,“情者,文之经,辞者,理之纬;经正而后纬成,理定而后辞畅”,“情”是文章之灵魂;白居易说,“感人心者,莫先乎情”,指出情感在文章中是感动人心的首要因素;王国维也指出“一切景语,皆情语也”。这些文艺理论精髓,道出了情感在文章中的地位和作用。在小学语文课本中,许多优秀的文章都充盈着作者的情感,奔涌着作者的思潮,在一字一句中,情感被渗透、被传达、被倾诉。语文教师应从文本中充分挖掘情感因素,以文导情,激发学生的情感波澜,让他们能与文本对话,与作者产生共鸣。

情绪,是一种心理体验,具有强烈的情境特性,只要有特定的情境氛围,便能激发起明显的或是强烈的情绪体验。情绪具有动力功能,可分为增力功能与减力功能。学生在情绪高涨、精神振奋的状态下,学习效率高,反之则低下。正如苏联大教育家赞科夫所说:“教学法一旦触及学生的情绪和意志领域,触及学生的精神需要,这种教学法就能发挥高度有效的作用。”

情趣,即情调和趣味。著名思维科学专家张光鉴教授认为,从脑科学这个角度讲,语文教学“重情趣”应放在重要位置。他认为,情趣是认识的前提,教学过程离不开良好情感的参与,否则不会取得好的学习效果。江苏省语文特级教师于永正也说:“要说我的教学还有一点特色的话,那就是重情重趣,无情无趣的教学永远不会是成功的教学。”情趣是语文教学的自身特点之一。成功的语文教学,需要关注学生的情感世界,激发其学习的内在情趣;成功的语文课堂,自然也应该充满情趣。

二、关于“意”

“意”这个概念在中国古代常用，它古色古香、意蕴丰厚。“意”是会意字，从心从音，或可谓“心音”。它的本意是心志，心意。许慎在《说文解字》中注：“意，志也。”《春秋繁露》中有“心之所之谓意”。可见“意”以心为主宰，由心而生的志、趣、见、识、境、象，都可归于“意”。

语文作为感性非常突出的学科，需要理性，但更多的还是需要感性，即想象、意会、体验、感悟等。“意”，直接蕴含着“意会、体验、感悟”之意。千姿百态、千奇百巧的“言”和风情万种、难以言表的“意”统一融合成为语文，再加上对“象”“意象”“意境”等范畴的意会、体验和感悟，而不是纯理性的概念间的逻辑推理，使语文成为充满形象性、生动性和情意性的感性又美妙的学科。

语文教学中的“意”内涵丰富，主要可理解为意象、意境、意蕴。“意”的这三重性，构成了完整的、丰富的、独特的语文之“意”。

意象，是中国古代文论中的一个重要概念。古人以为，“意”是内在的抽象的心意，“象”是外在的具体的物象。简单地说，意象就是“意”和“象”的契合统一，也就是内在的思想情感内涵与外在的客观物象的统一。作者创作作品，是他情感表达的需要，其作品必然有其特定的意义寄托，而这些情感、意义的表现往往又借助于他在作品中意象的创造。如果说文本是一片草地，那么意象就是其间最美艳的花朵。语文教学应当聚焦语言文字所创造的意象，把握住文本的意象，也就把握住了作者的心跳、文本的灵魂。

意境，是意象的叠加和连续呈现形成的一种特定的情境。《辞海》对“意境”作了如下解释：“文艺作品中所描绘的客观图景与所表现的思想感情融合一致而形成的一种艺术境界。”也就是说，意境是属于主观范畴的“意”与属于客观范畴的“境”二者结合的一种艺术境界。这里的“意”是情与理的统一，“境”是形与神的统一。在两者统一的过程中，情理、形神相互渗透，相互制约，就形成了“意境”。意境，往往能呈现出一种情景交融、虚实相生、活跃着生命律动的韵味无穷的诗意空间。有意境的作品，往往情深意远，耐人寻味；有意境的教学，往往能给人以美的享受和思想情感的启迪。

意蕴，是作品里渗透出来的理性内涵，是指“潜伏在艺术作品的内在含义、意义和意味”（童庆炳语）。黑格尔认为，意蕴是总比直接显现的形象更为深远的一种东西。文本的意蕴美，往往是作者按照自己的审美意识和观点，依照美学规律寄托的某种理想。意蕴是深层次的，包孕在外表形态中，深裹在意象层内，“发之又必若隐若见（现），欲露不露，反复缠绵，终不许一语道破”。在语文教学中，应该引领学生充分挖掘文本内涵，获得作品所描写的言外之意、弦外之音，感受作品的审美情趣。

三、“情”与“意”

“情”能生“意”，“意”能生“情”，“情”与“意”互相促进、相互转化、共同发展。对语文学科“情”与“意”的两极融通、相克相生作深入的理性追寻，能使语文课堂达到一种理想境界。

语文课堂的理想境界应是师生一起徜徉在语言之途，一起倾听文本发出的细微的声响，一起感悟语文那流连忘返的情趣、思之无穷的情味、含蓄微妙的意蕴，一起沉浸在思想交锋、情意相融、心灵交会的磁场，一起感受峰回路转、柳暗花明、豁然开朗的奇迹，一起享受生命的高峰体验，从而获得丰富的文化内涵、润泽的情感熏陶、深邃的精神洗礼和灵动的言语智慧。

1. 以情为纽带，创设语言生活的“意境”

语文教学应回归语文本体，充分发挥汉语言文字本身的魅力，深入理解语言文字所承载的“情”和“意”，使一个个文字符号成为有呼吸、有脉搏、有翅膀的灵性之物。“中国风·母语美”语文课堂以“情”为纽带，引导学生披文入情，对语言文字沉潜品味，穿透语言表义，深入文本深层，感受语言的音韵之美、形体之美和意蕴之美，体会语言背后所蕴含着的情趣、意趣和理趣，构筑丰富的语言生活。

语文课堂应为学生创设一个多元启悟、自由对话的语言生活“意境”。语言生活“意境”的创设，需要通过教师对文本生命化的感悟来唤醒学生沉睡的审美感觉和悟性，即把“文本语境”转化成“课堂语境”，激发学生的言语欲求、言语激情。它不是由感官直接察知的，而要通过联想、想象、体察、玩味、感悟，以及伴随的情绪、情思、激情等活动来“描摹”和“意会”。

如笔者在进行孙友田的《月光启蒙》教学时，通过轻柔的《小夜曲》配乐引读第一自然段后，播放了一段近两分钟的无伴奏歌谣吟唱。同时，屏幕上出现了一幅静谧的月夜图。精美的画面与悠扬的曲调相得益彰，产生强烈的视听效果，学生在不知不觉中进入文章的意境之中，陶醉在妙不可言的氛围里。笔者接着提问：“听着母亲的歌声，你有什么感觉呢？”学生在意境中灵犀被碰触，顿时文思泉涌。在此情此景中，笔者又展示第四自然段，让学生在反复品读的基础上想象：当时的“我”是怎样听母亲唱歌谣的呢？学生在意境想象中体会到那个被妈妈搂在怀里的孩子，在美丽的月光下，听着母亲用甜甜的嗓音深情吟唱着歌谣，是那么快乐、幸福、陶醉。此时，学生对文章的语言美点“芳香的音韵”的理解也就水到渠成了。

2. 以情为根基，关照儿童本位的“意趣”

小学语文是儿童语文，应当成为儿童的一种生命存在。小学语文教学，应当更多地关注儿童的心态、儿童的感受、儿童的兴趣特征和思维方式……一句话，应当更多地去追寻儿童精神，莫让童心过早地消逝。语文是儿童的，语文是为了儿童的，语文只有融入儿童的精神世界才是有意义的。

意趣，即意旨，情趣。在语文课堂中，儿童本位的“意趣”体现为儿童天性的自然流露：纯真美好的情感，奇特丰富的想象，天真精粹的语言，童稚优美的意境……要让他们将个体生命对世界的真切体验自由灵性地表达出来。说到底，语文课堂就是让儿童过充满德行的、灵动的、创造的课堂生活。请看一位教师执教的《我和祖父的园子》教学片段：

师：我在这个园子里是幸福的。但幸福不仅仅属于我，连园子里的花朵、蜜蜂、蜻蜓、蝴蝶、小鸟……园子里的一切植物、一切动物，都是自由、快乐的。再次读课文，感受园子里花鸟草虫的快乐、自由。读后，我要请你们当花朵，当蜻蜓，当蝴蝶……向大家介绍你的快乐和自由。

（学生自读）

师：园子里的植物和动物们，你们快乐吗？你们自由吗？

生：很快乐！很自由！

师：那请你尽情地说说你的快乐和自由吧！

生：我是园子里的一株黄瓜。我愿意开一朵花就开一朵花，愿意结一个瓜就结一个瓜。如果不愿意，就是一朵花也不开，一个瓜也不结，也没人问。我要是觉得有点儿闷了，我会爬到架上去，有时候，还爬过墙头，看看外边的风景。

……

（园子里的“动物”“植物”尽情抒发自己的快乐与自由）

师：在祖父的园子里有说不尽的快乐、自由……

本段教学，教师从“儿童本位”出发，及时捕捉学生的思绪，把他们带入情境，让他们当花鸟草虫，介绍在园子里快乐、自由的体验。学生灵动的想象、纯真的情感、诗意的语言、细腻的描述得到了淋漓尽致的展现。

3. 以情为动力，彰显主体发展的“意志”

语文课堂应尊重学生的主体地位。学生是语文学习的主人，小学语文教学必须从“成人霸权”中走出来，还学生以发展语文素养的自主权。语文素养本身是不能通过诸如灌输、教导、训诫等手段获得的，而是要唤醒、激励和鼓舞学生去自信地学、自主地学、自觉地学。教学时，教师应给学生提供一个活跃、开阔的语文实践平台，进而引发学生作为语文学习的主人去感觉、去领悟、去精思、去玩味，使学习过程成为一个富有个性的主体发展的过程。

主体发展的核心是自我，意志是自我中最重要的机能。在这个意义上，主体发展的意志很重要。意志是决定达到某种目的而产生的心理状态。语文教学应以积极的情感因素为动力，促进学生主体发展的意志，从而激活和开发学生生命个体的潜质，让学生在主体参与中解放感官，驰骋想象，表现情感，活跃思维。

如笔者在执教《蒲公英》一课时，将角色的担当贯穿教学过程的始终，把学生的活动建构与角色转换有机结合起来，从而加速了学生主体地位的确立。讲读第二自然段时，用“我们就是蒲公英的种子”将学生引入角色。接下来又通过角色朗读、角色表演来强化学生的角色认知和角色体验。讲读第三和第四自然段时采取了同样的策略，并且还增加了一些角色想象的训练，如“这颗种子瞧不起这黑黑的泥巴，它是怎么想的？它想成了百万富翁后会怎样?""它想那波光粼粼的湖面能给它带来哪些欢乐呢?""小蒲公英种子们,看到这两位小伙伴一颗向沙漠飞去了,一颗向湖泊飞去了,你们想不想把它们留住? 赶快劝劝它们呀!""可是,这两颗种子不听我们的劝告,还是朝着沙漠、朝着湖泊飞去了。它们会看到什么,又是怎么想的,怎么说的,结果又是怎样的呢? 请你选择其中的一个,张开想象的翅膀,表演出来。"……把活动建构与角色担当结合起来,不仅帮助学生加深了对课文内容的感受与理解,而且也改变了学生作为被动接受者的情况,使之经历从"角色知觉""角色体验"到"与角色同一"等心理过程,从而真正成为学习的主体。

4. 以情为导向,洋溢文化积淀的"意蕴"

语文教育的根在文化。可以这样说,教材中的每一个汉字、每一个词语,无不深深地烙着中华文化的印记,无不流淌着中华文明的热血。德国语言学家洪堡特认为,一个民族的语言文字不是孤立的语音、符号系统,而是在其中积淀了这个民族的睿智、文化、精神和感情。语文是文化的,语文人生是文化的人生。沿着文化的血脉引导学生去解读文本、阐释文本、升华文本,让他们走进积淀着人类精魂的文化,去解读、去品味、去领悟、去熏陶、去仰慕、去沉醉……这是语文课堂的重要职责。语文课堂,必是洋溢着浓厚文化意蕴的精神家园。

如《碧螺春》这篇课文,蕴含着中国茶文化。在教学过程中,教师应借助文本,引领学生走进茶的世界。同时,进行适度拓展,介绍茶知识,弘扬博大精深的茶文化。请看以下教学片段:

师:让我们泡上一杯碧螺春,一起细细品茶,你发现了什么?

生:我闻到了一阵扑鼻而来的芳香。

生:我看到了碧绿清澈的茶汤。

生:我看到杯中的茶叶先是蜷曲的,一会儿就舒展开了。

师:是啊,这就是碧螺春独特的色、香、味、形,难怪它深受人们的喜爱。有人在品茶之余写下这样的诗句——(出示:在清香的碧螺春茶汤里,我看到了江南明媚的春光。)让我们带着喜爱之情读一读。(齐读)

师:你在清香的碧螺春茶汤里,看到了什么? 请拿起笔写一写。

(学生写,之后交流)

生:你的名字叫碧螺春,你有那美丽的色彩,俊美的形态,清新的香气。

生:你是一幅画,印在我的心上;是一首诗,萦绕在我的心间;是一曲歌,回荡在我的耳畔。

……

师:无尽的风光在这美丽的碧螺春茶汤里展现,无尽的情意在这清香的碧螺春茶汤里流淌,源远流长的中国茶文化在这悠久的碧螺春茶汤里延续。为了让我们这些生活在茶的国度里的人更好地了解茶文化、弘扬茶文化,老师介绍几个关于茶文化的网站,请同学们搜集一些资料，在综合性学习中交流。

5. 以情为目标，追寻哲学启蒙的"意义"

儿童的天真、纯朴很难让人把他们与看似深奥的哲学联系在一起，其实，哲学离儿童并不远。哲学的本意是爱智慧，而追求智慧恰恰又是人的自然本性。人类的本性决定了儿童天生是哲学家。儿童的身上天生存在着智性的因子，而语文课堂不但要激活这些沉睡的因子，更要通过教学将学生的"思"逐步引向深入，使其获得一种精神的敞亮。

同时，我们也应当牢记，语文是人的主观感受的表达，是内心情感的流露，是个人见解和智慧的展现。语文教育的真正价值在于引领学生透视文字背后的哲思，直指人物的内心、思想的深处及问题的本质，寻找、发现其间独到的见解、主张和内含的意义、价值，最终形成自己丰富的精神生命。从语文哲学的高度看，追寻哲学启蒙的"意义"，借语文以育人，才是语文课堂的终极关怀。

请看笔者的《珍珠鸟》教学片段：

师：是呀，一只本来怕人的珍珠鸟，因为信赖，变得与人亲密、友好。老师读了文章，深有感触，写下了我的一点儿感受：（出示，配乐朗读并在音乐中播放一组人与动物和谐友好相处的画面：信赖缘于一份关爱、一份呵护，也缘于彼此间的尊重和宽容。只要我们心中充满了爱，善待身边的每一种生灵，就会看见它们出自天性的自由和欢乐。也许有一天，我们漫步原野，会有飞倦的小鸟在我们肩头歇脚；会有美丽的蝴蝶在我们发上扇动翅膀；会有可爱的梅花鹿，从远方的小山上向我们欢快地奔来……让我们用宽广而细腻的胸襟去拥抱地球上那些可爱的生灵，让爱与我们相伴而行……）

师：我想，同学们和我一样，一定对"信赖"又有了许多新的认识。谁来说说你对"信赖"的一点儿感觉、一点儿滋味？（出示：信赖，______________________________。学生练写）

生：信赖，是搭建友谊的桥梁。

生：信赖，是打开和谐美好的金钥匙。

生：信赖，是一座桥，让我们彼此心灵相通，真情相融。

……

师：同学们体会出了这么多"信赖"的意味。是呀，只要有信赖，老师相信，不仅在作家冯骥才的书房里，在世界的每一个角落，你、我、他都能创造出更多美好的境界。

第二节　价值皈依：情智互动，言意共生

"情智互动，言意共生"是语文课堂追求的核心价值。

应该说，情感、智慧和语文教学的关系犹如水与池塘一样，没有情感、智慧，也就没

有语文教学的生机和活力，语文课堂的魅力也就无从说起。语文是一门特别富有情感的学科。语文教育只有引向情感，才可以在深入理解的基础上赋予文本以丰富的色彩、恰切的分量，显示出灵动的活力、艺术的魅力，发挥出巨大的感染力。同时，语文又是一门富有智慧的学科。语文教育只有超越知识和技能的藩篱，走向智慧，才能将学生的潜力最大限度地调动起来，才能促进学生智慧的生成。“情智互动”的母语课堂努力发现情智的结合点，奋力追寻情智的生长点，追求“情”与“智”的和谐融合、互促互补、相得益彰，从而使课堂生活成为学生人生情感和生命智慧的一种诗意享受。

“言”和“意”是汉语文的内在构成要素，处于谁都无法替代的核心地位。“言”又称为语、文、辞、章、体式、结构等，是指言语的形式、言语的样式；“意”又称为志、理、义、思、道、神、旨等，是指言语的内容。汉语文就是“以意为主”，又“从言出发”，其高妙之处正在于“言意之间”。它要求运用者斟酌于言意之际，徜徉于言意之间，言意二者互观共照，相辅相成，彼此融合，以达到亦言亦意、非言非意、言意共生的美妙境界。语文教学，说到底就是实现“言”与“意”的融合共生。可以这样说，“言意共生”是语文教学的出发点和归宿，抓住了“言意共生”，就等于抓住了语文教学的要点。

“情智互动，言意共生”使语文课堂更趋向于工具和人文的和谐统一，也更趋向于语文的本体、语文教学的本真。那么，语文课堂如何抵达“情智互动，言意共生”的境界呢？

1. 在文本解读中抵达

任何一篇文章，其人文情感的流露，都是借助语言去展现的。教师在解读课文时，要在情感体验的基础上，提炼文本的意义内涵，将初步的情感通过言意一致的阅读过程，转变为真实的感悟，才能使对文本的解读饱满而有力。

如《船长》一文，情节感人，内容真切，人物生动。很多教师在解读文本时，读到的仅是船长哈尔威的舍己救人，但这些是远远不够的。作为一名船长，哈尔威的个性品质和人格魅力，更是体现在对全船成员的生死决策上。譬如船长决策时简短有力的对话，我们至少可以从以下几个层次进行文意解读：

决定弃船：面对灾难，船长要做出决策，完全取决于当时的情况。船长首先询问机械师，了解船的情况，为弃船逃生的决策提供了基础。问题无一多余，可见船长的果断和沉着。

是否可行：船长接着问大副，了解整艘船的实际情况，一个“够了”，为船长弃船逃生的方式提供了可行性。20 分钟，全船 600 余位乘客的逃生可能，这个判断不是来自船长精确的计算，而是来自船长几十年的丰富经验。

怎样逃生：一句简短有力的话——“哪个男人敢走在女人前面，你就开枪打死他！”振聋发聩。这句话的言外之意是什么？值得我们对这一语言进行推理：哪个男人敢走在女人前面，你就开枪打死他！——哪个船员敢走在乘客前面，你就可以开枪打死他！——如果我船长走在船员前面，你就开枪打死我！其实，做出决策的一刹那，船长已毅然决然地把自己的生死置之度外了！

船长的果断沉着、恪尽职守，通过这些形象生动的语言，展现得淋漓尽致。文本解读实现了言意统一，对于强化人物性格、深化文本价值和增强作品的艺术感染力，起着相当重要的作用。

2. 在潜心涵泳中抵达

课文中有不少语义丰富或深刻的重点句段值得品味感悟，对这些蕴含丰富的词句，教师要在关注言语形式的新颖性、独特性的基础上，寻求人文教育的最佳落脚点。因为，文本内容的精彩处、语言的经典处，往往集中体现了作者深厚的遣词造句的功力，同时也蕴含作者丰富的情感和审美价值。因此，教师在教学中要扎扎实实地引导学生与文本密切接触，沉潜于文本语言的深处，鉴赏玩味，潜心涵泳，领会其中的独特意义和情味。请看《珍珠鸟》教学片段：

师：珍珠鸟淘气、美丽、可爱、娇小还胆小，作者可喜欢它了。在文中，作者用了三个带“小”的词语形容珍珠鸟。（出示：小脑袋、小红嘴、小家伙）听老师读读这三个词儿。（读出儿化音）什么感觉？

生：用上这三个带“小”的词语，让人感觉珍珠鸟的确是小巧玲珑的。

生：读的时候后面带上“儿”，让我感觉珍珠鸟更可爱了！

师：课文中还有好几处地方称珍珠鸟为“小家伙”，请大家读读。（出示文中带“小家伙”的四个句子）

师：“小家伙”是对人的称呼，这儿为什么称珍珠鸟为“小家伙”？现在请你们把“小家伙”换成“珍珠鸟”，再读一读、比一比，从中你能体会到什么？

生：用上“小家伙”，让我感觉作者把珍珠鸟当作自己的孩子了，很爱它！

生：用上“小家伙”，看出作者对珍珠鸟的喜爱之情，文章显得很有情趣。如果只用“珍珠鸟”，句子就像一杯白开水，无滋无味的。

上述教学立足文本语言，精心玩味三个带“小”的词语，比较品读用上“小家伙”的四个句子，学生在潜心涵泳中，读出了文字背后蕴含的情感，提高了语言鉴赏和运用能力。可见，推敲文字其实就是在推敲思想。只有从语言形式上把握人文情感，才能够真正激活阅读。

3. 在入境想象中抵达

语言文字所描述的“显象结构”本身没有直接可感性，必须借助人的想象，才能化干瘪枯燥的符号为形象鲜活的画面。文本中生动形象的语言，深藏着作者的思想和情感。我们可以把语言想象成画面，再从画面中触摸到作者的情感，即由言生象，由象生情。这对培养学生理解语言的能力、想象能力以及美好细腻的情感乃至语言的表达能力，都有着不可估量的作用。请看《蚁国英雄》教学片段：

师：读着读着，你仿佛看到了那是一场怎样的大火？

生：这是一场可怕的大火。熊熊的烈火在草丛中蔓延，形成了一片火海。浓烟滚滚，呛得人直流眼泪。热浪扑面而来，好像要把整个世界吞没！

生：这一场大火铺天盖地、势不可当！起先只是一条火链，这条火链顺着风势越来越大，越来越猛烈，围向小小的丘陵，渐渐地整个丘陵熊熊燃烧起来，变成了一座火山。大火真是无情啊！

师：是呀，这真是“火舌舐动、火神肆虐”呀！（出示词语，齐读）

师：这一刻，对于区区弱者——蚂蚁来说，意味着什么？

生：意味着它们即将葬身火海。

生：意味着它们将会失去生命。

生：意味着这个蚂蚁家族将全军覆灭。

师：在熊熊烈火中，万万没有想到，蚂蚁们像球一样飞速地滚动着，滚动着，它们要穿越火海。在熊熊烈火中，我们仿佛看见了——仿佛听见了——仿佛闻到了——（学生静思片刻）

生：我们仿佛看见了火海，一团黑风正沿着山脊流动，蚁团在迅速地滚动，滚动。

生：我们仿佛看见了在铺天盖地的熊熊大火中，蚂蚁们以惊人的速度扭成一团，迅速滚动起来，它们无所畏惧、勇往直前。

生：我们仿佛听见了噼里啪啦的烧焦声，这爆裂的声响是外层蚂蚁粉身碎骨发出来的声音！我也听到了，它们在高声喊着：兄弟们哪，我们一定要坚持住，绝对不能放弃。兄弟们哪，坚持就是胜利！

生：我们仿佛闻到了一股股烧焦的味道扑鼻而来……

这一教学片段凭借语言文字想象蚁群突围时的情景，将文本语言伴随着感性的形象扎根到学生的精神世界之中，从而把句子表达的领悟、思维（想象）的伸展、情感的震撼巧妙和谐地统一起来。

4. 在联系语境中抵达

语境，即言语环境。《义务教育语文课程标准》对语境做了多处要求与说明，“结合上下文和生活实际了解课文中词句的意思”“能联系上下文，理解词句的意思，体会课文中关键词句在表达情意的作用”“对作品的思想感情倾向，能联系文化背景作出自己的评价”。这其中的“上下文”“生活实际”都是指语境。在教学中，利用语境可以有效地引导学生感受语言文字内在的情味、意蕴、理趣、气脉等。请看《桂花雨》教学片段：

师：（出示：全年，整个村子都浸在桂花的香气里。）你被哪个字深深吸引了？

生：浸。

师：齐读句子。想象你仿佛看到桂花的香气在飘荡吗？在哪里？

生：桂花的香气在村子的上空飘荡。

生：桂花的香气在村子旁边的小溪里飘荡。

生：桂花的香气在家家户户的房间里飘荡。

师：空气里飘着桂花香，树叶上留着桂花香，溪水里淌着桂花香，所以作者这样说——（生齐读：全年，整个村子都浸在桂花的香气里）

师："全年"什么意思？

生：一年、整年、一年四季、春夏秋冬。

师：请大家换词读读句子，有疑问吗？

生：春天、夏天、冬天怎么会有桂花的香气？

生：吃桂花做的桂花糕，喝桂花茶，都能感受到香气。

师：让我们一起想象当时的一个画面吧！

（出示：盛夏的夜晚，村头的老槐树下＿＿＿＿＿＿＿＿＿＿；寒风凛冽的冬夜，邻家张奶奶家＿＿＿＿＿＿＿＿＿＿。）

（学生小练笔，交流）

师：读着听着，听着读着，你仅仅闻到桂花香了吗？还感受到了什么？

生：乡里乡亲的友谊。

生：浓浓的乡情。

生：淳朴的乡情。

师：是啊，现在除了家乡的空气、树木浸在桂花的香气里，你还感受到有什么也浸在香气里？

生：快乐的生活，淳朴的乡情，童年的快乐。

师：所以——（引读"全年——；五年—— ；十年——；永远——"）

《桂花雨》一文写了台湾女作家琦君对故乡的思念，对乡情的眷恋，对孩提时代的怀念，文本表面是浓浓的摇花乐，其实字里行间流淌的是淡淡的忧愁。以上教学片段根植于文本的情感基调，找准了言意共生点，着力抓住表情达意的字眼"浸""全年""整个村子"展开教学。这样立足文本的整体意境，让学生在语境中锤炼，在语境中去体会那浓浓的情感，才能实现"情智互动，言意兼备"的精彩。

5. 在深层对话中抵达

对话，并不是简单的师问生答，而是围绕文本展开的将沉默着的文字还原、活化、复苏的过程，是师生间敞开心扉、真情交汇、精神契合的诗意之旅。要使教学感人，就要进行心灵深处真诚的对话：或是移情体验后的感同身受，或是切己体察后的真情告白，或是潜心涵泳后的心领神会。在逐层推进的深层对话中，理解得以深化，感受得以深入，情感得以升华。请看《船长》教学片段：

师：是的，他把每件事、每个人都考虑到了，就连还是个孩子的克莱芒，他都考虑到了……（音乐起，屏幕上船长的图像逐渐消失，最后出现第二十九自然段的课文内容，教师动情范读）

师：转眼20分钟过去了，诺曼底号上的乘客与船员得救了，哈尔威船长屹立在舰桥上，一个手势也没有做，一句话也没有说，随着轮船一起沉入了深渊，人们透过阴森可怖的薄雾，凝视着这尊黑色的雕像徐徐沉入大海。同学们，此时此刻，玛丽号巨轮上得救的人们可能会焦急地呼唤些什么？在生命的最后一刻，船长哈尔威一个手势也没有做，一句话也没有说，他的内心可能在想些什么？请拿起你们手中的笔，把他们内心的感受写下来！

（出示：船长，您为什么不和我们一起回家＿＿＿＿＿＿＿＿＿＿＿＿＿＿。

朋友，不是我不想家＿＿＿＿＿＿＿＿＿＿＿＿＿＿＿＿＿＿＿＿。）

（在低沉悲壮的音乐声中学生静静写话）

师：同学们，让我们停下手中的笔，一起走进那悲壮的一幕吧！看着可敬的船长像一尊黑色的雕像徐徐沉入大海，人们可能会呼唤——

生：船长，您为什么不和我们一起回家？您也有自己的家人，您那年老的母亲和可爱的孩子还等着您回去，他们都等着您回家团圆，难道您忘了出行前您的母亲盼您早日归来的话了吗？

师：多么动情的话语！可是船长一个手势也没有做，一句话也没有说，他想——

生：朋友，不是我不想家，我与诺曼底号相处了那么多年，它其实也是我的家，与它共存亡是我的职责呀！

……

师：此时海水已经淹没了船长的双肩，人们悲痛欲绝地呼唤——

生：船长，您还有您的事业，您还有您的生活，况且您还有家啊！您那白发苍苍的老母亲天天盼着您能平安归来，您那贤惠的妻子早已做好了丰盛的菜肴等着您，还有您那可爱的孩子天天念叨着爸爸呢！难道您对这一切都毫不在乎吗？生命只有一次，诺曼底号的沉没并不是您的错，您为了这次事故放弃自己的生命，值得吗？

师：船长一定听到了，可是他仍然一个手势也没有做，一句话也没有说。他在想——

生：朋友，不是我不想家。我又何尝不想我的母亲、妻子和孩子？我多么迫切地想见到她们。可是，我是一名船长呐！“船在人在，船亡人亡”，此时此刻我怎能离开诺曼底号呢？再见了，朋友们，请代我对我的家人说一声——对不起。

师：多么感人的一幕啊！船长哈尔威用他的死亡又一次震撼了我们每一个人的心。因此，雨果说——（出示：哈尔威船长一生都要求自己忠于职守，履行做人之道。面对死亡，他又一次运用了成为一名英雄的权利。）

（学生齐读）

教学中，教师利用文本营造了倾诉的情怀，创设了语言表达的平台。师生全身心地置身于情境之中，深层的对话更是激荡着洋溢在课堂中的情感。由于教师到位的铺垫，学生已分不清文字是“我之文彼之文”了，他们一声声深情的呼唤，撞击着人们的心房。语言形式的运用和对文本的理解感悟得到了有机整合，“言”与“意”得到了高度统一。

6. 在迁移抒写中抵达

只有在语言的迁移抒写中，才能更深切地感悟到遣词造句之真义、谋篇布局之技巧、绘形摹状之韵致、表情达意之魅力……语言与精神同根互生，精神越充盈，语言就越畅达、越适切、越具有感染力。请看《孔子游春》教学片段：

师：水仅仅只有这四种美德吗？孔子还会怎么说？模仿文中的句式练一练。

生：水勇往直前，从不停止，它好像有坚韧不拔的意志。

生：水包容万象，亲吻世间所有事物，它好像有博爱的思想。

生：水源源不断，汩汩流淌，它好像有无穷的活力。

生：水清澈透明，一望见底，它好像有光明磊落的胸襟。

……

师：说得太好了！孔子对水怀有什么情感？

生：孔子满怀赞美之情！

生：满怀感激之情！

生：还有敬仰之情！

师：是啊！在孔子眼中，水是什么？

生：水是亲爱的母亲。

生：水是敬爱的老师。

生：水是知心的朋友。

语言文字所描述的显象结构是有限的，但如果加入迁移抒写，便会衍生无穷的意境。以上教学片段中，简简单单一个问题"水仅仅只有这四种美德吗？"引导学生以课文内容作为写作素材，把语言形式的运用、课文内容的理解和情感的熏陶有机地结合起来，彼此交融。文本语言遣词造句之真切、表情达意之魅力被学生模仿得淋漓尽致。

7. 在拓展反哺中抵达

一个文本，即使是一个自给自足的完整结构，在其中也会留下许多有待确定的空白。在教学时，拓展必要的文本信息，促使文本间互相阐发，形成互相补足的理想效果，将有利于学生对文本内容难点的理解和对文本情感的把握，文本的意蕴将能得到最大限度的提升。请看《渔歌子》教学片段：

师：读诗词，光有想象还不够。如果我们了解作者的生平，会有更多的发现。你们了解张志和吗？（出示：张志和不仅是诗人、画家，还精通音律。16岁向皇帝献计献策，写的是治国良方，皇帝很喜欢他，赐名"志和"。后来他因事获罪被贬，从此再也不做官，隐居在太湖一带，扁舟垂钓，自称"烟波钓徒"。他的哥哥张松龄怕弟弟隐居不回家，就作了一首词《和答弟志和渔父歌》："乐是风波钓是闲，草堂松径已胜攀。太湖水，洞庭山，狂风浪起且须还。"）

师：哥哥这首词写了什么？这样吧，我当哥哥，你们就是张志和。咱们来一次作词、和词吧！

生：西塞山前白鹭飞，桃花流水鳜鱼肥。青若笠，绿蓑衣，斜风细雨不须归。

师：乐是风波钓是闲，草堂松径已胜攀。太湖水，洞庭山，狂风浪起且须还。

生：斜风细雨不须归。

师：狂风浪起且须还。

生：不须归呀！

师：且须还哪！

师：弟弟啊，你为何不归？

生：哥哥，我不想去做官了，这里生活舒服，不用跟官场上的那些人争斗了。

生：哥哥，看到官场上的人明争暗斗，我实在不想跟他们一起，在这里我天天钓鱼，多自在舒服啊！

师：兄弟啊，听说你是直钩垂钓，不放鱼饵，你钓到了什么呢？

生：我钓的是自己悠闲的生活。

生：我钓的是自由自在的生活。

师：明白了，世人哪得识深意，此翁取适非取鱼！张志和就这样天天在溪流边，直钩垂钓，这溪流就成了他的一面镜子，每天透过这面镜子，想着想着，仿佛自己就是跟一些神仙高人在谈话，后来他写出一部《玄真子》。

很多诗词是诗人在特定环境下有感而发，挥毫泼墨留下的。以上教学片段，拓展了张志和的生活经历、时代背景，这种拓展为教学搭建了丰厚的文化平台，引领学生走近诗人，走进他的内心世界，从而更好地理解诗词的内涵，体会诗人悠闲自得的心态。

第三节　审美追求：雅致灵动，情深意浓

我国著名语言学家吕叔湘先生说："语文教学既是一门科学，也是一种艺术。"既然是艺术，那么，语文教学便离不开一个"美"字：美的语言、美的情感、美的音韵、美的意境、美的意蕴……语文课堂应追求一种雅致灵动、情意交融的审美境界。

"雅"是我国传统美学对美的一种表达，是文化——美学品位的显示；"致"可指"自然流露，做作不得"（朱自清语）。"中国风·母语美"语文课堂的文化心态和审美心灵是雅化的，文雅的语言、优雅的举止、古雅的氛围、典雅的方式、闲雅的情致、静雅的冥思能激发学生学习语文的雅兴、雅趣，使语文教学呈现出一种温文尔雅的格致，隽永悠长的情致，舒卷自如、意态邈远、清新宜人。

语文课堂的"灵动"之美，不仅是教学形式的一种表现形态，更是对语文本源的一种阐释，是一种精神态度，也是一种美学追求。"灵动"不等同于灵活，它强调的是思维的流畅和心灵的自由，其实质是主体性的张扬。"灵动"也不等同于热闹，热闹往往停留在表象，"灵动"则是心智的开启与交流，展示的是高度的智慧。以"灵动"为核心，语文课堂就会充满激情，富有生机；充满情趣，富有启发性和感染力。

情深意浓追求的是一种情真意切、情投意合、诗情画意的境界，能使师生随物入境、随情入境、随人入情、随文入意，从而神随物游、智随心展、知随意令、能随言成。

"雅致灵动，情深意浓"的母语课堂是见情、见性、见灵思、见神韵的审美课堂，主要体现在以下几方面：

1. 师生和谐

在语文课堂上，有诗情画意，也有哲思飞扬；有唇枪舌剑，也有真情告白；有俏皮活泼，也有凝重严肃。课堂是儿童的世界，充盈着儿童的感动、儿童的诠释、儿童的情怀、儿童的梦想。在朗读、欣赏、吟诵、表演、想象等一系列的学习活动中，儿童固有的灵性得以迸发，原始的诗情得以生长，潜具的悟性得以唤醒，课堂洋溢着生命的活力。

语文课堂中的教师应是性情中人，有真性情方有新境界。他激情智慧，只要站上讲台，便会投入感情，投入智慧，投入人格，投入他的整个世界，引领学生在智慧的花园里采撷，在知识的瀚海上畅游。他用生命的激情去点燃生命的激情，用智慧的心灵去唤醒智慧的心灵。他敏感细腻，倾听每个学生的发言，关注每个学生的表情，用自己的一个眼神、一个动作、一句精妙评价、一句鼓励话语启迪学生的心智，让学生享受语文、享受课堂、享受学习。

2. 美智相映

语文学习过程是美的欣赏与创造过程，具有直觉意会的特点，它要求学生全身心地投入和体验，意象合一，理解观照合一，身心合一，知情合一。语文课堂应注重以美为境界，发掘文本的语言之美、自然之美、社会之美、人物之美、情感之美、思想之美，通过图画再现、音乐渲染、语言描绘、角色扮演等策略努力营造一种美的氛围，让学生在语文课堂这个既狭小又广阔的美的王国里自由驰骋，去感受美、领悟美、欣赏美、创造美，从而进入那种妙不可言、美不胜收的"癫狂"状态，使他们的兴趣、激情、智慧和灵性得以激发和张扬。

如在教学李白的《早发白帝城》时，教师选择古筝曲配乐吟诵的方式，在明快的乐曲声、吟诵声中，学生感受有山、有水、有彩云、有猿声、有小船的美的景象，体会诗人喜悦的心情。美的氛围为学生学习这首诗做好了情感铺垫。之后，让学生用自己的话说说诗句的意思，学生边讲，教师边用简笔画再现情境，用粉笔勾勒出彩云、山、水、小船，画面从无到有，处于变化之中，吸引学生的注意力，把他们带入情境。学生通过画面感受诗中两岸悬崖峭壁、猿声啼叫、一叶轻舟在湍急的江水中飞流直下的景象，画面静中有动，从有限的画面想到无限的画外，感受画中情，听到画外音，从而活跃思维，更好地理解诗句，充分获得语文学习的"智趣"。

3. 动静相宜

子曰："知(智)者乐水，仁者乐山。知(智)者动，仁者静。"我国古代朴素唯物主义思想家王夫之认为，"静者静动，非不动也""静即含动，动不舍静"。两位智者不约而同地阐述了"动"与"静"对立统一的辩证关系。在语文教学中，"动"是指讲解、朗读、讨论、表演等，"静"是指学生默读、思考、想象等。"动"能激发学生的情绪，活跃课堂教学气氛；

“静”则有利于学生进行深入思考。

语文课堂应重视运用动静之间的辩证关系，顺应学生的心理需要，根据不同的教学内容巧妙安排教学方式，构建静中有动、动中有静、静而不死、动而不乱、动静相宜、活而有序的教学课堂，从而使课堂雅致灵动，情意交融。

比如，在《地震中的父与子》这篇文章中，共出现三次“谁愿意帮助我？”“你是不是来帮助我？”这样的问句。从字面上看，问句毫无难度，却是一个包含着父爱的感悟点。如果不给学生充分的时间进入文本，挖掘问句背后所包含的深爱，这个问句就仅仅是几个字加一个标点而已。教学时，教师先让学生默读一至七自然段，要求学生尽情地读，静静地想：“这个简单的问句出现了三次，它们背后所传递的父亲的情感一样吗？”几分钟的沉默安静之后，学生纷纷举手回答：“这个父亲很执着，那么多人都认为没希望了，他却坚持着。”“他是个好爸爸，因为他知道他的儿子一定也坚持着，作为爸爸怎么能放弃呢？”……在静思默想中，有的学生把父亲与众人的表现进行了对比，有的则展开了充分的想象……随后，教师让学生再朗读这三个简单的问句，他们声情并茂，读出了一份浓浓的情、一份沉沉的爱、一份重重的承诺。在课堂上，给予学生充分静思默想的时间，不仅能让他们挖掘出文字背后的内容，还能对有感情地朗读起到辅助作用，使随后的“动”更有意味，更有深度。

4. 虚实相生

在绘画、文学、书法、音乐、建筑等艺术形式中，历来都很讲究虚实相生，并把它作为艺术家造诣深厚的重要标志。例如，我国著名哲学家、美学大师宗白华在《艺境》中这样描写八大山人的绘画，“尝见一幅八大山人画鱼，在一张白纸的中心勾点寥寥数笔，一条极生动的鱼，别无所有，然而顿觉满纸江湖，烟波无尽”。整张纸的空白处使人觉得是水，鱼以“实”出，水以“虚”生。又如，在文学创作中，“不著（着）一字，尽得风流”，追求的是“此时无声胜有声”的共鸣。由此可见，虚实相生是艺术创作意境中的规律和宝贵经验。

语文教学作为一门艺术，也应遵循艺术创作中“虚实相生”的规律，注重教学“虚”与“实”之间的互相联系、互相渗透、互相转化，以达到虚中有实、实中有虚的境界，从而形成无穷的意味和幽远的教学意境，启发学生思维，使他们获得审美趣味。据此，在“中国风·母语美”语文课堂中，一方面，教师要感知文本，为文本中蕴含的理性美、科学美、艺术美所感染，悠然心会，同时对文本中蕴含的审美因素进行细心品味，并将自己的感受传达给学生；另一方面，学生在教师的引领下，通过丰富的联想和个性化的想象，化虚为实，将抽象的感情与哲理赋予具体而生动的形象，从而获取相关知识。

比如，一位教师在执教《草船借箭》时，没有对课文进行一一分析，而是抓住课文中诸葛亮说的一句话来启智引思：“‘诸葛亮笑着说’，诸葛亮在笑谁呢？笑什么呢？”学生以此为切入点去研读课文，激发了他们钻研文本的兴趣，他们在此过程中也增长了智慧。事实证明，学生经过探究，发现这个“笑”很有意味，不但理解了这个“笑”是对鲁肃、说曹操、笑周瑜，而且把“笑”的丰富内容也剖析得丝丝入扣，句句在理，各有千秋。这一环节，既充分体现了阅读的个性体验，也重点理解了文本的内涵。粗看，这与教师的精巧设问是分不开的；细分析，就会发现这设问正是教学中“虚”与“实”的正确处理：虚问切题，实处求证。

5. 形神兼备

中国传统美学历来主张寓神于形，以形传神，形神兼备。“形”，万物之象；“神”，万象之魂。“形”是“神”的外在表现，“神”是“形”的内在本质。用形神兼备的美学观审视语文教学，对于“形”来说，一方面教学目的要明确，结构要严谨，节奏要紧凑，对要落实的知识点、培养的语文能力、发展的智力，教师要成竹在胸；另一方面，为抓住教学中的“神”，该采取怎样的措施、手段，选择怎样的方法、途径，师生之间如何合作，如何使教学流程环环相扣、层层相承以实现教学最优化，是必须认真思考并精心设计的。如果随心所欲，教学内容偏难或偏浅，方法单一，结构松散，那便会形神分离了。

语文课堂应追求形神兼备，首先要求语文教师要凭自己的学识功力对文章进行深度挖掘，精辟分析，甚至对细微之处放大、延伸，形成对教材的独到见解，找到“神”之所在。然后，教师要以巧妙的教学艺术、高超的教学技巧、真挚的教学情感和妙趣横生的教学内容，形成一种“场”效应，使学生被吸附，浸润其中，受到全身心的感染和熏陶，一步步感悟，一步步深入，从而获得对文本的理解升华，真可谓“神无可绘，真境逼而神境生”。请看《天鹅的故事》教学片段：

师：老天鹅不断地扑打着，不懈地努力着，这时别的天鹅……只听得——（出示：“嚓——嚓——”，冰层裂开了一条小缝，接着又裂开了一条……冰面终于塌陷了，出现了一个小的冰窟窿。引齐读）

师：你们就是那一只只被惊呆的天鹅，看着眼前这位破冰勇士的壮举，你在想什么？

生：我们得赶快破冰，我们就能找到食物了！

师：一只天鹅和老天鹅一起去破冰了，边飞边叫——（引导学生读：“克噜——克哩——克哩。”）

生：我会想，我也要去，我还要喊我的同伴一起去战斗。

师：你呼唤着你的同伴——（引导学生读：“克噜——克哩——克哩。”）

生：我会想，我要去帮忙！伙伴们，让我们一起干哪！加油！

师：于是，好几只天鹅都同时飞了起来，叫着——（引导学生读：“克噜——克哩——克哩。”）

师范读。（出示：有几只天鹅来帮忙了，很快整群天鹅……就像那激动人心的劳动号子：“兄弟们哪，加油！齐心干哪，加油！”）

师：此时你的眼前看到了什么？听到了什么？

生：我仿佛看到了天鹅群在老天鹅的带领下齐心破冰。

生：我仿佛看到了好多天鹅都纷纷加入了破冰的行列。

生：我仿佛听到天鹅们齐心破冰的劳动号子，冰面破裂的声音，天鹅扑打冰面发出的"扑扑"声。

生:我仿佛听到老天鹅发出的欣慰的笑声,好像在说:"孩子们,好样的!"

师:你听到了文字背后的声音,你用心去体会了。湖面上不时传来"克噜——克哩——克哩"的叫声……(教师引领学生分排读)

师:这声音在贝加尔湖上空此起彼伏,奇迹终于出现了——(指名读)

(出示:小小的冰窟窿终于变成了一片很大的水面……不时发出阵阵胜利的欢呼声:"克噜———克哩——克哩!")

师:它们仿佛在说些什么?你听懂了吗?

生:我们有吃的了,这多亏了老天鹅呀!

生:我们终于成功了,我们胜利了!

生:我们渡过了难关,我们可以生存下来了!

师:是呀,所有的天鹅都长长地松了一口气,它们掩饰不住内心的激动,昂着头,挺着胸,欢呼起来,"克噜——克哩——克哩!"让我们的欢呼声更响亮些吧!"克噜——克哩——克哩!"

《天鹅的故事》这篇文章前后三次出现天鹅的叫声:清脆的啼叫声、劳动的号子声、胜利的欢呼声。声外有音,言外有意。以此作为线索和发散点,可以了解这群天鹅破冰的原因、经过、结果。本段教学把语言的感悟和情感的体验紧密相连,引导学生依托文本,抓住天鹅的叫声"克噜——克哩——克哩!",通过想象情景、联系上下文、多种形式的品读引燃学生的情感点,同时循声读文,通过比较、体验、建构,感其情,悟其理,化其神,从而达到形神兼备的教学境界。

6. 情理相谐

中国文学,历来都是草木皆情,载道言志。长期的语文教学实践,使我们认识到语文学习重意会、重感觉、重自悟,讲究"天人合一",语文教学应该是感性多于理性,重个性感悟多于共性归纳。同时,我们也认识到,所有的感性认识都有待于上升为理性认识,只有被理性的光辉所照亮的感性认识才能真正地巩固和提高。在课堂教学中,如果缺少"情",就变得枯燥、机械;如果缺少"理",则容易流于肤浅、片面。"情"是血肉,"理"是灵魂;"理"统帅"情","情"在"理"中发展。

语文课堂应是情理相谐的课堂,注重"情"和"理"的交融相通和互生互长。教学通过扣住文本中的"情"和"理",创设情境,体味情语,使学生神飞思驰,情动于中时,再引导学生因文循理,进行理性的追问与思考,反复读、慢慢嚼、细细品、深深悟,从而把学生的感悟与思想引向深入,让理性伴随感性深深扎根到他们的精神世界。

如教学《月光启蒙》时,笔者引导学生静心品读课文第五自然段,抓住关键词句、联系上下文,领悟隐藏在歌谣背后的东西。学生抓住两个含义深刻的句子:"那时,我们日子清苦,但精神生活是丰富的。""黄河留给家乡的故道不长五谷,却长歌谣。"通过对"清苦"和"丰富"的对比、两个"长"含义的理解,读出了黄河岸边淳朴的民风孕育了那里纯朴的人们，勤劳的人民用最质朴的民谣来表达自己的心声，读懂了那块贫瘠的土地上世世代代流传歌谣的原因。母亲通过歌谣传递的不仅仅是对“我”的爱，同时也把她对故乡的爱、对生活的爱传递给了“我”。此刻，笔者深情叙述：母亲用歌谣把故乡的爱，伴着月光给了“我”，让一颗混沌的童心豁然开朗，她真是“我”的启蒙老师！之后，通过语言描述再次把学生带入情境进行想象：“我”依偎在母亲怀里，听母亲讲故事，听着听着，看着高深莫测的夜空，“我”可能会看到些什么呢？学生跟着母亲的故事飞向夜空，看见了嫦娥奔月、牛郎织女天河相会的情景……此时，月光下的母亲就像一尊玉石雕像，是那样圣洁美丽。学生一句句地朗读，一遍遍地感悟，一次次地构建自己心目中母亲的形象。他们完全浸润于母爱的情感体验中，对母亲形象的体悟逐渐丰富、完善，一个能说会唱、天资聪颖、勤劳、美丽、爱孩子的母亲形象深深地烙在了学生的记忆深处。学生对“启蒙”内涵的理解也在不断深化：是母亲在月光下用歌谣、故事、谜语播下了一粒粒爱生活、爱文学的种子，使它们生根、发芽、生长……使作者孙友田成长为一名才华横溢的诗人，“月光启蒙实则就是爱的启蒙”。这段教学，真可谓情中有理，理中含情，情理相谐。

7. 冲突融合

“有无相生，难易相成，长短相形，高下相倾，音声相和，前后相随”，可以说，矛盾的对立统一为我们构筑了一个极具魅力的多彩世界。语文课堂也是一个相对独立的世界，因而也存在诸多相互冲突的语文教学观：“言”和“意”、“情”与“理”、“讲”与“练”、“师”与“生”……面对矛盾，我们不能用“非此即彼”的二元对立思维，而要以一种敞阔的胸怀和辩证的思维，融合冲突。有时教师甚至可以主动“挑起”冲突，在冲突中达成视野的融合，从而构筑起智慧、灵动、丰满的语文课堂。

“不愤不启，不悱不发”，“愤悱”状态说到底就是思维冲突。“中国风·母语美”语文课堂注重在教学中设置有价值的冲突，在冲突呈现后有效地引导学生进行言语实践。学生在“学、问、思、辩”中张扬个性，提高思辨能力，同时对课文重点、难点的理解自然也就水到渠成了。

挑起思维冲突的，可以是语言文字上的冲突，可以是表现手法上的冲突，可以是情意层面的冲突，还可以是理解层面的冲突等。如在《二泉映月》一课中，引导学生讨论：阿炳长大之后，眼睛瞎了，又是一个中秋之夜，来到二泉边，为什么只听到了叹息、哭泣、倾诉、呐喊，唯独没有听到奇妙的声音呢？这不是和小时候父亲说的话矛盾了吗？在《宇宙生命之谜》一课中让学生围绕“宇宙之中除了地球之外，还有没有生命存在？”进行辩论；在《嫦娥奔月》一课中引导学生思考：嫦娥吃了仙药升天成仙，这是一件多么高兴的事，为什么她飞上天的时候还飘飘悠悠的呢？……抓住突破口，有意给学生设置问题“障碍”，形成“冲突”，从而激起他们的思维火花，使他们学得更主动、积极，最终实现融合，语文学习的自然本色也臻于完美。

8. 韵味悠长

语文之韵味犹如一杯窖藏百年之美酒——醇香、甘甜。品之，动情入心；忆之，余味无穷。语文之韵味全在于它是一个美的世界,它的美是教材与教师集中的艺术体现。"中国风·母语美"语文课堂追求韵味悠长,以此滋润学生情感的幼芽,点燃学生智慧的火花,使之流连忘返、心旷神怡。

语文课堂的韵味悠长,应体现一个"趣"字:教师通过多种方式激发学生的学习兴趣,或直观演示、导入情景,或旁征博引、激疑悟理,或巧设悬念、扣人心弦,或幽默风趣、妙语解颐……课堂情趣盎然。

语文课堂的韵味悠长,应突出一个"导"字:教师遵循学生阅读理解的规律,帮助学生确定思维的方向,理清思维的顺序,并把握"火候",逢山开路,遇水架桥。或大题化小,或难题化易,或指点迷津……由浅入深,由表及里,层层启发,环环紧扣,营造出峰回路转、重峦叠嶂、柳暗花明的课堂效果,从而让学生感受语文丰富的内蕴和意味无穷。

语文课堂的韵味悠长,应讲究一个"变"字:课堂中,既有学生读,又有教师讲;既有热烈的讨论,又有深层的思索;既有学生练习,又有教师指导……张弛有致,动静相衬,急缓兼施,产生"嘈嘈切切错杂弹,大珠小珠落玉盘"的韵味。请看一位教师执教《爱如茉莉》的教学片段:

师:此时,听不到豪言壮语,也没有甜言蜜语,却让我们真真切切感受到了爱。再来看看妈妈的话。面对这样的爸爸,妈妈此时的心情怎样呢?妈妈会怎样说?

(出示:妈妈________说:"你爸爸伏在床边睡着了,我怕惊动他不敢动。不知不觉,手脚都麻木了。")

生:妈妈甜蜜地说——(生有感情地朗读)

生:妈妈虚弱地说——(生有感情地朗读)

生:妈妈疲惫地说——(生有感情地朗读)

生:我觉得妈妈是"微笑地说",因为她这个时候觉得自己非常幸福。虽然自己手脚都麻木了,但是有爸爸陪着,她很满足。(生有感情地朗读)

师:是啊,正如作者在原文中所写的,这么简简单单、平平淡淡的一句话,却使我静静地流下泪来。课文中有这么多令我们感动的细节。从文章的字里行间我们感受着爱,体会着爱。这份爱虽然平凡,却是那样的真切又富有诗意!这样的爱不正像一首诗吗?我们就以"爱在________"这样的句式,写出读了文章后你感受到的爱。(在音乐中,学生练写)

生:爱在爸爸的一句叮嘱里。

生:爱在爸爸蹑手蹑脚的动作里。

生:爱在妈妈麻木的腿脚里。

生:爱在爸爸紧握的手里。

生:爱在爸爸布满血丝的双眼里。

……

师:是的,爱在心里,爱在细节当中。充满细节的爱,总是这样一次次温暖我们的心灵。

以上教学，看起来平淡无奇，品起来则幽香缕缕、清香袅袅。课堂上飘荡着浓浓的语文气息，师生在交往、对话中完成了对文本的审美，像一首清丽的小诗，令人回味无穷。

第四节　内容关注：走进文学，浸润文化

根据粗略统计，在目前的小学语文教科书中，文学作品占比较大。的确，文学作为一门语言艺术，它的情感性和趣味性符合儿童的心理特征，可以激发他们亲近母语的热情；它的审美性和独特性，又能提升学生对语言的个性化审美和表达能力。更重要的是，文学作品饱含深厚的文化意蕴、人文内涵，可以激荡学生心灵，培养他们的品性。因此，学者李庆明先生认为，文学阅读是一种充满审美精神的阅读，是一个文化的熏染过程，是涉及审美感受、情感体验、自由想象、心灵沉思、精神陶冶、情意表达等多方面相交织融合的复杂心理活动。诗性语言或文学语言作为语言的一种特殊创造，以更卓越的象征和隐喻方式建立起一个超越世俗的、永恒的、完美的世界。语文教学应当让语言的诗意本质在儿童的生活里涌现出来，彰显其诗意栖居的自由状态，文学阅读可以扮演胜任的角色。

文学作品的教学要凸显“文学味道”，要再现文本本身的感染力，将学生的注意力吸引过来，寓教于“文”(文本之文学性)，这应成为语文教师的自觉行为。

笔者认为，文学作品教学中的“文学味道”是文本的文学味和教学方式的文学味的和谐统一，主要包括三个要素：第一，要教出文体美和语体美，即要教出不同文体、语体的特点来；第二，要教出情感美，能给师生的情感带来强烈的冲击，师生在教学过程中产生一种陶醉的、忘情的快感；第三，从语言入手，充分体验文学作品美的意象、意境，感受美的语言、韵味。

那么，如何教出“文学味道”呢？

一、从文学视角解读文本

接受美学认为，文学活动是作家、作品、读者三者的动态交流过程，文学作品的“意义”并不只是作家创造的，而是作家的创作和读者的接受共同作用的结果。所以，在文学作品的教学中，教师首先应该从文学的视角解读文本，与文本及文本背后的作者认真对话，静心凝神地加以研读，进而引领学生走进作品。

1. 关注文体风格

教材中的文学作品有诗歌、童话、散文、小小说等文体。在小学语文教学中，由于文体意识弱化，教学中常出现一种奇特的现象：面对任何文体的文本都采用统一的模式来组织教学，文体的特性淹没于共性之中。教师在解读文本时，面对不同文体的文本，除

了要关注那些共性的阅读规律之外，理所当然地应该将视点集中在文体本身的突出特点上。在此基础上，还要根据不同的文体特点设计教学重点，例如诗歌教学的重点是感受节奏感、音韵美、意象美以及诗人的情感，童话教学的重点是体会幻想的乐趣、故事的奇妙、童话人物的性格等，教出不同文体的特点。

如《再见了，亲人》这篇文章，属于融叙事、抒情为一体的散文，它有一个显著的特点——采用志愿军战士的口吻（第一人称）来讲述和表达朝鲜人民对中国人民志愿军的深情厚谊。作为教师，认识到这一点还不够，还需要进一步思考：作者为什么采用志愿军的口吻写，而不直接叙述？显然，这样写和直接叙述有很大的差别。首先，它令读者感到志愿军战士对朝鲜人民有着刻骨铭心、永志不忘的情谊；其次，用志愿军战士的口吻讲，可以将叙事和抒情紧密结合，可以将当时送别的情景与过去的生死与共结合起来。因此，在教学过程中，应让学生了解课文哪些地方是在叙事，哪些地方是在抒发感情，情与事是怎样结合的，并使学生知道，情与事之所以结合得这样紧密，恰恰是因为作者采用了"志愿军战士的口吻"这一散文写作方法。

2. 着眼表达特色

文学作品的语言典范、优美，蕴含丰富的表达艺术：生动、贴切的比喻，铿锵有力、富于节奏的排比，形象、巧妙的拟人；精彩的叙述，细致的描写，画龙点睛的神来之笔……可以说，各种修辞手法和表达方式应有尽有。解读时，需要教师着眼表达特色，方能知其意、得其趣、悟其神。

在解读《安塞腰鼓》一文时，应该读到的是"气势"。首先，文本表达上的"气势"。课文多用短句，短句的朗读具有急促干练的特点，显得铿锵激昂。同时还大量运用排比、反复等修辞手法，它们交错出现，一个接一个，这样的表达使内容更加热烈、激荡，充分表现了生命和力量喷薄而出的神韵。其次，人物活动表现上的"气势"。文本通过描写在黄土高原上展现的壮阔、雄浑、激越、豪放的腰鼓场面，展现了古老淳朴的民间文艺风情，显示了生命的活跃和强盛。这篇文章语言如诗如画，极富音乐美，在内容和形式上取得了完美的统一。通过这样的文本解读，教学指向更明确，教学方式更具文学味，教学内容也更开阔。

3. 揣摩语言细节

文学作品的细胞就是语言细节。细节是具体的描写环境、刻画性格、展示情节的最小组成单位，可能是一个标点、一个字词或一个句段。教师的作用就是引领学生透过语言细节去探寻细节后的秘密、细节后的故事，揣摩作者的用意。

如解读《桂花雨》时，我们发现全文"摇"字共出现十三次。一个"摇"字，摇出了清香迷人的桂花雨，摇出了童年的欢乐和喜悦，摇出了故乡的亲切与温馨，也摇出了"我"的片片思乡意、朵朵思乡情……全文还出现了八次"香"字，写家乡院子桂花带有"香"的句子共五句，涉及香之味、香之韵、香之形、香之情……文章以"摇"和"香"这些语言细节，化无形为有形，把琦君及家乡亲人们整个身心融于桂花中的幸福感受展露无遗。同时，桂花雨中的快乐和香甜感受为反衬作者如今的思乡情愁又埋下伏笔。这样揣摩语言细节，能更深入、更丰满地诠释文学作品的价值内涵。

4. 联系作者、背景

文学作品是作者在一定时代背景下的内心倾诉。解读文本的过程，是现实的读者与彼时的作者进行心灵交谈的过程，是对时代背景下文化内涵的解读和感悟过程。解读文本时联系创作背景，关乎学生学习的范畴、感悟的外延和收获的程度。

如《我和祖父的园子》，文章描写了祖父的园子，那是“我”童年幸福快乐的家园。解读时，教师并没有仅仅拘泥于体会小姑娘的童真童趣，而是在课前搜集了有关作者——萧红的生平经历。她虽历经种种苦难，可并未泯灭对新生活的追求。丰厚的背景资料给教学提供了有价值的信息，有利于引导学生走入作者复杂而丰富的内心世界。萧红念念不忘儿时的欢乐，与其说是怀念快乐本身，不如说是她向往这种快乐，然而那种向往又无法企及。她的内心充满无奈，充满对故乡以及亲人的无比眷恋和怀念，祖父的园子其实成了她精神的故乡。这样的解读，使学生对文本内涵的感悟更透彻。

二、用文学方式进行教学

文学作品的教学应当用文学的方式，全面有机地把握好语言文字与文学熏陶的最佳契合点，实现两者的有机结合，互补互渗，既着力于提高学生的听说读写能力，又着力于培养学生的鉴赏能力和审美意识。

1. 美读品味，获得语言感悟

文学作品的第一要素是语言，它是语言的艺术。教学文学作品，首先必须从语言入手。要捕捉语言意蕴，获得语言感悟，美读品味至关重要。正如著名教育家叶圣陶先生所说，“叙事叙情的文章最好还要‘美’读”“激昂处还他个激昂，委婉处还他个委婉”。实践证明，通过“美读”，学生可读出迥异的文风，读出不同的形象，读出酣畅文气，读出严谨文理，读出微言大义，甚至对作者所描绘的情景产生一种心灵的默契与共振。

如笔者教学《槐乡五月》一文时，就三个“香”字展开以下教学：

师：走进槐乡，我们看到槐花的美，感受到槐乡孩子的乐，你还闻到了什么呢？（香）

师：文中用哪些词来写香的？（出示：清香、醇香、浓香）读读这三个“香”。

师：（打乱顺序出示：醇香、浓香、清香）读一读，这样排列行不行？（指名交流）

师：（三个“香”渐大出示）是呀，三个“香”一个比一个浓，把这种感觉读出来。（生有感情地读）

师：（在三个“香”之后点出省略号）越来越香，香得无法用语言来形容了。

如何让学生感受到这三个“香”的差异？从正常排序指名读到打乱排列顺序品味读，再到渐大出示体会读，层层剥笋，引导学生逐步感受作者通过精当的用词写出了槐乡的芳香浓郁。

2. 想象补白，产生情感共鸣

文学作品是用画面、形象感染人的。文学文本作为一个开放的、动态的“召唤结构”，其中有许多“空白”和“未定点”，为学生提供了广阔的想象空间。教学时，教师要善于挖掘文本中可能隐藏的情感画面或场景，根据文本的文字和叙事逻辑，引导学生进行想象补白，或描绘一幅生动的画面，或编织一个戏剧性的场面，或勾勒一个逼真的形象，让文本的情感具象起来、立体起来，从而打动学生的心弦，激起情感共鸣。

如笔者教学《我的油布伞》一文时，为了让学生体会母亲熬夜织布时的艰辛，引导想象：听着娘“哐里哐当”的织布声，你仿佛看到了什么？透过娘熬红了的眼睛，你仿佛看到了什么，听到了什么？母亲熬夜织布的画面让人心酸，引起学生内心强烈的反响和共鸣。在想象补白的过程中，学生不再是一个冷静的阅读者，而是将自己和文本融为一体，成了文本意义的创造者，教学的“文学味道”也更浓郁、更芳醇。

3. 冥思默想，激起思维共振

文学作品充满情趣、智趣和理趣。教学时可以通过设计阅读话题，引导学生冥思默想。所谓“冥思默想”，是一种沉入灵魂深处的默想。冥思默想的程度，会直接影响到学生对文本鉴赏领悟程度的深浅。因此，话题的设计，需要教者仔细地揣摩，审慎地推敲，精心地筛选，立体地开掘，力求让话题直指人物的内心、思想的深处和问题的本质。

《逆风的蝶》这一文本行文诗化，并极具人生哲理。特级教师周益民在教学时精心设计了三个话题：① 蝴蝶和狂风，到底谁更强大？② 这一路上蝴蝶孤单吗？③ 蝴蝶和蔷薇，谁更幸福？这三个话题层层深入，贯穿授课的始终，形成了一个立体的话题矩阵，促使学生调动自己的思维和情感体验，潜心阅读文本。学生在这一个个话题的引领下冥思默想，激起了思维的共振，从而获得一种精神的敞亮。

4. 把握意境，加强审美体验

文学是“人学”“心学”，又是“美学”，文学用语言艺术构筑了一个个美的世界。教学中，通过进入文学作品本身所营造的意境，从而使学生把握文学作品所展示的意象与内在的意蕴，再通过艺术的联想与想象，完成对文学作品意象的理解与形象的再造，进而引导学生加强审美体验，提高审美情趣。

请看《去打开大自然绿色的课本》的教学片段：

师：古人说“诗中有画”，让我们闭上眼睛，静静地听老师朗读，大胆想象，你仿佛看到了什么？听到了什么？（师范读，生倾听）

师：同学们，你们都在哪儿呢？

生：我仿佛来到了果园，看到了一派丰收的景象。

生：我还听到了欢声笑语，扭头一看，原来是农民伯伯正在兴高采烈地采摘水果。

生：我还闻到了野花的香味。

……

师：同学们心中的画真是绚丽多姿！老师把你们刚才说的这些整理了一下，你能

谈谈对这一幅幅画的理解吗?(出示词语,指导朗读)

……

师:请你发挥想象力,用最美的语言介绍你最喜爱的一处景色。

生:我喜欢"挺拔的翠竹"。放眼望去,漫山遍野都是竹子,每一根竹子都挺直了身躯,拼命向上生长,似乎要伸到云端了。低头处,一个个笋娃娃也前赴后继地生长起来了。

生:我从"鸣禽"和"野花"身上闻到了浓郁的自然的气息,它们就像是一个个可爱的小精灵,正热情地挥舞着手臂,冲着我们跑过来。

师:多么惹人喜爱的小精灵呀!请你读出它们的形象来!(生饱含深情地读)

本段教学,教师通过范读把学生带入诗的意境,进而激发想象,引导他们获得初步的审美体验,然后顺势将分散在诗中的意象抽取出来,形成画面。学生深深沉浸到诗歌描绘的画面中,并通过语言描述使之更丰满、更厚实、更鲜活。在这一过程中,学生的审美体验不断得到强化,审美情趣也不断得到提高。

5. 拓展链接,丰厚文学内涵

学生学习文学作品,不仅仅是学习作者的创作成果,欣赏作者构思的精巧、谋篇布局的独特、文字表达的优美等,除了"知其然"还需要学习作者写作的"所以然",懂得好文章是怎样写出来的。所以,在教学时,适度了解作者的创作感受和经验,能丰富学生的文学内涵,对赏读文学作品有很好的启迪作用。

如笔者在教学《珍珠鸟》一课时,分享给学生作者冯骥才谈散文创作时的一段话:"散文,就是写平常生活中那些最值得写下来的东西……散文最终只是写一点感觉、一点情境、一点滋味罢了。当然这'一点'往往令人深切难忘。"这一拓展打开了学生的阅读视野,使其了解了作者对散文创作的思考及散文的特点,同时使学生对文本主旨有了更好的理解。

另外,拓展学生的鉴赏视野,还须立足教材,又不拘泥于教材。要让学生的文学熏陶由课内教师刻意的、系统的安排转化为课外随意的、自觉的渴求。如学习冰心的《只拣儿童多处行》后,补充阅读《小橘灯》《再寄小读者》及《繁星》《春水》中的其他文章,就会让学对冰心及其作品形成一个较为全面的认识,从而能更好地把握她作品中"爱"的主题和淡雅隽永的语言。这种拓展链接,延伸了学生学习语文的触角,使它变得更长、更宽。

第五节　实施路径:曲径通幽,诗情画意

就语文课堂的实施路径而言,期盼达到"曲径通幽,诗情画意"的境界。"曲径通幽,诗情画意"是中国园林的特点之一。"曲径通幽"是曲和折之后的一种新境界,体现为回

环曲折，参差错落，忽而洞开，忽而幽闭，赋予园林无限的变化；“曲径通幽”如同画论中强调的“意贵乎远”“境贵乎深”的艺术境界，是中国古人崇尚自然、顺应自然的体现。“诗情画意”是中国园林设计的主导思想，力图在有限的空间，创造出深远的意境，采用各种手段造成变化，收到“步移景异”的效果。

在语文课堂中如何达到“曲径通幽，诗情画意”的境界呢？一般来说，有以下实施路径：

1. 披文入情，以情造境

教师首先要对作品有深刻透彻的理解，从内心深处感知作品撼人心魄的艺术感染力。在感受作品、产生共鸣的基础上，从上课一开始就把握情感基调，渲染氛围，有意识地将文本蕴含的情感与学生的情感进行连接、沟通，引导学生“披文以入情”。“境”由“情”生，“情”浓“境”幽，师生带着情感进入作品所渲染的意境中。请看《长征》的教学导入片段：

师：前几天，我们一起读了不少红军长征的故事，说说看。

生：我读的故事叫《倔强的小红军》。

生：我了解了《金色的鱼钩》的故事，被深深地打动了。

生：我读了《丰碑》这个故事，很震撼。

师：真好！关于长征，老师这儿有一段话，请一位同学来读读。（配乐，出示：长征跨越了中国十五个省份，转战地域面积的总和比许多欧洲国家的国土面积都大。长征翻越了二十多条巨大的山脉，其中的五条位于世界屋脊之上且终年积雪。长征渡过了三十多条河流，包括世界上最汹涌险峻的峡谷大江。在总里程超过两万五千里的长征途中，中国工农红军始终在数十倍于自己的敌人的追击、堵截与合围中，遭遇的战斗在四百场以上，平均三天就发生一次激烈的大战。除了在少数地区短暂停留之外，在饥饿、寒冷和死亡的威胁下，中国工农红军在长征中不但要与重兵“围剿”的敌人作战，还需要平均每天急行军五十公里以上。）

师：这是长征结束后统计的数据。看着这段话，结合你了解的长征故事，说说长征给你的最大感受是什么？

生：长征是很艰难的。红军行程两万五千里，遇到了很多艰难险阻。

师：长征之长、困难之多，让人难以想象。

生：我觉得长征是伟大的。因为长征是为了中国的解放，为了中国人过上好日子。

师：长征是伟大的，是中国人的骄傲。

生：长征在我眼里是一个榜样，它象征着一种勇往直前的精神。

师：是的，长征象征着一种精神。

师：同学们，七十多年过去了，长征离我们很遥远了，很多事情让今天的我们感到不可思议。而毛泽东主席的一首《长征》（出示《长征》书法图），向我们再现了那段令人热血沸腾的历史。

（齐读题目——《长征》）

本段教学，从学生对长征的了解入手，唤起他们的表象记忆和情绪记忆，营造了氛围，调动了学习积极性。同时，通过一组具体的数据带给学生直观形象的感受，震撼学生的心灵，让他们感受长征的艰苦卓绝。学生对长征这一伟大历史事件有了深刻的理解，也为课堂教学奠定了情感基调。

2. 以境育情，动情涵泳

进入语境后，教师可采用创设情境、悬念激活、朗读质疑、感情渲染、气氛烘托等方法，借助美的形式、美的内容、美的语言、美的行为，进一步创设艺术情境和情感气氛，让学生置身其中去感受、去体验、去涵泳，如此学生的情感必然会涌动起来。这种内心情感的发展，会驱动着他们全身心地投入教学过程，忘情地沉浸在"情感场"中。请看《月光启蒙》的教学片段：

师：母亲吟唱歌谣会给我们带来一种怎样的感受呢？（屏幕上出现静谧的月夜图：以蓝色为主色调，一轮皎洁的明月，一个简朴的农家小院。同时，播放舒伯特的《小夜曲》，师生配乐引读第一自然段。）

师：听，母亲的歌从那篱笆小院中飘了出来……

（播放母亲清唱的歌谣，全场听得如痴如醉）

师：听着母亲的歌声，你有什么感觉呢？

生：母亲的歌声轻轻的、柔柔的，像三月的和风，像小溪的流水，我们都陶醉了！

生：这歌声像深谷的泉声，让我想起《二泉映月》中的一句话：有如山泉从幽谷中蜿蜒而来。

生：那歌声就像轻柔的春风吹过我的脸庞，像涓涓的溪流流过我的心田，滋润着我。

师：同学们的感受多丰富啊，都成了一个个小诗人了！孙友田的感受和你们是一样的，他在文中这样写——（出示：她用甜甜的嗓音深情地为我吟唱，轻轻的，像三月的和风，像小溪的流水。小院立即飘满了她那芳香的音韵。）谁来读读？

（生读，声音轻柔、甜美，处理得合理到位，全场掌声）

师：你们能想象，当时的"我"是怎样听母亲唱歌谣的呢？

生：月光如水，我依偎在母亲的怀里，双手托着下巴，听着妈妈的歌谣浮想联翩，我和妈妈乘着弯弯的小船飞到了千里之外的云南。妈妈轻轻地拍着我，我陶醉了！

生：月光洒在大地上，像给大地披上了一层纱。母亲动情地唱着歌谣，树叶沙沙地为她伴奏。我侧着脑袋，双眼凝望着母亲，倾听着美妙的歌声，身体不由地摇晃起来，我感到我是世界上最幸福的孩子了。

师：是啊，此时的我快乐着、幸福着、陶醉着……把这些美好的感受也读出来——（出示第四自然段，学生齐读）

师：读到这儿，你知道作者为什么要说"芳香的音韵"了吧？从这"芳香"中，你品出了什么？

生：从"芳香"中我感觉到母亲的声音甜美、柔和，像花朵那样芳香四溢，沁人心脾。

生：芳香一般指嗅觉，这里讲“芳香的音韵”，是一种通感的修辞手法。因为这美妙的音韵像芳香的花朵一样让我感到如痴如醉。我觉得这是作者高妙的写法！

师：是啊，这“芳香”让我们品出了母亲声音的甜美、轻柔，品出了母亲的歌声使孩子如痴如醉，品出了那一首首歌谣散发出的美好感受……这就是孙友田体会到的“芳香的音韵”。

这一段教学，设计了三步有梯度的朗读引导。第一步，通过优美的画面、抒情的音乐、动情的引读把学生带入情境之中，让学生想想怎样才能读出“芳香的音韵”飘满小院？从而找出了存在张力空间的“点”，引导学生感悟。第二步，让学生想象画面：当时的“我”是怎样听母亲唱歌谣的？从而把平面的文字立体化、形象化，架设感悟的桥梁。学生描述出一幅幅快乐、温馨的画面后，教师指导学生进行移情朗读。学生在朗读中加入自己的体会，感悟又深入一层。第三步，继续引领学生对“芳香”这个点进行感悟：从“芳香”一词品出了什么？因为有前两步的铺垫与品读，学生的理解水到渠成。在品读引导下，学生将自己的情感移植到对文本的感悟中，他们的悟性与灵性都得以充分开掘，在悠然心会中的朗读也就进入真正的妙境。

3. 多情共振，动情悟意

通过入情朗读、引情提问、激情研讨、抒情讲述、缘情想象等方法，促使文本情、教师情、学生情融为一体，在多情共振中把学生的情感引向高潮，使之“登山则情满于山，观海则意溢于海”。以此为契机，精读品味，潜心会文，悟其意蕴，与文中对象同喜同悲、产生共鸣。在情感和思维的强烈震撼中领悟作者独特的个性、深邃的思想和美好的情操，真正达到情意交融、文我合一的境界。下面是《天鹅的故事》教学片段：

师：看来，这一行行文字都在诉说着一幅幅动人的画面，让我们首先走进老天鹅破冰的那一幕！谁来读？（指名读）

师：听了他的朗读，你知道老天鹅是用什么来破冰的？

生：老天鹅是用身体和翅膀来破冰的。

师：老天鹅柔弱的身体和翅膀是怎样击打坚硬的冰面呢？请你继续默读第五自然段，边读边圈画。（学生默读，做批注）

生：老天鹅是腾空而起后再击打冰面的。

师：为什么要腾空而起？

生：因为飞得越高，下落的冲力就越大。

师：你能读出老天鹅的腾空而起吗？（指名读）

生：我从“像石头似的让自己的胸脯和翅膀重重地扑打在冰面上”体会到，石头一般是很重的，老天鹅像石头一样笔直地从空中坠落在冰面上，说明这一击是多么沉重！

师：是呀！请通过朗读把它的力量之大、速度之快表现出来！

生：我从“镜子般的冰面被震得颤动起来”感受到，能把这么厚的冰撞击得颤动起来，该用多大的力呀！

师：同学们，你们知道那冰层有多厚吗？据有关资料介绍，贝加尔湖的冰层厚度在冬天可达一米以上！即使在初春，也是非常厚的（边说边比画厚度）。这么厚的冰层也为之颤动，果然是“沉重的一击”。你能读出这一击的沉重吗？（指名读）

师：石头是没有生命的，是不知道疼痛的。可是，孩子们，老天鹅是石头吗？它是血肉之躯呀！请伸出你们的右手，握成拳头，重重地击下桌面！疼吗？

生：（右手握拳，敲击桌面）疼！

师：你们是“腾空而起”的吗？

生：不是！

师：是用整个儿身体击打的吗？

生：不是！

师：击打的是贝加尔湖的坚冰吗？

生：不是！

师：这沉重的一击将给老天鹅带来多大的痛苦！如果说老天鹅的行动是一首诗，那一定是世界上最壮丽的篇章！（把第五自然段改成诗歌形式，出示）

师：老天鹅——（引导学生齐读）

师：它头昏眼花，身体钻心的疼，但它还是坚强地站起来——（学生再读）

师：冰面还是没有破，它飞得更高，落得更重——（学生再读）

师：冰面已经被震得颤动起来了，老天鹅又一次竭尽全力地——（学生再读）

师：镜子般的冰面也许剧烈地震动了，那么，第四次、第五次、第六次、第七次……在那皑皑的白雪中、冰封的湖面上，你看到了什么？（音乐起）

生：我仿佛看到这只老天鹅的羽毛都掉了很多。

生：我看到一只老天鹅一次又一次撞击冰面，它已满身伤痕。冰层终于裂开了，一小片水面也被鲜血染红了。

生：老天鹅持续不断地撞击着，终于痛苦地趴在冰面上了。可是它的眼中射出坚定的目光，一咬牙，它又飞起来了。

……

师：如果你就是那只老天鹅，我想问：老天鹅啊老天鹅，你像石头似的扑打冰面，难道真是钢铁之躯，就不怕那钻心的疼痛、刺骨的寒冷？

生：我像石头是因为我攒足了劲儿，要竭尽全力，我很疼，但我愿意！

生：不，我也知道疼痛和寒冷，但是为了我们的集体，我必须这么做！

师：老天鹅啊老天鹅，难道你就没有看到冰面上那片片白羽、斑斑血迹？

生：没有关系，为了大伙儿的生存，我愿意。

生：我看到了，如果这白羽、血迹能够换来大家的食物，我心甘情愿。

师：老天鹅啊老天鹅，以你的声望，完全可以命令年轻天鹅行动，何苦要忍受这般苦痛？

生：你错了，我要用自己的行动来号召大家投入战斗。

生：正因为我德高望重，才更需要做个榜样！

师：多么可敬的老天鹅呀！（音乐起，教师带领学生读第五自然段）

师：孩子们，此时的老天鹅仅仅是在同冰面做斗争吗？

生：它不仅仅是在同冰面做斗争，更是在同命运做抗争。

师：是的，它在同饥饿抗争，同死神抗争，同命运抗争。在你的眼里这还仅仅是一只天鹅吗？还是其他什么？

生：它还是破冰勇士。

本段教学以"情"为切入点，通过品味重点词、想象画面等方式帮助学生深入体会语言文字，活化老天鹅的形象，使学生深切感受文章的"情"，领悟其中的"理"。同时，从开掘内心体验的角度入手，走进老天鹅的内心世界，体验老天鹅的心情，感悟其舍生忘死、奉献牺牲的精神，并通过多形式的有感情朗读强化这种细腻的情感体验，学生由此获得了对生命的渴望、敬重和珍爱的感悟。

4. 意犹未尽，建构升华

从某种意义上说，人有两个世界，一个是物质世界，一个是意义世界，这个意义世界需要儿童自我构建、升华。在课将结束，余音绕梁、意犹未尽之际，让学生通过言为心声的抒发，自我反思，自我通融，形成内在的精神力量，构建、升华自己的意义世界。请看《蚁国英雄》教学片段：

师：读完整篇课文，让我们合上书本，掩卷沉思……你们在想什么？

生：蚂蚁虽然渺小，但它们的生命同样是伟大的。

生：它们在大火面前，为了救别人，毫不犹豫地献出了自己的生命，它们真是英雄！

师：是啊，用自己的生命去换取别人的生命，它们是真正的英雄！这是一个关于生命的故事。假如没有抱成团的智慧，假如没有最外一层蚂蚁的自我牺牲，假如没有蚂蚁家族的团结合作，渺小的蚂蚁家族绝对会全军覆灭。让我们再来看看蚂蚁的"蚁"字。"蚁"字是由虫字旁和一个"义"字组成的。你觉得这个"义"字代表什么呢？

生：义气，敢于牺牲自己。

生：情义，小小蚂蚁有情有义。

生：义举，这是伟大的举动！

生：义无反顾，永不退缩！

师：是呀，它代表的是义气、情义、义举、义无反顾。学到这儿，让我们一起把最高荣誉送给这群小小的生灵，让我们毕恭毕敬地写上四个大字——"蚁国英雄"（师生一起板书课题：蚁国英雄）

师：让我们恭恭敬敬地叫它们一声——（生齐：蚁国英雄！）

师：在2006年度《感动中国》获奖人物颁奖典礼上，独臂英雄丁晓兵获得"感动中国人物"的称号。组委会在给他的颁奖词中是这样说的："一条臂膀，也能撑起血染的军旗，他是真的勇士。”如果请你给这群蚁国英雄们写一句颁奖词，你会怎么写呢？请拿起笔写下来。

（在音乐声中，学生写）

生：一群渺小的蚂蚁却能战胜熊熊烈火，你们是真正的英雄！

生：小小的蚂蚁，面对死亡毫不畏惧，勇往直前，你们是真英雄！

生：为了救别人，为了救整个家族，你们毫不犹豫地献出了宝贵的生命。你们是真的勇士。

师：听了大家的颁奖词，老师已经明白，大家已豁然释怀。小小的蚂蚁是弱小的，是卑微的，但是它们的生命同样是伟大的，是值得敬重的。

本段教学，通过对“义”字的理解，拓展阅读链接；通过“颁奖词”的撰写，使学生从文本中得到了关注生命、珍爱生命的启示，激荡起强烈的生命意识，建构和升华了对生命价值的认识，使学生对文章的意蕴有了更深刻的理解和把握。

第六节　基本策略：立象尽意，意会言传

阅读要经历“言—象—意”的过程，其中，“象”是“言”与“意”的中介。所谓“象”，指的是形象、印象、意象。作品中的“象”往往是具有审美品格的，是具体的、有形的，而“意”是抽象的、无形的。抽象的、无形的“意”附托在具体的、有形的“象”上，使“意”有了一种生命的形式，同时又使“象”有了生命的内容。那么，如何使“象”浮现出来，使本无生命的文字符号变得有声有色、可触可感？这就需要“立象”。早在《周易·系辞上》中就载有“立象以尽意”的说法。就是说，文本当是以“言”来“立象”，以“象”来“尽意”。所谓“尽意”，就是要具体生动地、形象含蓄地、丰富深厚地表达作者的情感和智慧。那么，如何实现“立象尽意”？

一、勾勒图像，生成意象

语言文字中常常蕴含着丰富鲜明的图像。教学时，教师可以通过提问、语言描述、启发想象等多种方式引领学生依据语言文字在心中构建出文本图像，再细细品味其中滋味，衍生文本意义，从而生成鲜明的意象。

请看一位教师执教的《三亚落日》教学片段：

师：长时间地看这一轮落日，觉得眼前的这轮落日何止像一只大红灯笼，看着看着，这轮落日仿佛有了一份生机，有了一份情意。还记得李白的《送友人》吗？里面有这么一句：“浮云游子意，落日故人情。”（出示诗句）“故人”是什么意思？快速浏览课文，看看在作者眼里，这位“故人”是怎样的一位朋友？

生：是个孩童。

生：是一位跳水运动员。（还有学生欲言又止）

师：孩童也好，跳水运动员也好，既然是有血有肉、活生生的人，他总该有自己的相貌、个性和动作吧。读读这些语段，小组讨论讨论，想想，落日是一个什么样的孩童？又是什么样的跳水运动员？

（学生分组讨论，教师巡视）

学生讨论后汇报：

生：我觉得太阳是冬天里的一位小姑娘，而且还有点儿害羞。不知是冻的，还是羞的，涨红了小脸，正低着头，摆弄自己火红的蝴蝶结呢！

生：太阳像一个乡下的野孩子，在外面疯玩了一整天，临下山时，还是野劲十足。

生：作为跳水员，夕阳入海时"悄然无声、水波不惊"，说明她是位技术高超的运动员。她的身材肯定非常苗条，如果身材肥胖臃肿，入水时就会溅起很大的水花，谈不上优美和赏心悦目了。

本段教学，学生在充分阅读语言文字的基础上，依托小组讨论，利用自己的认识、经验构建起了个性鲜明的太阳图像，那是饱含情意的美的图像。在学生心中，三亚落日不仅仅是一只悬在海与天边缘的红灯笼，更成了可亲可感的人，成了物我合一、情思交融的美的载体与象征。

二、咀嚼文字，感知形象

每一个汉字都浸润着丰富的表象。教学中不应理性、枯燥地去分析词条的意思，而是要引导学生在具体语境中体味字词的细微差别，推敲用字用词的精妙，感知字词的鲜明形象，这样才能使字词化为学生的血肉，深入学生的骨髓，成为学生精神世界中一个个鲜活的元素。

再看《三亚落日》教学片段：

师：（出示语段）夕阳也渐渐收敛了光芒，变得温和起来，像一只光焰柔和的大红灯笼，悬（浮）在海与天的边缘。兴许是悬得太久的缘故，只见它慢慢地下沉（下落），刚一挨（碰）到海面，又平稳地停住了。（指名读）

师：请注意文中带点的字，如果换成括号里的字，有什么不一样？

生：我想在黑板上画图区分"悬"与"浮"的差别。（指着简笔图解释）"悬"说明太阳没有靠近海面，离海面还有一段距离，而"浮"说明太阳下面的边缘已接触到海平面。"悬"还表明这轮太阳置于天与海之间，无所依托，静静地、悠闲地停在半空中。

生："下沉"显得很有力量，慢慢地压下来，具有不可阻挡的气势与力量；"下落"显得速度很快，"唰"地一下就下来了。夕阳落下去是有个过程的，"下沉"比"下落"更准确，更有力量。

生："挨"是靠的意思，若即若离；"碰"表示太阳与海面完全接触。"挨"让人感到亲密，"碰"让人觉得生硬。如果换用"碰"字，我似乎还听到了"轰"的声音，而太阳落下去的过程是静静的、毫无声息的。

师：同学们分析得真深刻，体验得很到位。这就是作者用字的巧妙之处，每个字都十分讲究，给读者以无限品味与咀嚼的空间。结合刚才的理解，让我们再来读读这段话。（生齐读）

以上教学，学生在教师的指导下，通过换词辨析，细细推敲和体会用字的准确与精妙，感受到了字词的“分量”“温度”“音质”与“可亲近性”。正是在这种对文字的咀嚼、品味中，学生清晰鲜明地在心中描绘出三亚落日的生动形象。

三、媒体辅助，美化意境

“媒体辅助”是指通过多媒体使音乐、画面、朗诵等完美融合。教学中，图文影音俱全的多媒体可与教师、文本优势互补，引领学生步入有声有色、有韵有味的意境中，成为学生进行情感体验的有力支撑，成为学生理解文本内涵的情感纽带，成为学生积累语言、提高语文素养的有效手段。

请看《黄果树瀑布》教学片段：

师：刚才我们欣赏了黄果树瀑布飞流直下的形态，而黄果树瀑布飞流直下撞击岩石后又会形成一种更为奇特的景观——银雨洒金街。“银雨洒金街”，一个多么富有诗意的名字啊！我们乘着音乐的翅膀来到了黄果树小镇上！

（教师配上优美的音乐，播放多幅“银雨洒金街”图片，学生边欣赏边赞叹）

师：如果请你为此番美景配上一段解说词，你打算怎样讲解呢？请边看图片边练习，可以用书上的语言。

（学生兴致勃勃地解说）

生：（在美妙的音乐声中，结合图片讲解）那瀑布激起的水珠，飞溅一百多米高，如云漫雾绕。水花晶莹剔透似银屑，艳阳高照，水雾蒙蒙，映出金色的光来，似真似幻，那街道就似乎是金色大街了。

师：（相机采访）面对此番美景，你有何感受？

生：此番景象美不胜收，我深深陶醉了，疑似来到了仙境。

师：“银雨洒金街”真是太美妙、太神奇了！请女生一起美美地读出来。（女生配乐读）

师：怪不得明代伟大的地理学家、旅行家徐霞客对黄果树瀑布情有独钟，他在考察大瀑布后，这样写道——（出示并播放朗诵录音：捣珠崩玉，飞沫反涌，如烟雾腾空，势甚雄厉；所谓“珠帘钩不卷，匹练挂遥峰”，俱不足以拟其壮也。盖余所见瀑布，高峻数倍者有之，而从无此阔而大者。）

师：（用诗一般的语言解说）黄果树瀑布水势丰盈，犹如千万颗珍珠、宝玉撒落人间，瀑布激起的水花如雨雾般腾空而上，气势雄伟。若用珠帘和白练来比喻黄果树瀑布，都不足以形容它的壮美，比黄果树瀑布高峻的瀑布有很多，可却没有比它再宽阔的了。黄果树瀑布真是一部——大自然的杰作！让我们一起吟诵徐霞客对黄果树瀑布的评价。

（学生齐诵）

本段教学，教师为了凸显“银雨洒金街”的美妙、神奇，制作了幻灯片，配上了音乐，让学生充分感受这迷蒙、诗意的意境。之后，请学生试着用文中语言为其配解说词，优美的文字和美丽的画卷烙印在学生的脑海里，活在学生的语言里。同时，通过多媒体出示徐霞客的经典名句，升华了学生对黄果树瀑布的情感，使其真切地感受到黄果树瀑布不愧是一部大自然的杰作。借助多媒体，能使学生在美化的、丰厚的、整合的、开阔的意境中学语言文字，悟人文内涵。

四、延伸余味，深化意蕴

有的文本结尾处戛然而止，给读者留下品味和想象的空间，可谓“言有尽而意无穷”，这是一种“留余味”的写作技巧。教学时，以原文的终点为起点，想象构思，创编探究，延伸余味，从而深化意蕴。

请看《长征》教学片段：

师：同学们，读到这儿，老师在想这样一个问题——远征如此之难，到底是什么在支撑着我们的红军战士能够这样无畏、乐观地面对呢？

生：我认为是解放全中国的理想在支持着他们。

生：那是一种伟大坚定的信念，相信革命一定会取得胜利！

师：就是这种理想、信念，及乐观、无畏的长征精神鼓舞着每一名战士和每一个中国人，如今，这种长征精神已经成了我们整个民族的精神！现在让我们静下心来，细细回味，这长征精神究竟是什么呢？同学们，拿出手中的笔，把它们写下来，可以写诗中的，也可以写写你读到的其他故事。

出示：

长征精神，是金沙江上____________________，

长征精神，是大渡桥上____________________，

长征精神，是大雪山上____________________，

长征精神，是茫茫草地中__________________，

长征精神，是__________________________

……

生写完后交流。（略）

师：同学们，你们都读懂了毛主席，读懂了这首诗。希望你们能时时谨记长征精神，让它激励着我们永远向前！让我们跟着这段激昂的旋律，再次吟诵这首词。（配乐齐诵）

教学结尾处，巧妙地概括出诗歌的意蕴——长征精神，并通过创编小诗的方式把抽象的“长征精神”具体化、形象化，中国工农红军在长征途中所表现出的大无畏的英雄气概和革命乐观主义精神将深深地镌刻在学生心中。

五、意会言传

汉语的重要特性之一是意合，由此折射出的思维方式是意会。意会是一种由“言”知“意”的会意过程，是意象、意境、意蕴在心灵境域的会晤和领会，就像陶渊明所说的“好读书，不求甚解；每有会意，便欣然忘食”的一种阅读高峰体验。中国古代教育家曾倡导“不言之教”，提倡默而察之、心领神会，强调阅读者的体悟、感通，这就是意会。没有意会、不会意会，阅读就无价值了。

人们常说“只可意会，不可言传”，意思是只能用心去领会，无法用言语具体表达出来。但是，如果一味强调“意会”，而不注重“言传”，就会使原本就很虚无缥缈、浮泛微妙的感受由于缺乏言语思维的介入和参与，而显得凌乱模糊。其实，“意会”和“言传”不是完全割裂、非此即彼的东西。“意会”是基础，是理解的内在过程；“言传”让“意会”显性化，是外在的表达过程。意会言传，强调先于语言妙处，由“言”知“意”到会“意”；再于人情练达时，以“意”生“言”，用“言”达“意”，最终形成语言素养。这种“意会”与“言传”的互转有利于发展学生的创新性思维，培养他们对语言的直觉感受能力，还有利于还原语文教学的审美功能。意会言传，应是阅读的一条规律。

意会言传是语文课堂的基本策略之一，如何得以实现？主要可以通过以下方式：

1. 整体感知，细节揣摩

我国古代的语文教育向来重视对文章的整体把握，主张反复吟咏，潜心涵泳，以求明达文意。语文教学只有立足整体，理清文章脉络，洞悉作者行文思路，掌握文章内容要点，才能让学生真正理解文章的主旨，领会文章的精髓。

但是，强调整体感知，绝对不是只观其大略，可以忽略文章的细节。汉语文具有“立片言而居要”的特点，往往在细微之处最能体现作者的别具匠心，因此对细节的揣摩也非常有必要。只是这种揣摩要立足整体，目的是为了更好地把握文章的情思意脉。只有将整体感知和细节揣摩相结合，才能更好地实现意会言传。请看一位教师执教的《咏柳》教学片段：

师：自由诵读《咏柳》，这首诗主要写了什么？给你留下了怎样的感觉？（生自由读）

生：这首诗主要写的是春天的柳树，让我感觉很美。

师：读读第一、第二两行，说说美在哪里？（指名读）

生：柳枝细长柔嫩，样子很漂亮。

生：美在柳枝像绿丝带一样随风飘动。

生：像丝带一样很有光泽。

生：绿的颜色让人看了觉得清凉舒服。

师：能不能读得更美？（指名读）

师：一、二两行写出了柳条的美，美在色如碧玉，形如丝绦。

师：能不能把你感受到的美写下来？（出示画面）

生：柳叶像碧玉一样装点了柳枝，千万条柳枝垂下来，像千万条绿色的丝带。

……

师：同学们写得真美，诗人用十四个字写出了柳树形状、颜色的美，你还体会到什么美？读读余下的两句诗。（生读）

师：这里的“裁”为什么不用“剪”？

生：诗中写到“不知细叶谁裁出，二月春风似剪刀”，后面有一个“剪”字，前面再用“剪”字，就显得重复了。

生：用“裁”字更能显出春风的神奇灵巧。

师：这一“裁”，裁出了什么？

生：裁出了活泼机灵的燕子。

生：裁出了青的草，红的花……裁出了一个五颜六色的春天。

师：这是怎样的一“裁”？

生：巧妙的一“裁”。

生：神奇的一“裁”。

生：这真是巧夺天工的一“裁”。

本段教学，在学生整体感知诗歌“美”的基础上，以“美”为着眼点，引导学生揣摩细节寻找美、体会美，尤其对诗眼“裁”字反复咀嚼，发挥想象，并与“剪”字作比较，使学生真正领会诗中用词的精妙。教学中，学生在整体感知和细节揣摩中不但“意会”了“美”，而且“言传”了心中感受到的“美”。

2. 移情入境，物我合一

所谓“移情”，是指在审美活动中凭借情感的牵引将主体移入观赏对象，由“物我两忘”到“物我合一”，以获得具体的审美喜悦的过程。在中国古典艺术诗、词、歌、赋、绘画、书法中，“移情”理论得到广泛运用，这些艺术作品往往通过移情来创造意境，渲染气氛，抒发感情。

语文课堂应注重移情入境，即教师运用语言或其他形象化手段，调动学生的联想、想象和情感，使学生宛如置身于与教学内容相应的情境中，将“我”的情趣注于“文”，将“文”的情感注于“我”，与对象产生心灵的共鸣和思维的共振，从而获得怦然心动、豁然开朗、悠然心会、百感交集的多种体验，实现意会言传。请看《蚁国英雄》教学片段：

师：这真是一个让眼流泪、让心颤抖、让情涌动的场面！同学们看到了感人的画面，你们可明白它们的心、它们的情吗？如果你们就是外层蚂蚁，你们是怎么想的？

师：外层蚂蚁呀，你们的身体那么小，怎么能抵挡这烈火的焚烧？

生：我们的身体是渺小的，但只要我们团结起来，我们就会有力量！

生：虽然烈火是强大的，我们是渺小的，但只要整个蚂蚁家族劲儿往一处使，一定能战胜大火！

师：外层蚂蚁呀，你的同伴已被灼焦，为什么你还不放弃自己的岗位？

生:放弃自己的岗位就意味着放弃我们整个蚂蚁家族。

生:只要有一丝生存的希望,我们都不能放弃。同伴虽然被灼焦,但我们会前赴后继,绝不放弃自己的岗位。

师:外层蚂蚁呀,活着多好!你们难道不在乎自己的生命吗?

生:我们都渴望生存下来,但在烈火面前,为了整个蚂蚁家族,牺牲我又何妨呢?

生:我当然在乎自己的生命。但在关键时刻,有时需要选择牺牲!

师:生命是那样宝贵,但在需要的时候毫不犹豫地付出,你们真是英雄。我们已经明白了外层蚂蚁的心声,明白了它们的情感。

生:(齐读)显然,这外层被灼焦的蚁国英雄们至死也不松动分毫,粉身碎骨也不放弃自己的岗位。一会儿,蚁团冲进了河流里,随着向对岸的滚动,河面上升腾起一层薄薄的烟雾……

移情的目的在于让学生切己体察、推己及人,也就是努力用心灵去感应对象,在意会中进入"物我合一"的境界。本段教学,学生走进外层蚂蚁的内心世界,与之融为一体,进行心灵对话,从而获得对外层蚂蚁所做所思的深刻领悟,情感产生强烈的共鸣。

3. 调动经验,入情会意

作家萧乾把阅读比作读者和作者之间的"经验汇兑"过程。在这个过程中,读者经验越多,通过作品兑换作者的经验也越多。由此可见,学生有了一定经验的感受、积累,才能对语言进行意会。教学中,教师应充分调动学生的经验,"入情会意",从而使学生深刻理解语言的意旨。

调动学生经验的方法很多,或通过复习旧知,以旧联新;或联系生活,缩短语言与学生间距离;或通过介绍作者及其所处时代,知人论世……无论采用什么方式,关键是要让经验与语言建立起联系,意会言传,实现真正的阅读理解。如《第八次》教学片段:

师:你从哪一个词语中可以看出布鲁斯王子此时的心情不好呢?

生:唉声叹气。

师:"唉声叹气"是什么样子的?

(学生表演)

师:什么时候,你看到谁也是"唉声叹气"的?

生:在我学习不认真的时候,我看到妈妈唉声叹气。

生:在我不听话犯了错时,奶奶也唉声叹气。

师:"唉声叹气"时,人一般是怎样的状态呢?

生:不断地叹气摇头。

生:无精打采的。

生:眉眼低垂着。

师:布鲁斯王子唉声叹气的,他可能在说什么呢?

生:为什么我一而再、再而三地失败呢?

生：难道我们没有胜利的希望了吗？我们的国家真的会被侵占吗？

师：谁来把布鲁斯王子的心情读出来？

（学生读，读出了“唉声叹气”）

在以上教学中，学生是借助生活中的经验来阐释词语的。这一阐释过程，本质上就是对“唉声叹气”进行意会言传的过程。经验与语言建立联系，使语言获得了意义上的重构。

4. 多向感悟，融会贯通

“感悟”一词，《现代汉语词典》释为“有所感触而领悟”，《辞海》释为“受到感动而醒悟”。可见，“感悟”的侧重点和落脚点在“悟”上。所谓“悟”，《说文解字》中解释为“觉也”。吾心曰悟，说明“悟”是人的一种心理活动。感悟与情感是水乳交融的，它不是一般的事实判断，而是一种价值判断，一种领悟、顿悟或体悟，总之，是一种“悟性”的生成。感悟实际上就是在情感的纽带作用下，人的想象、直觉、创造性思维等共同参与所获得的智慧启迪。它必须用“情感伴随理性”这种最佳心理驱动才能被唤醒与实现。感悟指向的主要不是字面的意思，而是隐藏于文字背后的弦外之音、言外之意，是对语言的形象、情味、理趣、气韵的把握和领悟。“中国风·母语美”语文课堂通过多向感悟、融会贯通实现意会言传。

比如，一位教师在教学《天游峰的扫路人》一文时，运用多向感悟，让学生感受天游峰的“险”：

师：同学们，作者初写这段话，除了用“抛”字，还试着用“垂”“挂”“扔”等字眼，可为什么最终还是确定用“抛”字呢？让我们一起来揣摩揣摩、思量思量！（学生读书、思考）

生：用“扔”字不贴切，显得太重了，这与“银丝”不太吻合。

生：我觉得用“抛”字有笔直的感觉，更能突出天游峰的陡峭。

师：可是“垂”和“挂”也给人一种笔直而下的陡峭之感呀！再结合前后的句子读一读，体会一下。

生：哦，我注意到了“飘飘悠悠”这个词语。用“抛”字感觉有个神仙站在空中，提着一根细细的飘带在空中大肆抖动，更能表现出九百多级石梯在空中摇摇晃晃的感觉，多险啊！

生：我关注到了“仿佛风一吹就能断掉似的”这句话，更能感受到用“抛”字的精准，只有用“抛”字才能表现出那种陡峭、窄小、轻飘的感觉，让人望而生畏。

生：“垂”“挂”“扔”等字眼都有静止之态，可是“抛”字就大不一样了，一个“抛”字把九百多级石梯在空中晃晃悠悠的动态表现得淋漓尽致，正是因为有了这样的动态，而且是在空中，所以让人望而生畏。

师：看，天游峰险得让人心惊胆寒，作者写得生动精妙，同学们的感悟深刻到位，让我们用心地把这幅“险”得让人望而生畏的画面读出来。（学生齐读）

这一教学环节，一个“抛”字，看似平常，实则蕴意极深，充满意味。教学中通过比析置换、静思默想、潜心涵泳、精心品味等多种感悟手段引领学生意会，他们竟然咀嚼出如此丰富的感觉和内涵。学生的多元解读、个性表达，使意会与言传达到了融会贯通。

第七节　课堂生活：生命对话，回归家园

什么是课堂生活？《辞海》中将"生活"定义为"人的各种活动"。课堂生活是全面涉及学生认知活动、情感活动、审美活动和道德活动等内容的整体，是富有生活意义和生命价值的，有别于一般称谓的"课堂活动"。

一、生命对话：课堂生活的理想追求

现代教育越来越迫切地期待一种理想的课堂生活：能够更好地注重认知体验，理解与感悟等生活方式的完美统一；能够将学生的现实生活与可能生活相结合；能够把书本世界与精神世界相融贯；能够真正地让每一个学生在自己的课堂生活中成为学习活动、个体生活和社会生活的主体。这种课堂生活的理想境界，可通过"对话"来实现。

这里所说的"对话"，不是一般语言意义上的对话，而是一种教学对话。真正的教学对话，应发生在对话双方自由的探究或自发的讨论中，发生在对话双方精神上真正的相互回应与相互碰撞中，发生在对话双方认知世界的真正融合中。这种对话，是学生、教师、文本之间的真诚倾听和诉说，是人格平等的心灵交汇，是以情生情的情感交流，是以思引思的思维碰撞，是以石击石的火花迸射，充满着无穷的可能性，洋溢着生命的色彩，是课堂生活的理想境界。

1. 搭建理想的对话平台

在课堂生活中搭建理想的对话平台，阅读教学才会出现学生、教师、文本的相互作用与共同建构，达到思维碰撞、情感互动的理想境界。

营造自由、平等、真诚、信任的心理平台。作为交流、沟通的"对话"，必然要有个"生态条件"，即建立在双方真诚、平等的基础上。教师应走出"教师至上"的固有思维，抛开功利心，怀揣一颗平常心，与学生真诚面对，共同营造一种自由、平等、真诚、信任的氛围。在这里，教师要蹲下来和学生"对话"，注意寻求学生的声音，让学生在一种零距离的、活跃的心理状态下敞亮心扉，放飞思想；要善于进行角色换位，能够从学生的角度去看待问题和观点。只有向在场的每一颗心灵都敞开温情的怀抱，给予他们充分的理解和尊重，对话的课堂生活才能散发出浓浓的、充满人情味的温馨，才能听到发自内心最深处、最真实的语言。

对话中自由、平等心理平台的形成，还与课堂的空间布局紧密有关。对话教学的课堂座位可以有以下几种安排：① 圆桌式。类似于政治对话中不分等级、不分前后的席位安排，利于轮流发言或自由发言；② 马蹄式。组内的"小马蹄"与组际的"大马蹄"相

融合，利于小组讨论和组际交流；③ 对阵式。面对面的两大阵营，适用于辩论；④ 舞台式。相对集中的一片空间，适于小组表演或中心发言；⑤ 自由式。或在草地上，或在小河边，或站，或坐，适于野外活动。这些安排，表面看来只是转换调整了师生、生生的位置关系，其实暗示着一种理解与交流机制的形成，会引起学生心态的变化，促进学生对话意识的形成，甚至会引起教师教学行为的相应变化。

构建真实、开放的时空平台。教学实践越来越彰显这样的道理：阅读教学应该重在提供阅读材料，而不是推介教师、教参的观点；应该着力于启发和引导学生进行锐意开拓又不失严谨踏实的阅读实践；应该是心灵唤醒心灵的人文教育工程；应该是教师“教”的外化与学生“学”的内化的有机结合……从苏格拉底的“助产术”教学法，到当代西方课堂上对教师的“限时讲授”，直至语文“新课标”倡导的“语文综合性学习”……一以贯之的是学生要有充分的时间、空间自由地发表见解，提出疑问，开展讨论。对话不受时空的限制，使学生的学习更加自主，更加生动，也更充满了对对话的渴望。他们渴望在开放的时空中进行情感的交流、精神的融通、境界的提升，实现自我的精神超越。

语文教学中的“对话”，还应向生活开放，有真实的生活交往情境，有真切的生活交往需要，有开放的生活交往空间。这就要求语文教学走出“书本语文”这个中心，向“生活语文”回归，回到现实的、流动的“生命态”中，进行真实、广泛的“对话”。教学中，教师一方面应关注学生的生活经验，活化教材，把游戏、演讲、辩论、设计、表演、当导游、召开新闻发布会等学生熟悉的活动方式引进课堂，把教材“还原”成生活场景，让学生在这个现实的、生活化的环境中展开“对话”，基于学生的经验解读课文；另一方面应将学生的视线引向广阔的生活空间，与生活环境展开“对话”，为他们打开更多的认识世界的窗口。如尝试运用语文知识策划社会活动，解决社会问题，就是对社会、对人生进行深入的体验感悟；亲近自然，用心聆听那风声、泉声、鸟语，体察那蝴蝶翩飞、花蕾绽放、流云溢彩……构建真实、开放的时空平台，使学生在对话中不仅能享受活的语文，而且能感悟不同的生活方式，提升学习能力和增加对生活的思考。

2. 生命与生命的对话

在课堂生活中，教师、学生、文本都不是孤立、封闭的个体，而是一个个灵动鲜活的生命体。他们共同参与对话，通过各自的经验和内涵，展现自己的存在与价值，实现自我与他人的提升与超越。通过这种生命与生命的对话，教师、学生、文本三者之间不再是单向的浅性关系，而是从相遇到相知的融合。

教师与学生：敞开心扉的对话。在教学对话中，教师和学生不是对象性的主客体关系，不是“你教我学”的知识授受关系，而是一种互为主体的意义关系，是一种交往互动的对话关系。对话意味着教师把学生当成有主体意识、主体地位的“人”来看待，意味着师生之间是民主、平等的，是可以真诚交往的“我—你”关系。教师与学生之间不存在教导与接受、先知与后知的鸿沟，而是作为一群个体在共同探究有关知识领域的过程中互相对话、互相合作、互相理解、互相造就，彼此敞开自己的精神世界，获得精神的交流和意义的分享,达到互动、互惠,从而实现真正意义上的“教学相长”,形成一个真正的“学习共同体”。

有位教师在为《麻雀》一课作小结时说:“读了这篇课文,从老麻雀奋不顾身抢救小麻雀的记述中,我们感受到了母爱的伟大。”话音刚落,一位男同学举手说:“老师,我不同意说是母爱,因为课文从头到尾都没有写老麻雀是公的还是母的!”老师听后笑着说:“你读得真认真,看来老师的概括不太准确。那么,怎么说才比较确切呢?”师生经过一番对话后,共同总结出:这篇文章表现了一种亲子之情。这位教师面对学生的挑战,勇敢地承认自己的不足,不但保护了学生的独特见解,也激励了学生敢于“对话”的精神。师生在平等对话中,最终孕育出“全新的果实”。

学生与文本:跨越时空的对话。引导学生与文本进行跨时空的心灵对话,是一件诗一般美妙的事。在对话中,学生不是被动地接受文本的意义,而是通过与文本不断地“视界融合”,渐进地、动态地生成意义。在阅读教学中,应走出“教材至上”的误区,把教材也视作“活的生命体”,引导学生亲历阅读过程,尽情地诵读、玩味、揣摩,倾听文本的声音,触摸作者的心灵,与文本直接对话。通过引发高质的对话,生成独特的理解、体验。

学生与文本“跨越时空的心灵对话”是多种多样的,因人而异,也因文而异。学生可以是感动的对话者、热心的建议人,可以是虔诚的崇拜者、深情的赞美者、善良的同情者,也可以是愤激的反对者或犀利的点评者……对话形式的确定应该与学生朗读课文时与之对话的身份感相匹配,写信是述说的好形式,写诗是抒情的好方法,编写童话、写倡议书、制作礼物等方法又各有奇妙。只要能够让学生积极地内省和反思,产生心灵撞击,达成精神贯通,进行自我超越,便是积极的、有效的方法。

学生与学生:共享智慧的对话。在阅读教学中,学生集体的参与是必不可少的,并且是可以发挥重要作用的,这就有了学生与学生之间的对话。生生之间通过讨论切磋、思维碰撞可以迸发出灵感的火花,通过交换感受与看法、交流情感体验可以达到思想的升华。在对话中,学生可以学会合作,学会与同学共享智慧,学会欣赏和发现他人,学会理解和尊重他人,同时也可以学会客观的分析和辩证的思考,学会与他人辩论。请看《詹天佑》教学片段:

师:我们在读第二段时,心潮一定不会平静,会掀起一股股波涌。自由默读,把自己的心情变化用几个词说一说,并想想为什么会有这种情感?

(学生默读思考,然后自由交流)

生:我感到非常愤慨,清政府刚提出修筑铁路的计划,帝国主义国家就出来阻挠,修筑铁路明明是我国自己的事情,他们的阻挠就是对我国主权的干涉。

生:我也感到很气愤,外国人扬言说,如果我们用本国工程师来修筑铁路,他们就不再过问,这分明是瞧不起我们,欺负我们没有人才,欺负我们科学技术落后!

师:是呀,帝国主义的确让人感到气愤!

生：我读着读着，心情就变得激动起来，因为清政府最终任命了詹天佑为总工程师，维护了国家的尊严。

生：我虽然激动，但还有些担心，詹天佑是否能承受帝国主义的嘲笑，地理环境又这么险恶，他能行吗？

师：是呀，你们的体验是确切的，情意是真切的，从你们的愤慨、激动、担心中，我感受到同学们强烈的民族自尊心和灼热的爱国之情。

在这里，课堂呈现出的已不是一人独白、他人倾听的局面，而是在师生间、生生间展开的自由、开放、弘扬个性的对话。在这里，学生充分展开了思想与思想的碰撞，情感与情感的交融，心灵与心灵的接纳。他们互相取长补短，共享智慧，知识不断丰富，能力不断提升，精神更加愉悦。

自己与自己：敞亮内心的对话。自己与自己对话，是对话的高级形态。学生通过与内心深处那个常常沉睡的另一个自己对话，使其醒转过来。事实上，每个人都多少有不同状态的自我，在各个自我之间进行平等、理性的对话，正是一个人对自身内在经验和外在世界的反思、内省的过程，是一个人的内心从晦暗到敞亮的过程，也是一个人内心深处的仁爱、智慧和正义感浮出水面的过程。阅读教学如果要将这种对话得以外显，可以让学生进行大量的练笔活动，如写读后笔记、随感、日记、书信等，让学生通过自我对话，实现对自我潜能的激发、生命的唤醒与人格的塑造。

走向对话的课堂生活，实际上蕴含着新课程改革的人文追求：关注学生的理性生活、审美生活、道德生活，触动学生的生活世界、知识世界、心灵世界。笔者认为，这是课堂生活的理想境界！

二、回归家园：课堂生活的理想境界

让课堂回归家园，就是要在课堂上为学生提供一种“家”的感觉。“家”的感觉就是熟悉感、亲切感、温暖感、可靠感、自在感、安全感、信任感、依恋感……让学生在课堂上有“家”的感觉，才能使他们的心灵开放地舒展，生命自由地生长。

1. 给儿童一片自由安全的天地

所谓“自由”，就是尽量减少对儿童的行为和思维的无谓限制，给其自由表现的机会；所谓“安全”，就是不对儿童的独特想法进行批评和挑剔，使其消除受批评的顾虑，获得安全感，敢于发表自己的见解。

“小脚并并拢，小手放背后，答问先举手，准许再回答。”如果我们仍然坚持那些建立在师道尊严等级观念基础上的清规戒律，把活蹦乱跳的孩子捆绑得正襟危坐、鸦雀无声，或以“分数”的无形绳索捆绑学生的自由心灵，那就无法让学生的智慧之蕾盛开、生命之花怒放。在课堂上，只要有助于学生学得生动、学得积极，就应该给学生“一路绿灯”。可以举手说，也可以不举手说；可以站起来说，也可以坐着说；可以按教师的指定发言，也可以抢答；可以顺应教师和教材的意思，也可以向教师“质问”，为教材“挑刺”；

可以与同桌小伙伴讨论，也可以离开座位找好朋友切磋。只有解除了陈规陋习对孩子的“五花大绑”，才能使学生找到在“家”的感觉，得到心灵的释放、情智的喷涌。

在课堂上，教师不要急于教给学生什么，也不要满足于教给学生什么，重要的是要不断地为学生创设一种“海阔凭鱼跃，天高任鸟飞”的广阔发展时空，尽可能给他们多一些思考的时间，多一些活动的空间，多一些自我表现和交流的机会，多一些尝试成功的体验，让学生自始至终积极参与教学的全过程。广阔的发展时空使学生拥有了一个广阔的心理空间和开放的心灵，使他们真正成为“家”里的主人，成为知识与真理的探索者、发现者。

过去，我们总往学生的头脑里塞进成人世界为他们准备好的东西。今天，我们再也不能让学生拿着这张“旧船票”登上课堂的“航船”，去重复“昨天的故事”。我们要善于开掘学生的潜能，相信每个学生的学习能力，和他们成为学习伙伴，一起用眼睛观察，用耳朵倾听，用心灵感悟，用头脑思索。在课堂上，师生一起学习，共同探究，展开广泛的讨论和交流，辩疑诘难，没有定势，互不依附，教师创造学生，学生创造教师，师生同构互动，展开思想与思想的碰撞、心灵与心灵的交流，自由交往，自主发展，共享学习的快乐。

2. 放飞个性

学生是有着独特个性、鲜活生命活力的个体，有着自己的知识经验、自己的是非判断、自己的真情实感、自己的成长背景……课堂应成为一个有利于学生个性化发展的“家”，要使学习过程成为一个富有个性的“自我实现”的过程，要让学生的个性在宽松、自然、愉悦的文化氛围中得到飞扬。

3. 尊重学习的选择

学习的自主选择是一种主体意识、主体行为、主体能力的体现。学生知识经验相异，兴趣爱好有别，阅读个性不同，对学习关注的重点、所获得的体验也不尽相同。因此，在课堂教学中应当在更多的环节上变教师的“指令性”为学生的“选择性”。

尊重学习内容的选择。儿童有自己的文化价值尺度——童真、童趣、童心，他们用此价值尺度来进行决策，因而，应尽一切可能让学生选择自己认为有价值、感兴趣的学习内容，这对发展学生的个性十分有利。如教学《烟台的海》一文时，教师可以先让学生自学课文，在通读的基础上依课文顺序找出烟台的海冬、春、夏、秋的四季景色，接着允许学生选择自己最感兴趣的部分反复研读，学生自由地把学习精力聚集到自己感兴趣的学习内容上，学习时间比较充裕，挖掘得就比较深入。最后，播放烟台的海四季景色的录像，让学生自由选择其中的一处，学当导游为画面配音（解说）。因学生研读的是自己喜欢的内容，配音时都十分投入，学习效果非常好。

尊重学习方法的选择。学习方法是因人而异的。在课堂教学中，教师不应当规定学生用什么方法，而应给学生学法选择的自由，有意识地引导学生做学习方法的自觉选择，鼓励他们选择适合自己的学习方式，自主探究，以不断优化学法的运用效率，同时发展学生的选择能力。如在教学《瀑布》一文时，笔者是这样导读的：“大家可以用自己喜欢的方法来分组自学，能用自己语言描绘诗句美景的同学，可以说一说，讲一讲，议一议；喜欢画画的同学，可以画一画瀑布的美景；喜欢收集资料的同学，可以交流课前查找的有关瀑布的图片、资料等；喜欢朗读的同学，可以尽情地读一读。如果还有什么别的方法也可以。”接着同学们分小组合作学习，然后组织评议、交流，大家兴趣盎然，学得十分投入。这样，把选择学习方式的权利还给学生，让学生在自主参与、汇报交流的过程中，充分展示各自的才能，张扬个性，学习就能收到事半功倍的效果。

4. 珍视个性化解读

汉语本身富有灵性和诗意。作者情意的表达常隐匿于语言文字深处，语言又常常是多解、模糊的，具有巨大的解读空间。学习汉语和学习英语不同，它可以不受高度组织化、形式化的语言结构和法则的束缚，从而可以自由地与文本展开充满生命诗意的对话。加之阅读本身就是一种个性化的行为，学生在阅读过程中由于受到年龄、知识积累、人生经历与生活经验的制约，他们对许多课文内容的理解常常是带有个人经验色彩和想象的，但这些理解往往是充满灵性、闪耀着创造光芒的。因此，教师要珍视学生的个性化解读，鼓励学生与文本展开自由对话，在心灵与心灵的碰撞中生出鲜活的思想，撞击出智慧的火花。

在教学《狐假虎威》时，有同学提出："我觉得故事里的狐狸并不讨厌，不应该说'狡猾的狐狸'，应该说'聪明的狐狸'。"学生敢于给课文"挑刺儿"，教师当即夸赞："你爱动脑筋，能勇敢地给课文提意见，真了不起！"并诚恳又耐心地询问："你为什么认为狐狸聪明，不讨厌它呢？"受到鼓舞的学生理直气壮地说："狐狸能借着老虎的威风把百兽吓跑，就是聪明，我就喜欢它！"其他学生也各抒己见："我认为狐狸还很勇敢，因为狐狸被老虎逮住了，它没有向老虎求饶，而是大摇大摆地走在老虎的前面，还把老虎吓住了。""这是一只爱动脑筋的狐狸，它能想办法让老虎上当，让自己从老虎口里逃生。"……这些认识确确实实是学生的独特感受，且有合理的因素，蕴含着创新意识，教师尤其要珍视并加以呵护，让学生的个性得以飞扬。

5. 用自我的心灵去建造

人们在谈论教育、谈论语文教学时，并不缺乏对精神家园的关注，却存在一种认知上的误区，那就是似乎儿童的精神家园是由教师为他们建造的，家园所能给予儿童的安全感、自由感等都是一下子现成地呈现在儿童的学习之中的。这种论调既显得过于浪漫，也隐匿着新的"教师中心论"的倾向。笔者认为，不管是由教师给学生自由，还是现成地赋予他们自由，学生都得不到真正的自由，都无法真正走进或回归基于他自身的精神家园。因为，儿童的精神世界或精神家园是由他们自己用心灵去建造的，他们全部的快乐都来自每一步建造所必然要经历的感受和体验。因此，用心灵去建造，用生命去感受和体验建造的过程，应当成为教育教学的重要原则。学生对语文缺乏热情，在课堂上表现出压抑、淡漠，并不是他们不喜欢语文，而是因为我们的语文教学缺失一种刻骨铭心的感受、体验，即缺失一种"以身体之，以心验之"的过程。语文教学的真正价值应在于让学生获取一种独特的感受,体验一种诗意的情感,并转化为一种深邃的意理,最终形成自己丰赡的精神世界,找到真正的精神家园。

小学语文教材由一系列文质兼美的文章组成,其中美的人、美的事和美的物交相辉映,这些都为学生提供了一个绚丽多彩的感知世界。在教学中,通过创设课文情境可以强化学生的感受。

笔者曾听过一位教师教《葡萄沟》一课,其中有创设"假想旅行"这样一个情境:在教师的引领下,学生看图了解葡萄沟的美丽;教师又让学生轻轻地闭上眼睛,学生在教师的语言描述中想象自己此刻就来到了葡萄沟,正流连在怡人的风景中;学生再与教师扮演的维吾尔族老乡一起随着节奏明快的新疆舞曲翩翩起舞,品尝甜美的葡萄和葡萄干,以旅游者的身份向其他人介绍葡萄沟……这一课的教学中运用了假想旅行、图画、音乐、语言描述、舞蹈等多种手段创设课文情境,教学的过程也就是学生的多种感官共同作用的过程,此时,学生的眼睛、耳朵的动能便由功利的看、听转变为审美的"悦耳悦目"。这种看似非常单纯的感官愉悦其实已经包含了想象、理解、情感等多种功能的动力综合。这种伴随着情感的认知活动,会使学生对世界的感受、认识更为主动,更为深刻,也更为丰富。

当学生不仅用多种感官去感受这些形象,产生愉悦之情,而且开始用心解读这些形象,理解形象本身蕴含的社会、理性内容,体会创作者的情感和理想,乃至领悟到更深远的东西时,体验便产生了。只有当学生转换到体验的状态,才能获得一种"同视点",即不是用眼睛去"看",而是用心灵去"看"。它的积极意义在于:不仅使学生认清情境和形象,找出潜在的、确有的意义,而且也使学生能自己建立意义,产生意义。

在教学《卖火柴的小女孩》一文时,通过富有感情的语言,通过对时而充满憧憬、时而幻想破灭的小女孩的行为和表情的表演,通过凄凉音乐的渲染,一方面,学生发生了移情,把自己想象成文中的小女孩,去体会她的饥饿、寒冷、悲伤;另一方面学生也会不自觉地比照自己的生活,对小女孩产生悲悯、同情的感情。这种体验行为不仅使他们经历了一种未曾经历过的生活,而且也有助于他们理解卖火柴的小女孩的痛苦与渴望。

德国生命哲学家狄尔泰说过,自然需要解释,而人只能理解。理解不同于解释的地方就在于它浸润着感受和体验。学生拥有了丰满、充实而深刻的感受和体验,就可以进入文本的灵魂深处,去体察、领略其中的神韵和精髓,去同化、品悟其中微妙至深的生命意味。学生经历了这样的精神陶冶的历程,其精神力量也就一步一步地壮大起来,他们的情感与生命的冲动、理解、语言、人格等等,都有机地融为一个和谐的整体。笔者认为,这才是语文教育追求的最高境界,才是我们倡导的精神家园的真谛!

第三章　教学实践思考

第一节　在文字中穿行

一、让汉字教学浸润文化芬芳

汉字是最富有智慧的文字。汉字的形成和演绎过程，融入了中华五千年的文化精髓，汉字与文化水乳交融的关系，决定了汉字教学不同于其他的文字教学，必须把其内在的文化因素有意识地融入汉字的教学中，使学生在学习汉字的过程中了解中国文化，领略汉字的魅力，让汉字教学浸润文化芬芳。以下是南通市中青年名师吴建英工作室成员黄海燕老师对汉字教学如何浸润文化所做的深入探讨。

1. *感受汉字文化，激发兴趣*

《义务教育语文课程标准》就"识字与写字"分别在第一、第二学段提出了如下要求："喜欢学习汉字，有主动识字、写字的愿望。""对学习汉字有浓厚的兴趣，养成主动识字的习惯。"由此可见，激发学生学习汉字的兴趣、让学生喜欢汉字是学习汉字的首要条件。从文化的角度切入汉字教学，不仅能让学生认识中华文化的博大精深，还能让他们惊喜地发现，原来看似枯燥乏味、难以捉摸的方块字其实是一个个有趣的符号，他们也会由此产生无穷的学习汉字的兴趣。

起源之"奇"激趣。汉字是世界上最古老的文字之一，具有几千年的悠久历史，它是三大古老文字中仅存的、世界上唯一使用至今的表意文字。从仓颉造字的古老传说到一百多年前发现甲骨文，历代中国学者一直致力于揭开汉字起源之谜。

鉴于此，教师可在教学时讲解有关汉字起源的传说故事，充分放大"谜面"，引发神秘感，以激发学生探究"谜底"、学习汉字的积极性。如在执教汉字系列课程时，可为学生讲述《仓颉造字》的传说，该传说由神话演变而来，又具有一定的历史性，内容丰富，故事性强，从"结绳记事"到"契木为文"，讲述了仓颉造字极具神秘感的过程。学生听后，充分感受到了汉字起源之奇，极大地调动其学习汉字的兴趣与积极性。

造型之"美"激趣。汉字是表意文字，是音、形、义的结合体。汉字的造字方法是"画成其物，随体诘诎"的"依类象形"，所造的字是"物象之本也"。每一个汉字都与当时的生活、文化有着极其密切的联系。一个象形字，就是一幅画；一个会意字，就是一段有趣的故事；指事字，图文并茂；形声字，音形兼备。从汉字的造型切入进行汉字教学，学生不仅能感受到汉字造型的独特之美，还能激发他们学习汉字的兴趣。

根据不同的造字方法，可以选择不同的角度教学。如教学会意字"鲜"时，就可以这样引领学生：历史上，我国长城以北地区以放牧为主，那里的人们认为羊肉是最鲜美的；而江南地区河湖密布、水系发达，产鱼多，那里的人们认为鱼是最鲜美的。南北地域不同，所以对鲜美之味的感受也不同。接着，再辅以歌诀：江南水连天，鱼肉味道鲜；塞北羊儿肥，羊肉味道美。这样，学生就可以在朗朗上口的诵读中了解到汉字的造型之美，感受汉字文化的奇妙，提升学习汉字的兴趣与热情。

2. 触摸汉字文化，迸发理趣

理趣，指思理情致。汉字教学在注重激发学生兴趣的同时，也要关注对理趣的培养，以锻炼学生思维的逻辑性与缜密性。我们曾对四年级学生做过一次调查——听写生字表。结果令人愕然：164 个汉字中，126 个字有错误现象，"恭""疏""均"等字还出现了三四种不同的错误。感知事物易遗漏重要细节，过去的知识经验对新知识产生负迁移，注意力不稳定等，都可能导致小学生写错别字。教学如果从文化的角度对汉字的形体构造进行讲解，可以激发学生的理趣，有效地减少写错别字，提高教学效率。

让文化揭开错字的"神秘面纱"。汉字在简化过程中，为减少笔画，使用了大量符号。教学中，需要对这些符号进行还原，帮助学生从汉字文化的本源上揭开其神秘面纱，纠正错误。

如"虐"字，常有学生将下面部分写错方向，其原因是学生不清楚那是什么。谷衍奎编著的《汉字源流字典》中这样解释这个字，"古文从虍"，篆文"从虍，从爪，从人"，表示"虎以爪搏击人之意"。由此可见，把"虐"的最下面部分解释为虎爪是合理的。教学中，可以这样介绍：这是一个会意字，上边的虎字头原指老虎，下面是"爪"的变化，表示虎爪伤人的意思。所以，这个爪子一定是对着外面的。由此，学生不仅可以对"虐"字建构起明朗清晰的字体形象，而且对该字的意思也会有更深刻的理解。

让文化厘清别字的"细微差别"。汉字中有大量的合体字写法相近，容易出现混淆。具体来说可以分为两种情况，一种是形旁相同声旁不同，如"闲"和"闭"、"贪"和"贫"等；一种是形旁不同声旁相同，如"惴""湍""瑞""端"和"脾""碑""啤"等。教学中可从分析文化蕴涵的角度，引领学生辨析比较部件，从而厘清其"细微差别"。

如"即"与"既"是两个会意字，教学中可出示这两个字的古文字，让学生仔细观察比较，从而知道，"即"和"既"左边都表示一个盛食物的器皿。"即"的右边表示一个跪坐着的人，面向食物，本义是"就食"，引申为接近、靠近；而"既"的右边正好相反，表示跪坐在食器旁边的人，背对着食器，表示"吃饱、吃完"，由此引申为"完、尽、终结"等义。这样一分析，学生就可以从汉字文化的本源上厘清这两个字的区别，不容易再写错了。

3. 濡染汉字文化，触发意趣

只有正确地理解字词的意思，才能准确地理解文本的内容，把握文本的主旨，体会文本的情感。因此，在特定的课文情境中，我们也可以通过汉字文化的濡染，触发意趣——以关键字词为支架，字理析词，溯源求本，深度解读文本，感受课文意蕴以及所要表达的情感，从而发挥汉字文化在阅读教学中的独特力量。

语文特级教师薛法根在教学《卧薪尝胆》一课时，充分利用“奴仆”两字的字形文化，帮助学生体会越王勾践的忍辱负重，达到了意想不到的教学效果。他首先在黑板上画出两个象形字的样子，引导学生观察：“奴”是这样的人——一个女人，弯着腰，很恭敬，见到什么人都要低着头，两只手交叉在身前，她被一个男人用大手抓着头发，又打又骂；“仆(僕)”——这个人头上戴着刑具，屁股后面还要插一根羽毛，表明他是战俘或是囚犯。同学们，这是一种对人的侮辱呀，把人当作有尾巴的动物看待。他们每天还得干很重很重的活，直到累死、老死。一国之主勾践现在要去吴国当奴仆，这是何等的屈辱啊！

如此追本溯源，借助字理挖掘词语的文化温度，在汉字文化的濡染中，生动形象地展示古代“奴仆”的悲惨生活，不但让学生真正理解了“奴仆”的含义，进而体会主人公勾践夫妇在吴国三年为奴的悲惨境遇，更深地领会了越王勾践忍辱负重、反败为胜的课文主旨，课堂上充满了浓郁的语文意趣。

4. 传承汉字文化，生发情趣

《义务教育语文课程标准》在“课程基本理念”中提出“语文课程应激发和培育学生热爱祖国语文的思想感情”，其“总体目标与内容”的第二条中提出“认识中华文化的丰厚博大，汲取民族文化智慧”。可见，汉字的学习不能只学表面的“形”，还要传承“形”中所蕴含的文化，这是语文教学的应有之义，也是汉字教学不可推卸的责任。

因为汉字文化的独特性，所以在我们的语文世界里有许多与汉字有关的文学体式：字谜已经成为一种非常有意思而且学问深厚的语言文化现象；歇后语风趣幽默，简明生动，具有浓郁的生活气息；对联言简意深、对仗工整、平仄相谐，是一种人们喜闻乐见的文学样式，对联中的藏头联、迭字联、拆字联更是意蕴悠远，妙趣横生；诗词曲赋朗朗上口，意味隽永。此外，书法作为一种中国汉字特有的传统，更是浑然和谐、气韵贯通，被誉为“无声的音乐”“纸上的舞蹈”……对这些与汉字有关的中华民族文化的瑰宝，我们可以设计一些主题活动，让学生徜徉其中，在充满情趣的文化活动中感受汉字无穷的魅力。

“随风潜入夜，润物细无声。”如果教师在教学汉字的过程中，能有意识地渗透汉字文化，让学生在这种浓郁的文化氛围中成长，那么，我们就能当之无愧地说：在传承文化的接力中，我们完成了应该完成的任务。因此，我们应竭力让汉字教学多一点文化的浸润，让波澜壮阔的汉字文化散发其独特、美丽的芬芳！

二、追根溯源学汉字

汉字具有表意性、象形性、审美性等特点，汉字的每一个笔画，往往都有其特定的文化内涵。西方人称汉字是“东方魔块”。一个方块字，就是一幅图画、一首诗歌、一种历史、一个天地、一个世界、一个美丽不老的民族形象，它是我们民族智慧的结晶。

清代文字学家段玉裁在《广雅疏证序》中说，“小学有形、有音、有义，三者互相求，举一可得其二”，揭示了汉字音、形、义之间的关系。汉字的音、形、义之间不是简单的拼凑，而是有着内在的意义链接。然而，环视当下识字教学，很多教师在教学时将音、形、义三者生拉硬扯在一起，机械重复、死记硬背，无章可循、无理可依，汉字也因此变得难认、难写、难记、难用，更别说智慧的启迪和文化的传承了。有教师认为，识字只是为了阅读，彻头彻尾只凸显文字的工具特性，把“认识”当成了识字教学的终极目标。还有些教师缺乏汉字学相关知识，对汉字字源缺少应有的认识，从而让识字失去了母语教学的价值和意义。目前，汉字教学最深层的问题，就是汉字文化的缺失。识字教学忽视了汉字背后的文化信息，教学时仅仅把汉字视为一种符号、一种工具，汉字作为我们母语文字的独特意义和价值，被完全忽视了。

语文教育的根基在汉字，识字教学不能再停留在“只认字面、不识字理”的工具层面，必须承载和履行母语文化启蒙的使命。识字的过程本身就是启智，就是与先民对话，就是接受母语文化的洗礼，就是培育学生固有的民族精神，因为汉字是我们民族文化的基因。

现以《识字 7》的教学为例，谈谈笔者是如何追根溯源教学汉字的。

识字教学是低年级语文教学的重要任务。识字教学首先应该立足于以下三维目标：一是在识字过程中认识汉字，掌握汉字音、形、义之间的联系和规律；二是在识字过程中掌握基本的识字方法，为自主识字、阅读和表达自己内心感受服务；三是在识字过程中感受汉字文化和人类优秀文化，探究构字规律，培养识记能力，激发识字兴趣。

基于以上三维目标的思考，在教学中，应注重以下三点：

1. 浸润文化气息

在日常教学中，不少教师认为，识字教学只要让学生记住并能读写生字就可以了，还有一些教师为了在课堂上突出学生的主体地位，一味地让学生自己想办法记住字形，严重忽视了汉字的文化内涵。这是对识字教学的一种误解。这样教，汉字就变得僵化、生硬，没有活泼的生命力了。长此以往，学生虽然知道了汉字的字音字形，却不清楚它丰富的内涵，这对于传承优秀的中华文化、培养学生的语文素养将是一种缺失。

陈寅恪先生曾说过这么一句话，“凡解释一字即是作一部文化史”。这说明汉字具有丰富的文化内涵。因此，识字教学不能脱离汉字文化语境，要归根于汉字文化这一肥沃的土壤。在教学中，可以从两方面让识字教学浸润文化气息：

一是追根溯源，探究构字规律。

请看以下片段设计：

师：我们玩一个猜字游戏。要猜的字非同一般，是古代的字。（出示：古文字“鸟”）这是什么字？你是怎么看出来的？

师：我们的汉字最初就是一幅画。（出示：“鸟”字的演变过程）

师：（出示：古文字“高”）这又是什么字？说说你是怎么想出来的？

师：古代的“高”字，有尖尖的屋顶、高高的楼台，底层还有一扇大大的门。（出示：“高”字的演变过程）

师：（出示：古文字“休”）这又是什么字？你是怎么看出是“休”字的？

师：一个人干活累了，就在一棵树边休息。这就是“休”字的来历。（出示：“休”字的演变过程）我们的祖先造字多有智慧啊！

师：（出示：古文字“贝”）这个美丽的字是什么字呢？

师：（出示：“贝”字的演变过程）古时候，人们把贝壳当钱币来用，那时候贝壳真是一件宝贝！

师：汉字多有意思啊！这节课，就让我们走进神奇的汉字天地，去探索汉字的奥秘。

师：请看大屏幕，继续猜字。（出示：神像）猜猜看，它会变成什么字？

师：古人根据神的外形造出了“示”这个字。“示”最初是神的意思，写成“丅”，横表示天，竖表示神仙从天而降。后来，横上又加了一横“丅”，表示在天上方；下边的竖也加了两条，变成三竖，表示是日、月、星三神。这就是现在的“示”。

师：（演示动画：“示”字变成示字旁的演变过程）说说是怎么变的？

……

师：（出示：“衤”的偏旁演变）有什么发现？

师：通过观察，我们发现，原来很多偏旁都是由文字演变而来的。

本段教学，通过富有情趣的猜字游戏，展现了汉字丰富的文化底蕴，让学生沉浸在一种特定的识字氛围中。自然而然，他们的识字兴趣就会提高，认识汉字的能力就会增强。同时，还能从中获得审美体验，学生的想象力和创造性思维能力也能获得提升。之后，通过多媒体呈现“示字旁”和“衣字旁”的演变过程，使学生了解偏旁最初的意思以及变化中的含义。这样追根溯源，探究汉字的构字规律，不着痕迹地渗透汉字文化，让学生体味到汉字的神奇有趣，从而激发他们喜爱汉字、主动学好汉字的情感。

二是开发资源，渗透民族文化。汉字是世界上最富有诗意的文字之一，它凝聚了古人的灵气、悟性、情感和智慧，包含着丰富的民族文化底蕴，如我们民族的思维方式、风俗习惯、审美标准等，这些都是非常丰厚的课程资源。在教学过程中，教师应努力开发关于汉字文化底蕴的课程资源。

请看以下片段设计：

师：（出示：“嫦娥奔月”图）这幅图画和哪个神话故事有关？

师:你还知道哪些神话故事?

师:老师也带来一组。(出示:开天辟地、女娲补天、夸父追日、后羿射日,生齐读)

师:神话故事带给你什么样的感觉?

师:(出示:福星图)天上的福星爷爷给大家送来了祝福,他祝大家健康活泼,天天快乐!你在什么时候也给谁送过祝福呢?

师:(出示:"福"字)你在哪儿见过"福"字?

师:我们中国人特别喜欢"福"这个字,写出了各种各样的"福",希望"福气"能够降临。请看——(出示各种"福"字,最后定格)这上面都是同一个字!猜猜,是哪个字?

师:可以给"福"字组哪些词?

师:祖先为什么用"示字旁"和"一、口、田"组成"福"呢?(出示"福"的古文字,进行讲解)

我们中国人对"福"字充满深厚的感情,它反映了人们的美好愿望。如何让学生体会到这种情感?教学中,先让学生说说在什么时候也给谁送过祝福,从而让学生知道,给别人送去祝福,能让别人获得幸福的感受,自己也会感到幸福。接着,让学生联系生活说说在哪儿见过"福"字,欣赏生活中出现的各种"福"字,从而让学生明白,我们中国人特别喜欢"福"这个字,写出了各种各样的"福",希望"福气"能够降临。再让学生猜想祖先为什么用"示字旁"和"一、口、田"组成"福",从而让学生体会到我们祖先造字的智慧。这样,通过开发资源教"福"字,潜移默化地让学生感受中国传统,弘扬民族文化。

让识字教学浸润文化气息,这样,在学生眼里,汉字就不再是冷冰冰的笔画组合、单调的说教,而是一个个优美的故事、一首首感人肺腑的诗歌、一幅幅栩栩如生的图画……学生通过识字了解到的文化和传统将会成为他们一生都受用的宝贵财富。

2. 追求科学有效

在日常教学中,一些教师因不注意科学识字,影响了学生的识字效率。比如一些教师在识字教学中缺乏层次性,整个识字教学过程只停留在笔画分析阶段,一年级识字时让学生一笔一画记字,二年级还在让学生一笔一画记字,这样学生的识字能力始终停留在较低水平的分析阶段,缺乏对部件、整字、字串的认知,影响了识字效率。只有注重识字的科学性,才能提高识字的效率。

教学中,应尽量通过"字理识字"的方法让学生科学识字。所谓字理,是汉字的构字依据和演变规律。字理识字就是依据汉字的构字规律,运用汉字音、形、义的关系进行识字教学的方法。在教学中,依据字理识字的原理,可以运用下面的教学方法:

形声字"举一反三"识字法。教材中的汉字,形声字约占70%。如果我们能把握住形声字的构字规律,引导学生利用形声字声旁表音、形旁表意的特点来识记和理解生字,不仅能有效提高识字教学的效率,还能帮助学生更好地理解字义。

请看以下片段设计:

师：(同时出示五个生字：福、裙、裤、衬、衫)仔细观察，这五个字都是什么结构的字？

师：在一个字当中，一部分表示字的意思，另一部分表示读音，这样的字叫——形声字。一起读顺口溜——(出示：形声字，真有趣，声旁帮助读字音，形旁帮助解字义)

(学生齐读)

师：这五个字，形旁和声旁各在哪儿？

……

在本教学中，让学生通过观察发现出示的五个字除了都是左右结构的字以外，还都是形声字。接着，出示顺口溜，让学生了解形声字的特点。这样既能帮助学生读准字音，又能让学生记住字形。

"新加一加"识字法。在学生用"加一加"或"减一减"识字时，不要简单地进行加减，而应该让学生经过思考尽可能地说出与字形相关的"加一加"来。如"裙"字，要让学生能说出"衣字旁"是形旁，表示与衣服有关，"君"是声旁；"衣字旁"加"君"字，就是裙子的"裙"。

3. 体现趣味盎然

教学有法，但无定法。识字教学中，汉字丰富文化内涵的呈现，有赖于灵活多样的教学方法。识字教学方法，应根据学生的年龄特征来选择，比如游戏法、表演法等都是学生较喜欢的教学方法。运用恰当的教学方法，既能展现汉字丰富的文化底蕴，又能让学生沉浸在一种愉悦的识字氛围中。

请看以下片段设计：

师：接下来，我们要到字典爷爷那儿去学学新的字。请左边两排的小朋友到字典爷爷那里找找"示字旁"的字，请右边两排的小朋友去找找"衣字旁"的字。有个建议：要找的字尽量是我们经常看到的，每人找三个，把新认识的字写在作业纸上，别忘了注上拼音。(学生查字典，自主识字)

师：谁愿意上来和我们分享学习成果？(把学生所学的新字投影出来，并请学生做小老师领大家读)

师：小朋友，我们平时除了可以在课本中学生字，可以在生活中、在课外阅读时学生字，还可以通过查字典学生字呢！

让学生通过查字典，分别找出"示字旁""衣字旁"的常用字，自主识字；然后做小老师，把认识的字介绍给大家，其最终目的是为了培养学生独立识字的能力。其实，每个学生的内心深处，都希望自己能成为一个"发现者"，用自己独有的方式去认识事物，得到肯定后会获得心灵上的满足，并会用更高涨的热情、更积极的方式再去探索新知。

【范例】探索汉字的奥秘 ——《神奇的汉字》教学设计与思考

设计理念

汉字以其独特的魅力，成为中华文明的载体和基础。独特的方块字，是中华民族智慧的结晶。本课设计，是基于学生对汉字的音、形、义有了一定的了解，通过对汉字特点的进一步探究，引领学生发现汉字所蕴藏的丰富的审美和诗意，以及深厚的文化意蕴和魅力。如诗如画、有声有形、有理有义、有情有趣，这正是本课所要传达给学生的汉字的神奇之处。

教学目标

1. 通过欣赏、猜测、聆听、讲述等途径，引领学生探寻汉字王国的秘密，发现和感受汉字的神奇之处。

2. 在探索汉字奥秘的过程中，把古代文化与现代生活相勾连，让学生享受汉字给我们生活带来的魅力和情趣，感受中华文化的丰厚和悠久。

教学设计

一、如诗如画

1. 汉字是记录我们民族语言的文字，距今已有五千多年的历史了。这节课，我们一起去感受汉字的神奇。

2. 先一起欣赏一段视频。（播放古文字演变视频）

3. 学生欣赏，谈发现或感受。

4. 一个字就是一幅画。你们看，山水丛林、农田屋舍、人鱼鸟兽，这些古文字带着我们穿越了时空，回到了远古时代，来到了一个如诗如画的世界，这就是古文字的美。（板书：如诗如画）

5. 这儿还有一些画，看看你们能不能猜出它是什么汉字？

（）

下面这个有点难度，想挑战的同学可要仔细看，用心想：

（——宝盖头是房屋，房屋内有四个草字，草中有一人，人下两点是冰。把这些合起来，意思就是房屋内的一个人睡在草窝里，双脚冰冷，所以这是“寒”字。）

杜甫曾写过这样一句诗：“安得广厦千万间，大庇天下寒士俱欢颜。”意思是说“我”多么想拥有千万间的屋舍，让天下穷苦的读书人都能在此安心快乐地读书啊！这个“寒”字是古代穷人生活的生动写照。

6. 这些古老的文字代表着我们祖先的智慧。瞧，有人用古文字创作了一幅画（出示古文字图画），更巧妙的是，这些古文字连起来还是一句诗呢！小组里讨论讨论，猜猜这到底是一句什么诗？

7. 欣赏古文字书画“姑苏城外寒山寺，夜半钟声到客船”。（音乐起）同学们，这些神奇的古文字书画，是字又是画，是画又是字，如诗如画，让人如痴如醉，让我们一起读一读这美如诗画的文字。

（思考：“字之初，本为画”，将汉字的演变用视频和图画的形式展现，让学生直观感受到了汉字那如诗如画的美，体会到了祖先的智慧。同时，“看图猜字”的形式也激发了学生学习汉字的兴趣，在上课伊始就深深吸引了学生的注意力。）

二、有声有形

1. 有一类汉字，可是一个大家族，汉字中约80%都是这个家族的成员。它们是谁呢？有一些是咱们的老朋友，你还记得它们吗？喊出它的名字吧！（出示：泡、炮、抱、跑/情、请、清、晴）

2. （出示：鳟）这个字到底读什么？你能大胆地猜一猜吗？你为什么这样猜？那你能再大胆猜猜这个字的意思吗？

3. 原来这些字都是——形声字。（板书：有声有形）一起来复习一下形声字儿歌。（出示：形声字，真有趣，声旁帮助读字音，形旁帮助解字义。）

4. 平时我们在读课外书时，也会突然蹦出不认识的字。看这个字（出示：枞），这是我们在读《安徒生童话》时遇到的一个生字，请你大胆猜猜它的读音和意思。

5. 到底谁猜得对？赶紧查查字典，这个字到底读什么，是什么意思？

6. 小组玩游戏：我们来猜字。在小组内出示自己课前搜集到的形声字新朋友，让大家猜一猜它的读音和意思。

7. 谈收获和感受：大部分形声字能根据它的声旁和形旁猜出意思和读音，也有少部分形声字在读的时候，语调或读音发生了一些小小的变化，到底变成什么样，还得通过查字典来验证。

（思考：二年级学生对形声字的特点早已不陌生，本环节重在复习形声字的特点，同时将生活情境引入课堂，使得学习汉字真正能与学生的生活相连。）

三、有理有义

1. 听汉字小故事。（《弃暗投明——关于“闯”字的故事》）

南朝宋代末年，昏君当道，民不聊生，眼看着就要亡国了，一些聪明的大臣连连投靠别的国家。一位姓虞的将军也想走，可是还没上路，就被皇帝的亲信发觉了，结果只好继续留在宫中，等待机会。

这时，在淮阴的萧将军听说了虞将军的情况后，立即派了一名心腹悄悄潜入宫中，找到了虞将军。虞将军得知对方的来意后，忍不住仰天长叹：“唉，我现在就是一匹被关在棚里的战马，就算我有驰骋万里的念头，也是白费啊！”那个心腹听了，连忙附在将军的耳边说：“既然是战马，那将军何不试试在‘马’外加个‘门’呢’？”将军想了想，这“马”外加“门”，不就是个“闯”字吗！想到这儿，他恍然大悟，连声喊妙。

几天后，虞将军带着手下百十名亲兵，经过一番恶战，终于闯出了京城。

2. 故事中那位萧将军的心腹送给虞将军一个什么字？是想告诉他什么呢？（闯——是想告诉他凭自己的力量闯出去才会有出路，不要在宫中坐等）

3. 一个汉字竟然解救了一位被困的将军。如果遇到下面这些情况，你会送一个什么字呢？选择一个先说给小组里的同学听听。

聪　协　功　智　出……

① 运动会上，接力赛就要开始了，我想送给运动员们一个“＿”字，鼓励他们——

② 我的小表弟就要上一年级了，我想送给他一个“＿”字，告诉他——

③ 一连几次考试，我的成绩都不理想，我想送给自己一个“＿”字，勉励自己——

4. 全班交流。

（思考：汉字的理趣之美源于汉字特殊的结构关系。从听汉字故事到创设情境送字说理，学生的思维被激活，汉字所包含的“理”和“义”被学生挖掘、呈现和展示。汉字是一个个小生命，在不同的地方各显神通。）

四、有情有趣

1. 我们中国地大物博，有一些汉字还具有浓郁的地方色彩。如果你去陕西走一走，一定会发现许多面馆的招牌上有这样一个字：

2. 这个字的字形极为复杂，不过，陕西人用一首儿歌就轻轻松松记住了这个字，自己读读儿歌，看看字。（出示：一点飞上天/黄河两头弯/八字大张口/言字中间走/左一扭右一扭/你一长我一长/中间加个马大王/心字底，月字旁/一个小勾挂麻糖/坐个车子回咸阳）读着儿歌，看着这个字，你好像来到了哪里？吃到了什么？玩到了什么？

3. 看，一个汉字还能充满地方色彩和情感，正是它的包容万象组成了我们丰厚的中华文化。一起来读读儿歌，记住这个字。（齐诵儿歌）

4. 在我国民间，老百姓还常常将一些带有吉祥含义的短语合写为一个字。

（出示：）你能看出它是由哪四个字组成的吗？

5. 这四个字合起来就是一个表示吉祥的词——招财进宝。汉字还寄托着人们美好的情感和愿望，真是有情又有趣。（板书：有情有趣）

6. 我们中国人特别喜欢“福”字，写出了各种各样的“福”字，希望福气能够降临，请大家欣赏百福图。（配乐欣赏《百福图》）

7.（画面定格）让我们撷取几个“福”字，好好欣赏一番。如果说“丰收就是一种福”，你还能说出类似的什么就是福吗？

（思考：汉字体现了中华文化的博大精深，它的包容万象使得许多汉字拥有独特的魅力。本环节列举了几个特殊又典型的汉字，既体现了地方文化特色，又展示了民族文化情结，使得汉字的情趣之美呼之欲出。）

五、总结延伸

1. 通过这节汉字文化课，你有哪些收获呢？

2. 是呀，我们中国的汉字如诗如画、有声有形、有理有义、有情有趣。

3. 有人说，中国文字具有三美，意美以感心，音美以感耳，形美以感目。让我们继续探寻汉字王国的秘密，感受汉字之美。希望你们都能成为小小汉字学家。

（范例设计：陆莉）

第二节　在文学中徜徉

一、审美视域下的古诗词教学

孔子说：“不学诗，无以言。”我国“诗教”传统源远流长，诗是文学形式中最精粹最深刻的一部分。古诗词言简义丰，它以独特的“以言造象、立象尽意”的表情达意方式呈现出一个美的世界：生动凝练的语言、和谐动听的韵律、深沉真挚的情感、含蓄蕴藉的意境、丰沛悠远的意蕴……其中蕴藏着巨大的审美价值。

小学古诗词教学，应努力挖掘其美学特征，让学生充分感知其美学气息，深入探究其审美意蕴，从而培养与提升学生的审美能力、审美意识、审美情趣和审美表达。现以笔者执教的《如梦令》教学为例，谈谈审美视域下的小学古诗词教学。

1. 回归本体，感知“文体之美”

在传统的诗词入门教学中，文体的学习是必经之道。然而，环视现状，细察做法，从总体上看，小学古诗词教学中的文体学习基本“缺席”。究其原因，主要是教者的文体意识淡薄。文体学习的“缺席”，可能会导致古诗词本色的迷失、语文本体的失落。《如梦令》是一首词，教学时就应回归文体，紧扣词之特征，引领学生感知文体之美。请看以下教学片段：

师：（出示）大家看，这两首是古诗，这一首是词。词和诗有什么不同？你有什么发现？

生：诗的每一句字数是一样的，词的字数不一样。

师：是呀，古诗每行诗句字数相同。词不同，长长短短、短短长长、参差错落，因此词有个别名叫“长短句”。

生：词读起来，有一种抑扬错落的音乐美。

师：最早的词是配乐演唱的，它又被称为“曲词”或“曲子词”。

生：词分上阕和下阕，诗不分。

师：词有的分上阕和下阕，有的没有。

生：词有词牌名。

师：词都有词牌名，但有的有题目，如《清平乐·村居》，有的没有题目，如《如梦令》。

师：这儿有三首《如梦令》(出示)，快速浏览，只看形式不看内容，你们有什么发现？

生：我发现三首《如梦令》的字数是一样的。

生：格式差不多，句子的排列也一样。

师：是啊，每一种词牌都有固定的字数、句式和韵律。我们了解了词的这么多特点，非常好！在中国文学中，词是一种非常独特的文学样式。国学大师王国维认为，“词之为体，要眇宜修”。(出示，齐读)这句话是说，词就像是一个善于打扮的美人，是一种非常精致、美妙的文学。这一课，我们就来好好感受一下词“要眇宜修”的魅力。

这一板块通过吟诵古诗与词并比较，让学生初步认识“词”这种文学样式；再补充两首《如梦令》，让学生观察、比较，印证和强化了学生对词牌名的认识。“工欲善其事，必先利其器。”让学生初步了解词的一些基本文体知识，不仅能使教学的“词味”更浓，还有利于引领学生进入文学的层面进行鉴赏，培养他们的阅读品位和审美情趣。

2. 因声求气，诵出“音律之美”

清代进士李重华认为，“诗有三要曰：发窍于音，征色于象，运神于意”。其中，“音”为首要。诗人充分运用汉字四声五音之别，所谓平声“哀而安”、上声“厉而举”、去声“清而远”、入声“直而促”，以及平仄的搭配、韵脚的合辙、格式的均衡等，创造出古诗词的“音律之美”。诵读起来，朗朗上口，平仄有律，悦耳和谐。

如何诵出“音律之美”？可采用桐城派作家倡导的“因声求气”。其代表人物刘大櫆认为，“烂熟后，我之神气即古人之神气，古人之音节都在我喉吻间，合我喉吻者，便是与古人神气音节相似处，久之自然铿锵发金石声”。可见，读者通过多重诵读，可将抽象的文字转化为高低和谐、错落有致的音韵，从而真正领略“音律之美”，达到诗我同一的境界。

在《如梦令》的教学中，文本诵读，全程跟进：首先要求学生自由朗读，由读准生字、多音字开始，再要求读得字正腔圆、有板有眼，读得抑扬顿挫、韵味十足，读出词的节奏感、音乐美以及蕴含其中的内心情感。教学中，采用教师引读、个读、齐读、男女对读、潜心品读等方式，使诵读达到声、情、气的完美结合。始终将诵读贯穿于教学过程，层次分明，一步一个台阶，步步递升，以期达到入情入境，人文入心。请看其中一个教学片段：

师：请大家打开书，自己读读这首词，读的时候要注意词中的生字和多音字，争取把它们读正确、读通顺。

（学生自由诵读）

师：读得很专心、很投入，很好！（出示）谁来读？

（生读）

师：字正腔圆，真好！这里，“藕”是个生字，“兴”是个多音字，他都读正确了。我们一起读这两行——

生：兴尽晚回舟，误入藕花深处。

师：“兴尽晚回舟”的“兴”为什么读第四声？

生：这个“兴”表示兴致、兴趣，所以读第四声。

师：你能根据字义区别多音字，是个好办法。老师这儿有一个成语，一起读——（出示：乘 chéng 兴而来，兴尽而返）这个成语意思是说，趁着兴致而来，兴致满足了就返回。“兴尽”就是指——

生：兴致满足了。

师：再读！

（生齐读）

师：同学们读正确、读流利了，但缺少“要眇宜修”的味道。词的“要眇宜修”首先体现在声音的停连、快慢、长短、高低等节奏韵律的变化上。怎么读呢？来！我们一起读！每行的前两个字你们读，后几个字我来读。

（师生合作朗读整首词）

师：好！有点味道了。我们再读一次，换过来，我读前两个字，你们读后几个字。

（师生再次合作朗读整首词）

师：味道更浓了！我们连起来读，我读词牌名和作者，你们读内容，注意那个节奏，那个味道。

（生齐读）

师：好！真有味儿！好一首“要眇宜修”的《如梦令》！

这一环节，通过师生合作读，使学生对词的认识更加深入。如此以诵读为主线，复活了词的音律、声气、节奏，学生才能读出词的味道和感觉。

3. 显象造境，“见”到“意境之美”

意境，是诗人的思想情感、审美体验与诗词所描绘的画面、情景相互交融而成的艺术境界，充满审美意蕴，是古诗词艺术存在的灵魂。“有境界则自成高格，自有名句。”诗词之美，就在于言有尽而意无穷的意境，这也是诗人孜孜以求的。

古诗词是一个“言、象、意”由表及里的审美结构，如何让学生见到“意”？需要“显象造境”。显象，就是将文字还原成具体可感、鲜活立体的形象或意象；造境，就是在此基础上，进一步将文字转化成特定的意境、心境。意境的表现形态或是一个场景，或是一组画面，或是一种气氛，或是一种感觉……学生如能感受到，就可进入物我两忘的境界。笔者在教学《如梦令》时这样“显象造境”：

师：字面意思都理解了还远远不够。看（出示：词之为体，要眇宜修。能言诗之所不能言，而不能尽言诗之所能言。诗之境阔，词之言长），王国维还说，“词之言长”也是“要眇宜修”一种体现，它不是说词的篇幅长、句子长，而是说词的韵味悠长，能带给我们丰富的想象和回味。《如梦令》很短，只有三十三个字，这么短小的一首词究竟能带给我们怎样的想象与回味呢？请同学们听老师读，边听边想，你的眼前仿佛出现了哪些画面？（教师配乐诵读，学生想象）

师：看到画面了吗？（出示：常记溪亭日暮，沉醉不知归路）从这两行里，你们看到的是一幅怎样的画面？不急，好好看一看，想一想。

生：词人乘着小舟来到湖的中央，向天空仰望，发现太阳已经快落山了，只见云霞呈不深不浅的红色光芒，好像披上了一件橙红色的轻纱，光照耀大地，湖面上也映着霞光，湖波荡漾……

师：是的，词人醉了！她醉在娇美的夕阳中！

生：傍晚，太阳慢慢地从西边落下，晚霞染红了整个天空。远山、近水，亭子、树木，都被笼罩在夕阳的余晖中，一切都显得那么美丽和幽静！

师：醉在美丽的晚霞里！醉在夕阳下的山水中！醉在日落的美景里！在那样的地方，那样的时候，词人和她的朋友们在溪亭边做什么？

生：喝酒、作诗。

师：古人喜欢饮酒，好朋友在一起时更是“酒逢知己千杯少”。李清照尽管是位女子，但她也爱饮酒，她的许多词里都写到了酒。除了喝酒、作诗，想一想，她们还会干什么呢？

生：弹琴、唱歌、看景、下棋……

师：对。夕阳晚霞，好友知己，酒美花香，物我两忘！这真是“酒不醉人——人自醉”。谁来读一读这两行？

（指名读）

师：我感觉到浓浓的醉意了！咱们一起读，一起深深地醉一回——

（齐读）

师：如果让你给这幅画取个题目，你打算取什么？

生：溪亭日暮。（师板书）

师：好一个溪亭日暮！好一个良辰美景！难怪李清照说她此时已经——

生：“沉醉不知归路”了。

师：就在“沉醉不知归路”时，没想到误入了“藕花深处”（板书：藕花深处）。词人举目四望，她又看到了怎样醉人的景象呢？

生：大片大片的荷花，有的才展开两三片花瓣，有的花瓣全展开了，露出嫩黄色的小莲蓬;有的还是花骨朵,看起来饱胀得马上要破裂似的。

师:这么美,怪不得词人看得有滋有味、如痴如醉。还有谁也看到这幅画面了?

生:荷叶挨挨挤挤的,上面还有一滴滴水珠,在夕阳下,水珠五彩斑斓,更衬托出荷叶绿绿的、嫩嫩的,那么可爱。荷花绽放了,那粉红的花瓣在霞光下变得更红了。

师:这真是一个色彩斑斓的藕花深处,一个清香飘逸的藕花深处,一个神秘幽静的藕花深处,让我们走进去!(出示:兴尽晚回舟,误入藕花深处)读——刚才是"酒不醉人人自醉",现在是"景不醉人"——

生:"人自醉"了。

师:当一轮明月如水般倾洒向荷花时,众人才猛然惊醒,于是——"争渡,争渡,惊起一滩鸥鹭"。读着这两行,你仿佛看到了什么?听到了什么?

生:一河滩的鸥鹭扑拉拉一下子都飞起来了,它们拍打着翅膀,高声鸣叫着。

师:一滩鸥鹭上青天,那场面多壮观啊!除了看到鸥鹭飞了起来,听到它们拍动翅膀的声音、鸣叫的声音,你们还仿佛看到词人和好友们在干什么?耳边又听到了什么?

生:看到词人和好友们在争着划桨,听到划桨声、欢笑声、溪水被船桨击起的声音。

师:你从哪些词语中听到这样的声音的?

生:从"争渡,争渡"和"惊"这些词语感觉到的。

师:"惊"字除了讲惊起鸥鹭,谁也惊了?惊什么?

生:还有词人和她的伙伴们也惊了,是一滩鸥鹭惊起了她们。

师:这真是"鸟被人惊""人被鸟惊"!此刻她们的心情如何?

生:惊喜、激动、兴奋、高兴……

师:她们叫哇,笑哇,声音那么响,把栖息着的鸥鹭一下子惊飞起来。"扑拉拉",一滩鸥鹭飞上蓝天,那情景多么壮观啊!它带给词人一种意外的开心,意外的收获,意外的惊喜!谁来读一读这两行?

(指名读,学生读得比较平淡)

师:这样划船能把鸥鹭惊飞吗?划得再有劲一些,你再来试试。

(学生再读,读出惊喜、快乐)

师:读出了那份热闹、那份欢快、那份惊喜!一起读。(齐读)

师:现在也让你给这一幅画取个题目,你取什么题目?

生:一滩鸥鹭。

师:老师帮你改一下,前面用一个"惊",惊起鸥鹭,画面的动感就体现出来了。(板书:惊起鸥鹭)

师:词到这儿结束了,但会想象的同学顺着词的描写一定还看到了其他画面。谁来说说,你还看到了什么?

生:一滩鸥鹭飞向蓝天,李清照和她的朋友们看得目瞪口呆,久久沉醉其中……

生:月光下,一切变得朦朦胧胧,李清照感觉自己在仙境中,被荷花仙子簇拥着,翩翩起舞……

师：结尾处还给我们留下了无限的想象，真是余味无穷啊！刚才我们边读边想象，读出了那么多美的画面，充分感受到了“词之言长”的特点。你们看，因为观赏“溪亭日暮”沉醉了，所以才会误入——“藕花深处”；因为误入了“藕花深处”，所以才会——“惊起鸥鹭”。这些画面，有动有——静，有声有——色，有人有——鸟，这真是一幅流动的画面！来，一起读整首词，让我们在这流动的画面中再次沉醉！（学生齐读）

古诗词教学不能只追求字字落实，不应只满足于意思的疏通，不可对诗句做支离破碎的理解、分析。读诗词，假如意思能说出来，但看不到画面、意象，那就等于没有读懂诗词。

美学大师朱光潜在《诗论》中说：“无论是欣赏或是创造，都必须见到一种诗的境界。”可见，读诗词最要紧的是“见”！见什么？见“景”，见意象，见意境。学词，必须要“入境”。想象画面，是“入境”的重要途径。《如梦令》这首词画面丰富，有声有色、有人有景、有静有动，学生易于想象。教学时，抓住“词之言长”的特点，倾注浓笔艳墨，画面的想象先部分、后整体：分别想象“溪亭日暮”“藕花深处”“惊起鸥鹭”三个画面，再连贯、整体想象为“一幅流动的画”。教学中，把语言、画面、诵读（说话）三者连成一线，融为一体，唤醒学生所有的感官感受这首词，用耳倾听、用眼观赏、用嘴吟诵、用脑想象、用心感受，打开身体所有通道接收词的信息，化言为画，进入词境。学词的过程犹如人在画中游，诗情画意，乐在其中。

4. 揣摩化言，品悟“语言之美”

古诗词是汉语言的精华，语言凝练，用词精妙，语意含蓄，联想、夸张、对比等修辞手法比比皆是，富有艺术表现力和感染力。入选教材的古诗词，更是文质兼美，很多都是千古绝唱。

历代诗人无不讲究炼字，更有“吟成一个字，捻断数根须”之说。因此，古诗词教学，须引领学生揣摩咀嚼，推敲赏析，品“诗眼”，品名句，品风格，并尝试将诗词中的“美点”品出来、说出来，内化、活用古诗词言语。久而久之，学生就会对古诗词产生发自内心的热爱与探究的欲望。如《如梦令》，虽短短三十三个字，却包括了景物、叙事、抒情的描写，清新别致，情景交融，首开以寻常语绘精美图之先河。教学时，在想象精美画面之后，笔者让学生去品味这“寻常语”的不寻常：

师：这首词，仅仅用了三十三个字就写出了如此丰富精美的画面，给人以美的享受。有人评价这首词——（出示：以寻常语绘精美图）你们看，词中语言看起来的确寻常，明白如话，但这些“寻常语”真的寻常吗？静下心来，再读一读，回味一下，你觉得哪些字词用得不寻常？自己想完后，可以和同桌交流一下。

生：我觉得“惊”字用得不寻常，鸥鹭惊飞了，诗人由惊慌到惊喜，都跃然纸上。

生：我觉得“争渡，争渡”重叠着用，把她们焦急的心情和在荷花丛中手忙脚乱寻找归路的样子活灵活现地写了出来。

师："争渡，争渡"的重叠，本来是《如梦令》这个词牌的要求，这种句式叫短韵叠句。在这里李清照这么用，显得特别精妙自然。

生：开头写"常记"，就是"常常记起"的意思。说明这次出游给诗人留下的印象太深刻了！

师：是呀，一个"常"字，让我们看出李清照对这次游玩记忆很深，回忆的次数很多，每次回忆起来都觉得意兴盎然。

生：我觉得"沉醉"用得妙！说明不是一般的醉，而是深深地陶醉了，看出诗人心里特别愉快，这次游历让她流连忘返。

生："兴尽"这个词，让我们感觉到词人和伙伴们整整一天的活动非常欢乐！

生：我觉得这个结尾挺耐人寻味的。它没有接着写后面发生的事，给我们留下了无限的想象，余味无穷。

师：同学们真会品词！你们看，一首好词，每一个字、每一个结构，都有它独特的作用。李清照留下来的词并不多，但是无一首不精，无一字不妙。请你们再找找看，这首词中哪个字最能表达她的心情？

生：我认为这个"醉"字最能表达她的心情了！（板书：醉）

师：哦，她的情感都浓缩在"醉"字中，那么李清照为何而醉呢？

生：我觉得她被美酒陶醉了，也被美景陶醉了！

师：李清照不但"酒醉"了，而且还"心醉"了！

生：我觉得她还因为这次游玩很开心而陶醉！

生：她被惊起的一滩鸥鹭陶醉了！

师：是呀，她陶醉在美酒中，陶醉在美景中，陶醉在美丽的意外中，陶醉在美丽的生活中，她的心都醉了！我们也被她精妙的文字深深陶醉了，真是"词不醉人——人自醉"啊！我们再读整首词。

（齐读全词）

师：这首词仅三十三个字，在为我们展现一幅流动图画的同时，又曲折有致地写出了词人的心情，你们看，她以沉醉起，兴尽承，争渡转，惊喜合，真是"要眇宜修"呀！

以上教学，在品读中，学生不仅要感悟哪个词用得不寻常，还要说出为什么不寻常。学生所列举的"常记""惊""争渡，争渡""沉醉"等字词，体现了不同程度的个性化解读。在此基础上，再进一步引导学生品读诗眼"醉"字，并说明"醉"字和整首词意的关联。这样对语言进行细品慢尝，使学生进一步感悟了词的意境、情感，培养了学生对语言之美的鉴赏能力。

5. 知人论世，回味"情韵之美"

很多诗词的内容和作者的生活经历、时代背景、情趣心境有很大的关系，只有走近作者，才会为教学搭建起丰厚的文化平台，学生才能更好地理解诗词的内涵，教学才更有厚度和力度。所以，在《如梦令》这一课中，笔者出示了古代大思想家孟子说过的一句话:“颂(诵)其诗,读其书,不知其人,可乎?是以论其世也。”以此告诉学生,读诗也好,读词也好,一定要读人,要了解作者的生平和时代环境。这其实是教给学生鉴赏诗词的一种重要方法。

李清照是以写“愁”著称的女词人,但她的这首《如梦令》却写得生动活泼,极富乐观情趣,这是她早期生活无忧无虑、幸福美好的一个缩影。教学时,让学生猜一猜李清照当时的生活状况,并说说理由,引导学生回归整体,深入赏读。之后,补充李清照的生平,让学生明白读词要读人,品读一首词,其实就是在品读一段独特的人生经历。最后提出问题“李清照后期生活的转变使她的词风又产生了怎样的变化呢?”让学生带着问题走出课堂,进一步引发了他们研读李清照词的兴趣。

二、从审美阅读视角教寓言

寓言,是一种古老的文体,极具生命力。我国翻译家、文艺理论家叶君健认为,寓言是一种不容忽视的文学品种。它的持久力比任何其他文学品种要强,在人类灵魂中所起的作用也能从童年时代一直持续到人生的结束。寓言这种对人类心灵滋养、性情陶冶、生命浸润的巨大作用源于它的“美”:故事的奇幻美、人物形象的丰富美、语言的独特美、寓意的哲思美。在教学中,教师如能认识到寓言阅读对儿童内心审美的主流引领作用,把从审美意义的角度解读、教学经典寓言作品作为一种重要的教学思想,那么必能开启寓言的审美阅读之门,实现寓言教学的美丽转向。南通市中青年名师吴建英工作室成员黄海燕老师为此做了深入实践,现以她的教学为例谈从审美阅读视角谈寓言教学。

1. 立足寓言文体,讲出故事奇幻美

中国文学创作与批评十分讲究文体。语文教学重视文体,依体而教,才更有语文味。

寓言以其短小精悍、充溢着奇特虚幻之美的故事展示了这种特殊文体的独有审美价值。讲故事是学生非常喜欢的一种语文学习方式,特别需要强调的是,讲故事本身就是寓言这种文体的教学要求,是言语积累到再运用的基本学习过程。教学中,可设计讲故事的学习方式,以实现学生对寓言文体特征的审美感受。

《伊索寓言》这篇课文,选编了三则寓言故事《狐狸和葡萄》《牧童和狼》《蝉和狐狸》。教学中可设计以下的教学步骤:① 轻声读读这三则故事,选择一则在小组内有声有色地讲一讲。② 指名表演性地讲故事——其他同学评一评——再讲一讲——再评一评。③ 想一想:这三则寓言故事有什么共同的地方?通过讲一讲、评一评,学生不仅可以感受到寓言的简短、情节的奇特有趣、人物行为的夸张、“故事+道理”的结构等文体特点,而且可以在讲述中发现三则寓言的共性——“骗”,有自欺欺人的“骗”,有图谋不轨的“骗”,有捉弄别人的“骗”,从而演绎出寓言故事的荒诞、奇幻之美。

2. 立足寓言文字,读出形象丰富美

文字是文本的细胞。细读寓言的文字,会发现寓言虽篇幅短小,但其中涉及的人物繁多,形形色色:有帝王将相、凡夫俗子,有拟人化了的花鸟虫鱼、风雨雷电,还有各路妖魔鬼怪及神仙……堪为社会的缩影。经典寓言的文字在特定语境中的排列组合所呈现出的人物均性格鲜明、个性突出:真善美,假恶丑,百态毕现,千人千面,呈现出一种形象的丰富之美!教学时可以紧扣教材,依托文字,挖掘寓言文字中丰富的形象美,并以此作为学生审美阅读的着眼点。

说起狐狸,人们往往把它视为狡猾的代名词。仍以《伊索寓言》为例,其中的第三则《蝉和狐狸》就刻画了一只心怀鬼胎、巧舌如簧的狐狸形象。教学中,立足第二自然段对狐狸的语言描写,仔细品读就会发现,狐狸卑躬屈膝,言辞"恳切",毕恭毕敬,他称蝉为"您"——一个极富尊重色彩的字眼,而且三个短短的句子中连用四个这样的"您":"您的歌声多么美妙!""您真是个天才的歌唱家!""您能下来让我见识一下您那动听的歌喉吗?"寥寥数笔就勾画出他谄媚的"小人"嘴脸。

其实在寓言故事中,狐狸的形象是非常丰富饱满的,除了狡猾,还有其他形象。如在《狮子、狼和狐狸》中,我们读到了一只睿智聪明的狐狸,他的借口既保护了自己又对付了狼,而狮子也找不出拒绝的理由;《猎狗和狐狸》中的狐狸是勇敢镇定的;《熊与狐狸》中的狐狸又是幽默风趣的。

3. 立足寓言文本,品出语言独特美

寓言故事的奇幻荒诞、逻辑的自我相悖构成寓言生动有趣的主要元素,这种文学审美效果的达成主要源于寓言文本中简约精练而自含矛盾色彩、诙谐幽默的语言表达。

语言的谐趣之美。诙谐幽默又意味深长的语言,是寓言故事表现的一种独特手法。它通过拟人、讽喻、双关、夸张、对比等修辞手法,揭示生活中不合情理之处,在引人发笑的同时,批评某些社会现象。

《滥竽充数》就是这样一个寓庄于谐、字里行间充满诙谐幽默之美的寓言,尤其是这一句:"每当演奏时,他就鼓着腮帮,按着竽眼儿,装出会吹的样子,居然得到了和别人一样多的俸禄。"教学中,可让学生找出描写南郭先生滥竽充数的句子,紧扣句中的"鼓着""按着""装出"品读其可笑模样,边读边夸张地表演南郭先生"投入"的样子,再对比后半句中的"居然""一样多",从而极为讽刺地呈现出故事本身的喜剧效果,体会寓言的谐趣之美。

语言的精练之美。在《螳螂捕蝉》这则寓言的教学中,可先引领学生尝试展开想象讲故事,给故事中的角色加上心理活动,自由练说:"蝉高高在上,悠闲地叫着,自由自在地喝着露水,心里美滋滋的:______。那螳螂拱着身子,举起前爪,要去捕蝉,它得意地想:______。黄雀伸长脖子正要啄食螳螂,它好不欢喜,______……"不少学生说得非常精彩。就在学生说得兴致盎然之际,再次出示原文,学生顿时感觉到原文的"干瘪无味”，在此基础上让学生分小组讨论：原文的作者为什么没有这样叙说？通过较为深刻的探究交流，学生豁然开朗——寓言追求的是语言的精练与简约，正所谓小故事大道理；寓言是产生于民间口耳相传的故事，语言太精致不利于流传；寓言是“另有寄托”的故事，只要能听懂故事，明白道理就行了。此环节的设计可谓一石二鸟，不仅给了学生言语实践的平台，也让他们体会到了寓言对语言精练之美的追求。

4. 立足寓言文化，悟出寓意哲思美

寓言是一种古老的文化现象，它是传统文化中一笔巨大的财富，其哲思之美就是寓言的灵魂。

直白的哲思之美。寓言中寄寓着的教训、格言，即寓意，可以在文中明明白白地点出来。有的写在开头，如克雷洛夫的《狼和小羊》；有的写在结尾，如前面所举的《蝉和狐狸》；有的就写在故事里面，用角色的话来点明。中国古代有些寓言还假托某个名人或作者虚构的人物对故事作评论，以点明寓意。对于这类呈现出直白之美的寓言，教学中要找准关键句，联系故事和生活，引导学生细细揣摩、品味。

含蓄的哲思之美。在寓言创作中，寓意是一根看不见的线，很多时候，这根线并不会直接在文字中体现。有的是因为故事本身已经明白无误地表现出了寓意，读者不会看不出来；有的则因为种种原因，寓意不便明说，这种情况在讽刺当局或权贵人物的寓言中尤其多；还有的是因为寓意丰裕，可以从多方面思索，作者不把话说尽，好给读者留有更多回味的余地，这就更体现了一种含蓄蕴藉之美。对于这类寓言，则需特别关注能统领寓言的“切入点”，引领学生从“整体——部分——整体”之间走个来回，既从宏观上把握寓言的审美价值取向，又要从微观上品味局部的表达，从而为准确地悟出寓意埋下伏笔。

多元的哲思之美。对于上文提到的“寓意丰裕”的这一类寓言，就具有可以开掘的较大深度和广度，可以让人联想和类比更丰富、更深刻、更多元的具有哲思美的寓意。教学时，可先列举学生比较熟悉的寓言的多种寓意表达。如寓言《纪昌学射》，表述一：严师出高徒，这是从“飞卫”的角度来感悟的；表述二：学习一项本领，练好基本功是非常重要的，这是从“纪昌”的角度来感悟的；表述三：只有认真对待每一个小目标、阶段目标，才能更好地接近大目标，最终实现大目标。这样，阅读寓言就有了“多元哲思美”的表达可能。接着，再让学生自己尝试多元表达，体验多元角度、多元方式表达哲思之美的阅读快乐。当然，寓意体会是否深刻、表达是否富有个性，与学生自身的语言技能是分不开的。

教师用经典的寓言作品在学生心中种下一颗审美的种子，使寓言中的故事奇幻美、形象丰富美、语言独特美、寓意哲思美成为学生审美的主流，让他们在长期阅读中慢慢酝酿，使审美情感逐渐发酵，让审美智慧润物无声地形成。

【范例1】回到诗的源头——《诗经·芣苢》教学实录及专家评析

教学实录

朗朗读之，初识《诗经》

师：今天，老师要和大家一起回到诗歌的源头去看看。你们听说过《诗经》吗？谁来简单地介绍一下。

生：《诗经》距今已有二千五百多年的历史。

生：里面的诗歌大多是老百姓创作的，后来由孔子带着他的学生们将这些诗歌收录在《诗经》中。

师：对的！（出示，介绍：《诗经》是我国最早的一部诗歌总集，共收入自西周初年至春秋中叶大约五百多年的诗歌305篇，所以又称"诗三百"。）今天，我们要读的这首诗就是《诗经》里的，题目是《芣苢》，看老师写题目。谁来读准它？（学生读题）

师：想看看芣苢吗？（出示：芣苢图片）这就是成片的芣苢，也叫车前草，它还有一个有趣的名字，叫猪耳朵草。你们看，圆圆的，是不是有点像猪耳朵？春天，它的叶子是一种味道鲜美的野菜。到了初夏，开花后结出的籽，就叫车前子，晒干后可入药，有清热解毒的功效。

师：同学们读过这首诗了吗？谁来说说它给你留下的印象？

生：刚开始读时，比较难，里面有些字，我从来没看到过。

师：是的，《诗经》里有些古文字像远古的化石一样，让我们觉得高深难懂。

生：我们以前读的诗主要是五言诗、七言诗，这首诗是四言诗，读起来朗朗上口，很有节奏。

师：不仅是这首诗，整部《诗经》大多以四言为主，充满节奏感、韵律感。

生：我发现，这首诗居然结构差不多，就改了六个字，真有意思！

师：你关注到了语言形式，这是个了不起的发现！看，全诗共三章，一行一章，结构形式相同，仅仅只变换了少数几个动词，这种写法叫"重章叠句"。这是诗的独特之处，待会儿我们重点研究。

师：现在，听老师读这首诗，同学们在心里读。（出示：整首诗。师配乐范读第一遍；第二遍与一位学生轮读，其他学生小声跟读）

师：好听吗？自己读读这首诗，要读得一字不错。（学生自由读）

（指名读）师：你把"采采"稍稍强调了一下，好像在告诉我们，采芣苢了，大家快来采吧。真棒！还可以怎么读？

（指名读）师：你把"芣苢"读得特别有味道，为什么这么读呢？

生：因为芣苢太多了，满山遍野都是，所以，我有意拉长了读音。

（指名读）师：你的朗读让我们仿佛看到了一大片绿油油的芣苢。四言诗，一般读成

“二二”节拍，读两个字后稍作延长或停顿。咱们一起读——（齐读）

【专家点评】学习过程应该是学生自主探寻、自我建构的过程。上课伊始，教者就引导学生汇报自己对《诗经》的了解，并在此基础上，择其精要向学生呈现。对于《芣苢》的特点，教者引导学生自主发现这是一首四言诗、句式相同等，并比较与过去所学古诗不一样的地方。即使是对朗读的指导，教者也是在点评学生朗读的过程中提示重音、节奏等要点。在这一部分及后续的教学中，教者都十分注意“让学”，让学生回归到学习主人的位置上。

细细想之，理解意思

师：这首诗讲了什么意思呢？首先要理解这些字。（师边说边贴词卡：采、有、掇、捋、袺、襭）请大家先看第二章里的两个字，“掇”和“捋”，谁来说？

生：“掇”的意思是拾取。“捋”的意思是用手成把成把地抹下来。

师：你是怎么知道的？

生：看下面的注释。

师：看注释是个好办法。但老师觉得，只看注释还不能充分领略到汉字的奥秘，有时我们需要追根溯源学汉字。“掇”右边有四个“又”字。（出示古文字“掇”）在古代“又”字指的是手。从字形上看，“掇”字包含这么多手，是什么意思？

生：指很多手在不停地拾取。

师：再看“捋”字（出示古文字“寽 lǚ”），右边指以五指持物结合注释和字形，谁上台来演示一下“掇”和“捋”的动作？

生：（边演示边说两字的差别）“掇”是一个一个地摘，而“捋”是一把把地摘。

师：哦，“捋”指从茎上成把成把地抹下来。那稻谷丰收了，我们说——（生：捋稻谷）麦子成熟了，我们说——（生：捋麦子）

师：再看“袺”“襭”，你们又有什么发现？

生：它们都有衣字旁。

师：是的，这两个字与衣服有关。当时老百姓的衣服是这样的（出示：古人服装图片）他们的上衣长到膝盖，腰间有腰带，类似现代人穿的风衣款式。这两个字的意思也很接近。谁上来用动作演示一下“袺”和“襭”？（生演示）

师：（师边演示边解释，下面学生一起做动作）对，这就是提起衣襟装起来，扎起衣襟兜回来。字的意思都理解了，整首诗的意思就好懂了。自己试着说说这首诗的意思，别忘了借助下面的注释。（学生自由练说后，再指名说）

生：姑娘们去采车前草，先是一个一个地去摘；车前草太多了，她们又成把成把地去捋。车前草越采越多，姑娘先是手提着衣襟，兜了起来；后来又掖起了衣襟装了起来。

师：看来，意思明白了。国学大师余冠英先生也翻译了这首诗，看——（出示：车前子儿采呀采，采呀快快采些来。车前子儿采呀采，采呀快快采起来。车前子儿采呀采，一颗一颗拾起来。车前子儿采呀采，一把一把捋下来。车前子儿采呀采，手提着衣襟兜

起来。车前子儿采呀采，掖起了衣襟兜回来。）老师和你们对读，注意好节奏。（师生对读）

师：这首诗最独特的地方就是“重章叠句”中仅仅换了六个字。这六个字究竟妙在哪里呢？好好想想，然后组内讨论讨论。（小组讨论）

师：哪一组来展示你们的讨论结果？

生：我们觉得这首诗六个字用得非常准确生动，把姑娘们采摘的动作形象地写了出来。

师：是啊，诗歌注意了“词语的锤炼”。你们品出了其中的妙处！

生：更换了六个字，其实这种更换看似简单，却很用心，写出了芣苢越采越多，姑娘越采越欢、满载而归的过程，让我们越读越觉得有味道。

生：我们觉得，这六个字的顺序是不能换的。而且，诗歌相似的结构，反复再现了姑娘们采芣苢时的动作和欢快的心情。

师：是的，这首诗用词连贯，是按“情景的推进”来写的。《芣苢》是一首劳动的歌谣，姑娘们从一开始的呼朋引伴“采之”“有之”，拉开了劳动的序幕。之后，到一棵棵“掇之”，一把把“捋之”，再到手提衣襟“袺之”，扎起衣襟“襭之”，这个完整的采摘过程，就是通过这六个动词体现出来的。

师：我们再一起读读这首诗，注意这六个字。（齐读）

朗朗诵之，揣摩意境

师：这首诗虽短，却很动人，我们还可以读得更有味道。怎么读呢？清代著名学者方玉润先生教我们这么读——（出示：恍听田家妇女，三三五五，于平原旷野、风和日丽中，群歌互答，余音袅袅，若远若近，忽断忽续……）在平心静气、反复品味中，你仿佛听到了什么？看到了什么？

师：现代著名诗人闻一多先生通过想象，这样描述《芣苢》所呈现的情景——（出示：现在请你们再把诗读一遍，抓紧那节奏，然后合上眼睛，揣摩那是一个夏天，芣苢都结子了，满山谷是采芣苢的妇女，满山谷响着歌声……）就是要我们读出诗的节奏，揣摩画面，你能看到什么？又听到什么呢？尝试着用这两位学者的读法，好好读读、想想。

生：当我静下心来读这首诗的时候，好像看到了许多姑娘在采芣苢，而且还在唱歌谣。她们的歌声，余音袅袅，忽断忽续。

生：读着读着，我仿佛看到，风和日丽中，三三两两的美丽姑娘，行走在田野，看到漫山遍野的芣苢，绿得鲜亮，她们喊着：“咱们一起采芣苢吧！”一开始姑娘们是一棵一棵“掇之”，芣苢太多了，姑娘们兴致勃勃，一把把“捋之”，手提衣襟“袺之”，扎起衣襟“襭之”，她们一边采摘一边对歌，清亮的歌声在田野里飘荡。

师：你们把姑娘采摘芣苢的画面想得那么逼真、鲜活，太有想象力了！读诗，要平心静气，反复涵泳；读诗，也要抓紧那节奏，用心揣摩，这样才能恍听到美妙的声音，看到生动的场面，才是真正的会读诗！你们看，风和日丽中，三三两两的女子，行走在田野里，

看到漫山遍野的芣苢，情不自禁吟起来——（师引生齐读第一章）

师：她们越采越多！越采越忙！越采越欢了！（师引生齐读第二、第三章）

师：同学们，现在让你用一个字来形容姑娘们采摘时的场景和心情，你会用哪个字？说说理由。

生：我觉得是“欢”，采摘的过程是欢快的，采摘的场面是欢乐的。

生：我觉得是“喜”，整首诗传递给我们的感觉就是欢欢喜喜、热热闹闹。

生：我觉得是“乐”，我们能真切地感受到她们在快乐地劳动。

师：想看看元代学者吴师道的评价吗？（出示：此诗终篇言乐，不出一乐字，读之自见意思。——吴师道）你们真是他的知音啊！是的，在重章叠句中，那明快的节奏、欢乐的气氛自然而然地流露出来。

【专家点评】古诗词因其存在的年代较为久远而留下了不少研究资料，像《芣苢》这样的名篇更是如此。教者在引导学生想象诗中的景象时融入清代著名学者方玉润和现代著名诗人闻一多读这首诗时的感受与体悟，帮助学生进入诗的意境。在学生以“欢”“喜”“乐”等字概括先人们采芣苢时的场景和心情后，教者又以元代学者吴师道的话肯定、鼓励学生的所思所感。相关资源的融入使作品的呈现变得更丰富、完整了，从而助力学生达成一定的学习深度。

学学吟之，感受意韵

师：诗的源头是歌谣。姑娘们一边采着野菜，一边唱着歌谣。怎样读出其中的味道呢？我们应该像姑娘们那样——边唱边和。边唱边和，相当于对山歌，不过我们不是唱，而是读。可以一读一和，可以男读女和，还可以一读百和……小组内先来试一试，用你们喜欢的方式来读和，看看哪一组读出创意、读出热闹、读出欢快？（各小组练读）

各小组多形式展示：有一生读，另一生和的；有一人读，其他五人和的；有女声读，男生和的……

师：我们还可以邀请听课的老师们一起来和。现在你们在这座山头，老师们在那座山头，我们都在采芣苢——（全体学生读，听课的老师齐和，气氛热烈）

师：好极了，真是一咏三叹，余音绕梁啊！这种“重章叠句”的写法是《诗经》中最为常见的，大家看——（出示诗歌，学生浏览，《桃夭》《兔罝》《樛木》《螽斯》《鹊巢》《相鼠》……）都是“重章叠句”的写法。这种写法对后世的诗词影响很大。大家还记得汉乐府《江南》吗？它们之间有异曲同工之妙。（齐背汉乐府《江南》）

师：学到这儿，谁来说说，你对“重章叠句”的写法又有了怎样新的认识？

生：“重章叠句”的写法，让我感觉语言虽简洁，但有一种别样的美感！

生：我觉得“重章叠句”的写法，增强了诗的音乐性和节奏感，使感情得到了尽情抒发。

师：是啊，“重章叠句”能表现出强烈感情，给人以百转千回、绕梁三日的感觉，所以诗歌、音乐中经常使用。《芣苢》原本就是唱的，现在，让我们跟着音乐，第一遍心里跟唱，第二遍轻声跟唱，第三遍大声唱出来——（播放音乐，齐唱）真是舒畅欢快！

仿仿写之，古为今用

师：同学们，两千多年前的古人边采野菜边唱歌谣，多么快乐，多么自在。在我们的现实生活中，这种快乐也无处不在。看，他们在干什么？（出示各种劳动的图片）你曾经采摘过东西吗？（出示仿写：选择一个活动情景，用“重章叠句”写下来，注意“词语的锤炼”和“情景的推进”。采采________，薄言________。采采________，薄言________。学生创作。）

师：谁来大声诵读自己的作品？最好可以吟唱出来。

生：采采茄子，薄言掇之。采采茄子，薄言捋之。

生：采采草莓，薄言摘之。采采草莓，薄言品之。

生：采采桑果，薄言尝之。采采桑果，薄言乐之。

……

师：感谢《诗经》，感谢《芣苢》，让我们有如此尽兴的体验。学到这儿，你对《诗经》产生怎样的感受？

生：《诗经》语言简洁、朗朗上口，富有节奏感。《诗经》描写的画面非常生动，让我们看到了两千多年前人们的生活，真有意思！

生：我觉得《诗经》中的诗真美，语言美、画面美、节奏美，真是美不胜收啊！

师：是啊，真的应该庆幸，我们拥有这么一部古老的诗歌集。孔子曾说——（出示：不学诗，无以言。——孔子）（生齐读）按字面的意思，就是说不读《诗经》，就没法说话。孔子还说，齐读——（出示：小子！何莫学夫诗？诗，可以兴，可以观，可以群，可以怨。迩之事父，远之事君；多识于鸟兽草木之名。——孔子）（生齐读）就是说，同学们怎么能不学诗呢？诗可以激发情志，可以观察社会，可以交朋友，可以怨刺不平，还可以知道不少鸟兽草木的名称。这些，都说明了《诗经》的重要性。

师：同学们，今天，我们回到诗歌的源头，初步感受了《诗经》独特的魅力。在老师看来，《诗经》是我们中华文化的另一条母亲河，希望大家能在这一条母亲河里尽情畅游！

【专家点评】引导学生联系生活中相似的场景，对学习内容进行仿作是实现言语内化的重要途径。虽说这首诗诞生于两千多年前，但就其表达形式来看，学生完全可以模仿着说说。课堂上教者再现学生平时熟悉的劳动场景，让他们运用《芣苢》中的句式来仿作，学生的表达欲望被激发了出来，大家说得喜滋滋、乐陶陶。这样，学生在运用中不仅更深切地感受到了这首诗的独特魅力，还学习了遣词造句的方法，培养了语感。

（教学实录：吴建英）

专家评析

引源头之水　灌言语之花

《芣苢》是诗经中的名篇，写的是先民们漫山遍野采收芣苢时欢快的劳动场面。这首诗的语言质朴无华，简练生动，适合儿童学习、诵读。吴建英老师根据这首诗的特点，广泛收集并整合相关资源，从儿童出发，巧妙设计教学流程，层层推进，取得了理想的教学效果。具体说来，这堂课的教学有如下三个特点：

1. 文化探源，感受诗歌最初的光辉

《诗经》是我国最早的诗歌总集，是中华诗歌的源头。其间蕴含着丰厚的上古文化的内涵，表达了先民们对美好生活的向往之情。引导学生读一点《诗经》中的作品，可以帮助他们打开一扇了解当时人们生活状况的窗户。小学语文教材限于篇幅，一般很少选用《诗经》中的作品，这不能不说是古诗教学中的一个缺憾。教者选择《芣苢》作为小学高年级学生的学习内容，将中华诗歌初始的样式呈现给学生，使学生对中华古诗文的感知更全面了。本课教学一开始，教者就让学生通过相互交流对《诗经》有了大致的了解，接下来引导学生学习《芣苢》，让学生通过具体的感知发现这首诗的特点，再带领学生反复诵读，展开想象，体悟《芣苢》的魅力所在，还照着这首诗的样式进行仿作，在创作中深入体会，最后又回到《诗经》，点出其在中华文化长河中的特殊地位。这样就形成了一个完整的学习链条，学生由此完成了一次中华古诗文的探源之旅，由经典篇章感受到了《诗经》这颗中华文化明珠闪耀出的独特光彩。

2. 紧扣动词，触摸文字背后的生活景象

《芣苢》可以说是《诗经》中最简单的一首诗，基本句式就两个："采采芣苢""薄言×之"。诗中变化的只是六个动词——采、有、掇、捋、袺、襭。这六个动词生动展现了先民们采摘芣苢的情景。"采"和"有"是概写，"掇"和"捋"是对"采"的具体叙述，而"袺""襭"写的是装盛所获的动作，对应了"有"，几个动词串联起了一个完整的采集过程。显然，这六个动词是本课教学的重点，也是难点。在教学过程中，教者在这六个动词的教学上下了功夫。先是引导学生通过自读注释、联系古文字的字形，结合动作演示，弄明白每个动词的意思；接着让学生说说这首诗的大意，并出示名家的译作进一步明晰诗意，感受动词运用的准确贴切；然后在品读的过程中，引导学生发现这些动词的顺序与采摘过程的契合，以及这些词中透出的采摘者欢快的心情；接着引用古人和当代学者的描述，启发学生展开想象，进入诗展现的场景中吟诵体会；最后通过仿作体会动词的妙用。就这样一步步引导学生透过这些动词纸面的意思触摸到了先民们鲜活的生活场景，感受到了她们采摘时的喜悦心情，从而体会到了诗作中用词的精妙。

3. 反复诵读，读出"好声音"

《芣苢》是先人在采摘芣苢时吟唱的歌谣，欢快的心情从简洁生动、富有节奏的诗句中自然而然地流露出来，因而这首诗十分适合诵读。教者在指导学生诵读时注意随着理解的深入逐步提高读的要求。初读时教者强调读正确，做到一字不差；在大致理解了诗意后，则根据这首诗"重章叠句"的特点，要求学生读出节奏；接着引导学生展开想象，使学生仿佛看到了劳动的场景，读出了欢快的语气；最后，让学生像先民那样有唱有和，这时，学生仿佛成了当时采摘的先民，"唱"出了心中的欢畅。在整个教学过程中，教者将朗读指导作为一条贯穿始终的主线，以理解促诵读，以诵读促体会，学生越读越好，读出了各自的“好声音”。古诗词的学习就应该像这样通过反复诵读首先让诗句在孩子的眼中、嘴上活起来，继而在他们的脑中、心里活起来。

从整堂课看，学生初步体会到了这首诗独特的朴素美和韵律美，体悟到了《诗经》特有的魅力。同时，在学习过程中，《诗经》中蕴含的汉语言文化的基因也在不知不觉间植入了学生的言语生命之中。这些“基因”必将伴随着孩子的成长，并在他们以后的生命历程中绽放。

（评析专家：特级教师　施建平）

【范例 2】是什么就教什么——《长相思》教学设计及思考

文本解读

《长相思》是纳兰性德的一首脍炙人口、情意绵绵的思乡之词，表达了羁旅怀乡的主题。词作上阕“山一程，水一程”运用反复的修辞方法，描写出将士们翻山越岭，登舟涉水，一程又一程，行军的艰难曲折、遥远漫长，夹杂着词人颇多无奈情绪。下阕“风一更，雪一更”与上阕“山一程，水一程”两相映照，叙述夜晚风雪交加，搅碎了乡梦，倍觉惆怅。从“夜深千帐灯”到“故园无此声”，写出了身在异乡、梦回故园的意境。全词以白描手法及朴素自然的语言，表现出真切的情感，描写了词人在外对故乡的思念，抒发了情思深苦的绵长心情。

教学目标

1. 正确、流利、有感情地诵读《长相思》，读出词之韵味，了解词之特点，体悟“词之言长”。

2. 通过多重诵读、移情想象、质疑品赏等方式，感受将士们的行之难，感悟词人的思之切。

教学实录

吟诵对比，了解词之特点

师：同学们喜欢吟诵古诗。这样，我出示画面，你们根据画面吟诵。提个醒：吟诵时，要把古诗的味道吟诵出来！（出示《静夜思》《九月九日忆山东兄弟》古诗画面，学生兴致盎然地吟诵）

师：刚才吟诵的两首古诗都是写思乡之情的。古往今来，文人墨客爱用诗词来表达思乡之情，今天我们再学习一首——《长相思》。（出示，生齐读课题）

师：《长相思》是一首词，刚才吟诵的两首是古诗。仔细看，词和诗有什么不一样？你们有什么发现？

生：诗的每一行字数基本是一样的，词的字数不一样，有长有短。

师：是呀，古诗每行字数相同。词不同，长长短短、短短长长，参差错落，因此词有个别名叫“长短句”。

生：词有词牌名的；诗没有，诗只有题目。

师：对，这儿的“长相思”就是词牌名。这首词只有词牌名，没有题目，为了区分，通常把第一行作为题目，记作——《长相思·山一程》。（生齐读）

生：词有上下两段，诗只有一段。

师：真厉害！的确，词通常会分两段，第一段叫作“上阕”或“上片”，第二段叫作“下阕”或“下片”。当然，有的也不分，如《忆江南》。

师：我们了解了词的这么多特点，非常好！在中国文学中，词是一种非常独特的文学样式。现在，让我们一起走进清朝词人纳兰性德的词——《长相思》（齐读）。“思”是什么意思？

生：思念。

师：“相思”呢？

生：彼此思念，互相思念。

师：“长相思”又是怎样的思念呢？

生：长久的思念，深深的思念。

师：谁来读题目？

（生读得平淡而快速）

师：有长的味道吗？有相思的感觉吗？（深情而缓慢地范读）有感觉吗？有味道吗？读词就要读出这样的味道来。一起读——（齐读课题）

【自我思考】扫描现状，细察做法。从总体上看，在小学古诗词教学中，古诗词知识基本“缺席”。究其原因，主要是教者的文体意识淡薄。文体意识，决定着阅读姿态、阅读方式，也决定着教学姿态、教学方式，它是衡量语文教学是否具有语文味的重要依据之一。教学中古诗词知识的“缺席”，可能会导致古诗词本色的迷失、语文本体的失落。《长相思》是一首词，就应该以词的方式来教。这一板块通过吟诵古诗与词并比较，让学生初步认识“词”这种文学样式。“工欲善其事，必先利其器。”让学生初步了解词的一些基本知识，不仅能使教学的“词味”更浓，还有利于引领学生进入文学的层面进行鉴赏，培养他们阅读的品位和审美情趣。

多重诵读，感知词之音律

师：读读这首词，注意词当中的生字和多音字，多读几遍，争取把它们读正确，读通顺。

师：读得很投入，很好！谁来读？（指名读）

师：字正腔圆，真好！这一句——（出示：风一更，雪一更，聒碎乡心梦不成，故园无此声。）“更”是多音字，“聒”是生字，她都念准了。来，我们也一起读——（齐读）

师：“更”在这儿为什么读第一声呢？有一个成语叫“半夜三更”，半夜就是——三更，三更就是——半夜，看来，“更”和什么有关？

生：“更”和夜晚有关。

师：对，“更”和夜晚有关。其实，“更”是古时候一个记时单位。古人把一夜分成五个更，一更大约是两个小时。时间长不长？

生齐：长！

师：谁来读一读？把这种长的感觉读出来。（指名读）

师：才读了半更，再长一点——（指导读）

师：不错！这里可不仅仅只有一更，而是一更又一更。风雪停止了吗？这个风雪交加的夜晚，很长，很长。我们一起读——（齐读）

师：《长相思》是一首词。其实，词就是诗，只不过是一种特殊的诗。有的词像诗一样，也特别讲究押韵。请再读一读，看看这首词哪些地方押韵？试着把押韵的字圈出来。

生：我圈出了“程、灯、更、成、声”，它们都押“eng”，是同一个韵。

师：其实，这个“行”也是押韵的，这是古音和今音的差别。在古音中，“行”轻韵，和“eng”韵是可以互通的。也就是说，它们押的是同一个韵。明白了吗？

师：好，老师和你们合作来读。我读前面部分，你们就读押韵的字，注意读时把韵脚拖长了，读出押韵的味道来。（师生合作读）

师：最后三个字最讲究，好像要停，但又没有停，这叫余音绕梁、余味无穷。（师范读指导、再齐读）

师：读词，不仅要读正确、读流利，还要读出词的味道。词的味道首先体现在声音的停连、快慢、长短、高低等节奏韵律的变化上。我们连起来读读，注意那个节奏，那个味道。（齐读）

师：真好，读出了一韵到底的感觉，词的味道。

【自我思考】《义务教育语文课程标准》中对各年段古诗词教学有不同的要求，其中，第三学段要求学生“注意通过声调、韵律、节奏等体味作品的内容和情感”。从中不难发现，在高年级古诗词教学中，我们要关注古诗词的声调、节奏、停顿等，这样更有利于学生较深入地体味词的内容和情感。诵读，是词之教学根本。通过诵读感受词的音律之美，是破译词密码的金钥匙。教学中，诵读应该是有层次的。本课教学，首先要求学生自由朗读，由读准生字、多音字开始，再要求读得字正腔圆、有板有眼，读得抑扬顿挫、韵味十足，读出词的节奏感、音乐美以及自己的感觉。读的层次分明，一步一个台阶，步步递升。其中，特别注意引领学生自主发现这一首词的押韵，读出一韵到底、词的味道，使他们对词的认识更加深入。如此以诵读为主线，串联起词的音律、声气、节奏，学生才能读出词的味道和感觉。

移情想象，体悟词之意境

师：读到这儿，你们知道这首词大概讲了什么呢？默读这首词，读的时候，仔细看看书上的插图，借助注释，先自己说说，再在小组里交流交流。

（学生自己尝试理解后，再小组交流）

生:将士们跋山涉水走了一程又一程,向着山海关进发。夜已经深了,千万顶帐篷里点起了灯。外面风雪声不断,将士们思念家乡无法入睡,在温暖宁静的故乡,没有这种寒风呼啸的嘈杂声。

师:看来,字面意思大家能理解了,但这还不够。看,国学大师王国维这样说诗词——(出示:诗之境阔,词之言长。)“词之言长”是词的重要特点之一,它不是说词的篇幅长、句子长,而是说词的韵味悠长,能带给我们丰富的想象和回味。《长相思》很短,这么短小的一首词究竟能带给我们怎样的想象与回味呢?闭上眼睛,让我们一起跟随纳兰性德走进他的生活、他的世界。听老师读,边听边想象,你的眼前仿佛出现了怎样的画面,怎样的情景?(师配乐读)

师:睁开眼睛,先来看上阕,你的眼前出现了怎么样的画面和情景?你仿佛看到了什么?听到了什么?

生:我仿佛看到他们大队人马翻过山,蹚过河,向遥远的山海关那边走去。到了晚上,很多很多帐篷里的灯都亮了。

师:是翻过一座山,蹚过一条河吗?

生:不是,是翻过一座座高山,蹚过一条条河,应该是一程又一程。

师:你看到了跋山涉水的画面了,还有谁也看到了?

生:将士们跨过了崇山峻岭,经过了小河大川,走过了千山万水,向着山海关行军。夜晚,他们搭起帐篷、点亮灯,那千万顶帐篷千万盏灯,多壮观啊!

师:你们看到这画面、这情景了,真好!你是从词中哪处感受到跋山涉水的画面的?

生:山一程,水一程。

师:作者连用了两个“一程”写出了一座又一座山、一条又一条河。看,这是将士们的行军路线,他们一行几万人,走过了天气情况比较恶劣的塞外之地,往返几十天,这么多的人,这么远的路,这么长的时间,他们可能会遇到哪些困难?

生:山路陡峭崎岖,积满了雪,将士们深一脚浅一脚地攀登着,有时脚底一滑,就会坠入悬崖。风雪刮在脸上、身上,像刀割一般,大风大雪,吹得眼睛都睁不开。(掌声)

师:你看到了风雪行军的特写镜头了。还会有哪些困难?

生:军粮有限,他们饥寒交迫、瑟瑟发抖,有的士兵病倒了,拖着疲惫的身躯艰难地走着,有的倒下后再也爬不起来了。(掌声)

师:真是困难重重啊!上阕讲了他们在干什么呢?请用词中的一个字来说。

生:讲了他们向山海关方向行军。用词中的一个字来说,应该是“行”。

师:对!(板书“行”)他们的行军给你们怎样的感受?

生:路途遥远,行军非常艰难。(师板书“行之难”)

师:行军难啊,难在这一程又一程,一水又一水!谁来读?(指导多名学生朗读)

师:这大队人马,翻山越岭,登舟涉水,风餐露宿,真是艰险辛苦,齐读——

师:夜深千帐灯。看看书上的插图,想想几万人的营帐,点着千万盏灯,这一情景让你有什么感觉？

生：非常壮观。

师：王国维“夜深千帐灯”句是“千古壮观”！夜深了，在灯下，将士们可能在干什么？

生：这风雪交加的夜晚，寒风呼啸，像一只只猛兽在嚎叫。将士们的帐篷里点着一盏盏灯，他们翻过来翻过去，想念家乡，难以入眠。在他们的家乡，没有这样的风雪声啊！（掌声）

师：你看到了将士们辗转反侧的画面了，我们把特写镜头推向纳兰性德，此刻，你看到他的动作、神态、表情了吗？

生：我看到，这风雪持续了一更又一更，将士们睡不着，纳兰性德更睡不着。他在帐篷里举着酒杯，呆呆地坐着，定定地望着远方，心里格外思念家乡，思念亲人。（掌声）

师：你真是纳兰性德的知己，你看到了他孤独沉思的画面了。在这个难以入眠的深夜，故园所有温馨美好的画面历历在目。在他的心中，在他的记忆里，在他的家乡，在他的故园，又是怎样的画面、怎样的情景呢？（音乐响起，师描述）那可能是一个春暖花开的日子——那也可能是在暖暖的灯光下，一家人——那也可能是几个志趣相投的朋友在一起——那还可能是——自己先想想、说说。（学生自由想象、描述）

生：那可能是在暖暖的灯光下，纳兰性德的一家人围坐在一起，他们吃着糕点、喝着茶，尽情地畅谈着，欢声笑语不断。他的年幼的孩子在大厅里玩着游戏，不时地跑到纳兰性德的身边，依偎着，他宠爱地摸摸孩子的头，笑着……

师：这真是一个温馨美好的夜晚。还有谁也看到了？

生：那也可能是几个志趣相投的朋友在一起，他们结伴去游玩，尽情地看着美丽的山水，深深地陶醉了！朋友们在一起喝酒吟诗，喝到高兴的时候，他们还弹起琴，唱了起来。大家在一起无拘无束，尽情欢乐！

师：酒逢知己千杯少，和朋友在一起真是好快乐！这是他看到的，你们还看到了哪些？

生：那可能是一个春暖花开的日子，阳光是那么明媚，春风是那么柔和，花儿竞相开放，绿树成荫。纳兰性德带着妻子、孩子漫步在风景如画的故园，欣赏着美景。孩子们要放风筝，大人忙着手把手地教孩子，他们尽情地跑着、笑着，多快乐啊！

师：故园的生活真是其乐融融啊！（教师引读）

然而，这里没有春暖花开，杨柳依依，这里只有——（女生齐读）

这里没有朋友的情投意合，相互畅谈，这里只有——（男生齐读）

这里没有家人的互相依偎，絮絮关怀，这里只有——（齐读）

师：读着读着，你读出了词人怎样的内心？

生：我读出那种浓浓的思乡之情。

生：那种孤独寂寞，思念家乡、思念亲人的感情。

师：上阕讲了“行之难”，下阕又讲了什么呢？试着也用三个字概括。

生：思之深。

生：思之浓。

生：思之切。

师：概括得都很好！请你把“思之切”板书到黑板上。（生上台板书）

师：读到这儿，你们还觉得词中哪个字深深地刺痛了你的心？

生：那个“碎”字深深地刺痛了我。我感觉到此时此刻，纳兰性德的心都碎了！

师：是啊，此时此刻，故园美好的画面破碎了，温馨的情景破碎了，纳兰性德那一颗思乡的心也碎了！于是，这一切的一切都化成了一声叹息。词人情不自禁地吟道：山一程——（生接读），风一更——（生接读）

【自我思考】本环节在引导学生初步理解大意的基础上，抓住“词之言长”的特点，教师以凝重悲凉的音乐做背景，引领学生想象上阕“行之难”、下阕“思之切”的生动、真切、细腻、鲜活的画面，感受词人身在异乡、梦回故园的意境。之后，教师又以明快悦耳的音乐做背景进行描述，再次激活想象，想象的“故园”情景与前面的“行军”场景形成强烈反差，给学生心灵以强有力的震撼，使他们更深地体会到词人那种情思深苦的绵长心情。这种激发想象，还原场景，既是对词的整体性和生命性的呵护，又是对词空白张力的主动回应。同时，通过两次言语实践，让学生用自己的言语描述感悟到的意境，实现了语言与精神的同构共生。

知人论世，体察词之内涵

师：读到这儿，同学们心里有没有产生疑问？你有什么问题要问吗？

生：纳兰性德为什么这么想家乡、想亲人啊？

生：纳兰性德既然如此思念家乡，为什么还要去行军呢？这不是自找苦吃吗？

师：这个问题有价值。要解答，还需了解词人。古代大思想家孟子说：“颂（诵）其诗，读其书，不知其人，可乎？是以论其世也。”就是说，读诗也好，读词也好，一定要读人，要了解作者。我们来了解一下纳兰性德——（出示：纳兰性德，清代词人，善骑射，好读书，尤好填词，被誉为“清代第一词人”。同时，他又是康熙皇帝的御前一品侍卫，壮志凌云，渴望建功立业。创作《长相思》时，他正跟着康熙皇帝一起去塞外出巡，祭祀祖先。）

师：找到答案了吗？现在你就是纳兰性德，我想问你，既然如此思念故园，你为什么还要那么艰难地行军呢？为什么不回家乡？

生：“君要臣死，臣不得不死”，皇帝让我陪同，我不得不陪同，这是我的职责所在。如果不去行军，对我的家族也不利。

师：你说出了纳兰性德的心声，也说出了他的无奈。

生：我是康熙皇帝的御前一品侍卫，跟随皇帝塞外出巡，祭祀祖先，这是我必须要做的事情。我不能只顾自己的小家，而不顾国家这个大家，只有有了安定的大家，才有美好的小家，这就是家国情怀，所以我才坚定地出发。（掌声）

师：是啊，纳兰性德建功立业的壮志和理想、思念家乡的孤独和寂寞交织在一起，化作了这长长的相思。（齐诵《长相思》）

【自我思考】很多诗词的内容是和作者的生活经历、时代背景、情趣心境等密切相关的，只有走近作者，与作者心灵相通，学生才可能走进作者独特的内心世界，才能更好地理解诗词的内涵，教学才更有厚度和力度。本环节让学生质疑，勾起了他们对词人心灵的叩问，这是学生理解本词内涵的必要"发展区"。此刻，适时补充词人的生平材料，让学生将角色转换为纳兰性德，与词人进行心灵对话，进而读懂词人那颗破碎的思乡之心，以及别离是为家、为国的高远境界，真正实现文本、作者、读者之间的阅读交流。

组词赏读，回味词之情韵

师：古今有很多文人都填过"长相思"的词。这儿有三首《长相思》（同时出示李煜的《长相思》、白居易的《长相思》、纳兰性德的《长相思》），快速浏览，只看形式不看内容，你们有什么发现？

生：我发现三首《长相思》的字数一样的。

生：形式好像也差不多。

师：是啊，每一种词牌都有固定的字数、句式和韵律。这是南唐李煜的《长相思》，我们一起轻声读一读。（出示）

齐读：一重山，两重山，山远天高烟水寒，相思枫叶丹。
　　　菊花开，菊花残，塞雁高飞人未还，一帘风月闲。

师：你能体会到作者什么样的感情？

生：一种相思之情。

师：浓浓的思念之情溢于言表。再看一首，这是唐朝大诗人白居易的《长相思》，一起也来读一读。（出示）

齐读：汴水流，泗水流，流到瓜州古渡头，吴山点点愁。
　　　思悠悠，恨悠悠，恨到归时方始休，月明人倚楼。

师：从中你又体会到词人什么样的感情呢？

生：还是一种思念之情。

师：看来，"长相思"这个词牌最适宜表达思念之情，这也印证了《唐宋词鉴赏辞典》中介绍"长相思"词牌中的一句话：（出示）前人多用以写思念之情。词原本就是用来唱的，最后，让我们随着吟唱再次感受长相思——（播放歌曲《长相思》）

师：长相思啊，长相思！请永远记住这首千古绝唱——能背的背，不能背的读。（齐背）

【自我思考】课虽近结束，学习还要走远。拓展"长相思"同一词牌、不同作者的一组词，让学生更多地了解词的特点，进一步延伸他们读词的热情。同时，抓住"词原本就是用来唱的"这一特点，播放歌曲渲染氛围，让学生随着吟唱更好地融入情境，再次感受，进而培养兴趣，加深记忆，积淀文化底蕴。

（教学设计及思考　吴建英）

【范例3】播下文学阅读审美的种子——《金色花》教学实录、思考及专家评析

教学实录

揭题谈话，走近诗歌，整体感知

师：这一节课，老师要和大家一起阅读一篇非常美的文章《金色花》。金色花是什么样的呢？请大家欣赏。（播放金色花的图片）谁来描述一下刚才你所看到的金色花？

生：金色花在阳光照射下金灿灿的，它们一簇簇、一丛丛，在枝头展示自己优美的身姿，非常美丽，非常迷人。

生：这种金黄色的美丽小花就像一个个金色的小精灵，在枝头摇曳着，舞蹈着。那金色在阳光下是那么夺目，那么耀眼，令人陶醉！

师：看来，你们都很喜欢金色花。金色花是印度的圣花，在印度人眼里，它不但是美丽的，更是神圣的！再读题目。

师：你们课前读过这篇文章了吗？老师特别喜欢这篇文章，已经读了不知多少遍了。今天，我还想诵读给你们听。（配乐诵读，掌声）

师：它给你留下了什么印象和感觉？谁来说说。

生：这篇文章想象力太丰富了。孩子变成了金色花，和妈妈捉迷藏，真是奇思妙想！

生：我感觉这篇文章充满童真童趣，非常好玩。文中的孩子调皮可爱，和我们小时候差不多。

师：是啊，文章把我们带到了一个纯真的儿童世界。

生：我觉得它有诗的味道，读起来朗朗上口，很有韵味。特别是听老师的配乐朗诵，感觉美不胜收！

师：看来，你们很喜欢这篇文章。这篇文章有点像散文，又有点像诗歌，我们叫它——散文诗。我想，在座很多同学可能是第一次听说散文诗。这一节课，咱们好好感受一下散文诗的魅力。学诗主要靠诵读，请大家也用自己喜欢的方式读读这首散文诗！（学生投入地诵读）

师：大家读得有滋有味！谁来说说这首散文诗主要写了什么？

生：一个机灵可爱的孩子，为了好玩，变成金色花，与妈妈捉迷藏、嬉戏。

师：他究竟做了什么呢？简单地说说。

生：当妈妈做祷告时，“我”就开放花瓣散发香气。

生：当妈妈读书时，“我”就将影子投在书页上。

生：当妈妈去牛棚时，“我”就恢复原貌求她讲故事。

师：多有意思啊！孩子做了那么多好玩有趣的事。

诵读涵泳，走进诗行，感悟意趣

师：有人说，诗歌是用文字记谱的流动音乐。读诗和读普通的文章不一样，更讲究

朗读时的情感、情趣。我们先来读读这三个小节，试着把字里行间流露出的好玩、有趣读出来。（出示第一至三小节，学生自由朗读）

师：读出来了吗？哪些地方特别好玩、有趣？

生：我觉得好玩在孩子的调皮、可爱。如诗中“笑嘻嘻”“摇摆”“跳舞”这些词，生动地写出了孩子和妈妈捉迷藏时有趣的情景。

师：原来孩子在和妈妈捉迷藏啊！请把这有趣的情景读出来！（指名读）

生：我觉得有趣在“妈妈，你会认识我么？”当时妈妈认不出“我”，“我”心里可得意、可骄傲了！

生：妈妈认不出“我”，于是“我” 暗暗地在那里匿笑，我觉得这孩子真有意思！

师：“匿笑”，是怎样的笑呢？能做出“匿笑”的样子吗？（学生表演）“我”暗暗地在那里匿笑，“我”在笑什么呢？

生：“我”在笑，妈妈，你的宝贝儿子变成了金色花，而你怎么也认不出我。

生：“我”在笑，妈妈，你认得出那朵摇摆、跳舞的金色花就是我么？我呀，今天要好好地和你捉迷藏，看你什么时候能认出我。

师：谁来把这三个小节连起来读一读，读出好玩、有趣！（学生饶有趣味地读，掌声）

师：好的朗读能让我们看到画面。你的朗读让我们看到了一幅母子俩逗趣、好玩的画面。咱们一起读。（学生齐读）

师：学诗就应该这样，通过反复诵读，把文字读出画面感，读出情感，读出意趣。我们接着读下面三个小节，继续感受这一行行诗中的好玩、有趣。（出示第四至六小节，学生自由读）

师：同学们读得很带劲！谁来说说好玩、有趣在哪儿？

生：好玩在当妈妈做祷告时，“我”就开放花瓣散发香气却不让妈妈知道。

生：有趣在当妈妈读书时，“我”就将影子投在书页上。

师：多有意思的做法啊！那“我”当时是怎样想的呢？让我们走进这个孩子的内心世界。现在，我们就是这好玩的孩子。孩子，我想问你，你为什么散发香气又不让妈妈知道呢？

生：我散发香气是让妈妈闻闻我迷人的清香，给妈妈消除疲劳，但我又不想让妈妈知道，妈妈一定会奇怪这香气来自哪儿？

师：原来你想让妈妈闻闻你迷人的香气啊！妈妈一定会被陶醉的。那你又为什么要把小小的影子投在妈妈的书页上，而且正投在妈妈所读的地方呢？

生：中午的阳光很强烈，妈妈读书时一定会觉得很刺眼，我就把小小的影子投在妈妈的书页上，而且正投在妈妈所读的地方，这样妈妈读书就舒服多了！

师：原来你想为妈妈做事，又不想让妈妈知道。

生：我呀，想再给妈妈一次机会，把小小的影子投在妈妈的书页上，想看看妈妈能不能猜出这小小影子就是她的宝贝儿子变的。

师：你真是个机灵鬼儿，原来在逗妈妈呢！多么活泼机灵、淘气可爱、爱妈妈的孩子啊！谁来读一读这三个小节！（指名读，富有情趣地朗读，读完，掌声响起）

师：你们为什么鼓掌？

生：听他的朗读，好像在听一首美妙的乐曲，拨动着我的心弦。

师：哦，他读出了诗歌的音乐美。

生：听他的朗读，我好像看到了孩子和他妈妈逗趣好玩的画面。

师：他读出了诗歌的画面美。现在，男女生分别读读这三节诗，注意读出诗歌的音乐美、画面美。（男女生分别读）

师：就这样，一整天，妈妈到哪儿，"我"就跟到哪儿，一刻都没有离开妈妈。想一想，"我"还会看到妈妈在做什么呢？"我"又会怎样和妈妈捉迷藏，和妈妈逗趣呢？发挥你的奇思妙想，仿照诗句，先练说一下！（学生练说后交流）

生：当你在林间散步时，我在你前面不停地飘舞，一会儿迈着小碎步，一会儿又跳起迪斯科，给你美的享受。你正沉醉其中时，我又轻轻飘到你的前额，悄悄地给你一个吻。

生：当你睡午觉时，你会听到一阵"沙沙"的声响，那是我为你吟唱的催眠曲。在我美妙的歌声中，你甜甜地进入了梦乡。

生：为了好玩，我故意从树上飘下一片花瓣，正好落在你乌黑的长发上，做你的发夹，为你打扮。啊，妈妈，你真漂亮！但是你会知道，这是你亲爱的儿子送给你的特殊礼物吗？

师：怪不得有人说"孩子是天生的诗人"。优美的语言、独特的想象，充满浓浓的诗情。就这样，"我"一整天都在和妈妈捉迷藏，和妈妈嬉戏。到了黄昏，"我"又会怎样去做呢？请读读最后三个小节。（出示，学生自由朗读）

师：在这一部分，你又觉得好玩、有趣在哪儿了？

生：好玩在黄昏时，妈妈到牛棚，"我"突然落到地上，求妈妈讲个故事。

师："我"突然落到地上，是怎样求妈妈讲个故事的？你们能想象当时母子俩见面时好玩有趣的情景吗？注意那时的动作、神态、语言。

生：我一跳下来，妈妈吓了一跳，可随即又笑了，点着我的脑袋说："你到哪里去了，你这坏孩子。"我歪着脑袋，调皮地眨着眼睛，背着小手，说："我不告诉你，妈妈。"妈妈并不深究，搂过我，我又开始撒娇，央求妈妈讲故事。

师：你把自己当成那个可爱的孩子，你完全融入诗歌中去了，真好！（出示：母子俩的对话）什么时候你也被妈妈称作"坏孩子"？

生：一到夏天，我特别喜欢吃冰淇淋。一天，我趁妈妈不在家，把冰箱里的冰淇淋消灭了一半，大概五六支。妈妈得知后，对我说："你这坏孩子，这么贪吃，肚子吃坏了可怎么办啊？"

师：看似责备，实则疼爱，"坏孩子"这个词的用法叫"贬义褒用"。你们看，语言就是这么奇妙。好，现在同桌分角色读一读。注意边读边想象当时的情景。（指名读，把母

子的情感表达得淋漓尽致，掌声）

师：读得真好，读出了诗歌的画面感、情感和情趣！同学们，读到这儿，从孩子做的这些好玩的事情中，你又体会到了什么？好好想想。

生：孩子变成金色花，不仅仅是为了好玩，还因为爱妈妈，心甘情愿地为妈妈做事而不让妈妈知道。他变成金色花，开放花瓣，看妈妈工作；散发花香，让妈妈嗅到花香；投影书上，为妈妈遮挡阳光。因为孩子懂得，妈妈深情地爱着自己，自己也应用真诚的爱回报她。

师：哦，因为孩子懂得，妈妈深情地爱着自己，他用这种方式在表达对妈妈的爱、对妈妈的依恋呢！好文不厌百回读，让我们再一起来美美地读读这篇散文诗，感受这浓浓的母子之爱吧！（配乐齐读）

走近诗人，探究魅力，拓展延伸

师：《金色花》这首散文诗富有童真童趣，又充满想象，写这首散文诗的作者会是个怎样的人呢？我们来做个大胆的猜想，好吗？可以从年龄、性别、性格等方面去猜。

生：我猜是一位天真聪明的孩子，因为只有孩子才会有这么奇妙的想象，才能写出这么富有童真童趣的诗歌。

生：我猜是一位温柔细腻的母亲，因为她爱自己的孩子，孩子又爱她，她的心中充满了爱。这首散文诗的语言那么优美，感情那么浓烈，我觉得更像是一位年轻妈妈的作品。

生：我猜是一位老人，他童心未泯，回忆起童年往事，觉得是那么美好，就写下了这篇散文诗。

师：同学们有的猜是一个天真的孩子，有的猜是一位温柔的母亲，还有的猜是一位童心未泯的老人。我想，不管是什么年龄、什么性别，我们都能感觉到他有一个丰富的内心世界。那大家的猜测对不对呢？我们一起来看看这位作家。（出示：泰戈尔画像及简介）这位白发白须的老人就是《金色花》的作者泰戈尔，他是印度著名的文学家、诗人，被称为印度的“诗圣”。他的代表作有《新月集》《飞鸟集》《园丁集》等，曾获得诺贝尔文学奖。大家知道什么是诺贝尔文学奖吗？诺贝尔文学奖是世界上最高级别的文学奖项。要获得诺贝尔文学奖可不是一件容易的事。诺贝尔文学奖从1901年设立到现在，已经有一百多年了，亚洲仅有四人获得过诺贝尔文学奖，而泰戈尔是亚洲第一位获得这个奖项的作家。

师：在《金色花》中，泰戈尔为什么把孩子比作金色花呢？他有着一种什么情怀？

生：金色花是印度的圣花，不但美丽，而且神圣。金色花是美好的，正如孩子也是美好的，所以诗人把孩子比作金色花。读了诗，我觉得泰戈尔是很爱孩子的。

生：金色花是一种高贵、圣洁的花，孩子也是高贵、圣洁的。金色花充满生机，充满活力，孩子也是充满生机，充满活力的。两者是那么相似。从这首诗中，我能感受到诗人对孩子的爱，有一种圣洁的情怀。

师：是呀，在泰戈尔的心中，孩子和金色花一样，是高贵、圣洁的。泰戈尔是爱儿童、懂儿童的。只有爱儿童、懂儿童的人才能写出那么纯洁的儿童世界。我还从泰戈尔的诗歌《告别》中摘录了一段——(出示：我要变成一股清风抚摸着你；我要变成水的涟漪，当你浴时，把你吻了又吻……我要变成一个梦儿，从你眼皮的微缝中，钻到你睡眠的深处。当你醒来吃惊地四望时，我便如萤火虫似的，熠熠地向暗中飞去了。——摘自泰戈尔诗歌《告别》)(师生配乐齐读)

师：读了《金色花》和《告别》，请你想一想，泰戈尔的散文诗到底有什么特别的魅力？究竟是什么深深地打动了我们？

生：泰戈尔的散文诗语言优美，朗朗上口，充满韵味，深深地吸引了我。

生：我感觉诗歌的字里行间洋溢着浓浓的情感，那么真挚，深深地打动了我。

师：是呀，诗歌是诗人真挚情感的流露。

生：我主要感受到的是他的诗歌中充满童真童趣，把孩子写得趣味无穷。

师：富有童真童趣，诗人也因之获得了“儿童诗人”的美誉。

生：我觉得他的诗歌想象实在是新奇而美妙，他把孩子比作金色花，比作一股清风，比作水的涟漪，比作一个梦儿，这些想象真是与众不同！

师：《金色花》《告别》这两首诗充满童真童趣，有着奇妙的想象、真挚的情感、优美的表达，读起来韵味无穷。这两首散文诗出自泰戈尔的哪一本诗集呢？(出示：《新月集》，并简单介绍)有人说，《新月集》是天使带给人间的浪漫，是天堂送给大地的诗篇。我国著名文学家郑振铎认为——(出示并齐读：泰戈尔的《新月集》如安徒生的童话一样，有一种“不可测的魔力”，“总之，我们只要一翻开它，便立刻如得到两只有魔术的翼膀，可以使自己从现实的苦闷境地里飞翔到美静天真的儿童国里去”。这“魔力”，便是童真美所产生的魅力。)孩子们，常常品读泰戈尔的诗，走近泰戈尔，我们会更智慧，更诗意，更圣洁，更快乐！

师：下课后，请同学们也来进行一次文学创作。如果你忽然具备了文中孩子的神力，你准备变作什么来表达你对母亲的爱呢？请你以“我要变成……”为开头，也来尝试写一段散文诗。

(教学实录　吴建英)

教学思考

《金色花》是一首散文诗，阅读教学时应力求体现文学的特点，用文学的方式教出文学的味道。

1. 美读品味，获得语言感悟

语言是文学作品的第一要素。学习文学作品应当从语言入手，让学生欣赏语言艺术的精华，在含英咀华中获得丰厚的语言底蕴。《金色花》这首散文诗语言清新活泼，充满诗情画意。文学语言的感悟不需要教师做多少烦琐的分析，主要靠美读。教学一开始，通过情趣盎然地配乐范读，一下子拉近了学生与教师、学生与诗人、学生与文本的距离，使学生身临其境。之后，在学生想象画面、揣摩情感、感受意趣和相互评点的基础上，再顺势加以点拨、指导，最后集体诵读全诗。学生在一次次表演性、体验性的声情并茂的朗读中，情不自禁地走进语言诗意的世界，把文本的情趣表现得淋漓尽致。在充满诗性的文学语言里漫步，学生小小的心灵就得到愉悦和满足。在美读中，再引导学生品味文字，品味关键词句在表情达意方面的作用，品味作者的表达方法与表达效果，尤其品味富有表现力的语言，从而使学生感悟到文学语言的生动性、形象性、情趣性。

2. 涵泳意趣，加强审美体验

文学是"人学""心学"，又是"美学"，文学用语言艺术构筑了一个个美的世界。文学阅读中只有将作品中美的语言对象化于学生的语感和美感，将作品中美的情感、美的意境对象化于学生的心灵，才能使学生沉潜到作品的深处，对文学的意趣进行整体的感受和玩味，从而最终获得对作品深层美学的把握。

本课教学，在体味涵泳中，让学生读出诗的画面、情感和意趣。如指导学生抓住诗歌鲜活的词句，抓住"坏孩子"的贬词褒用，感受诗人遣词造句的美妙、确切和传神。再如，让学生在意境中想象自己也是这一朵金色花，还会怎样和妈妈逗趣、嬉戏呢？"我"突然落到地上，是怎样求妈妈讲个故事的？想象一下当时母子俩见面时好玩有趣的情景。在教学中，通过品读涵泳和艺术的想象，引导学生完成对文学作品意象的理解与形象的再造，进而加强审美体验，提高审美情趣。

3. 探究魅力，播下文学种子

泰戈尔的散文诗充满童真童趣，有着奇妙的想象、真挚的情感、优美的表达，读起来令人感到韵味无穷。如何让学生充分感受泰戈尔散文诗的独特魅力呢？我让学生猜测写这首散文诗的作者会是一个怎样的人，深入思考诗人为什么把孩子比作金色花，并拓展阅读《告别》片段，还补充了著名文学家郑振铎对《新月集》的评价，鼓励学生去阅读《新月集》。这样立足教材，又超越教材，尝试从文章体裁本身的特点出发，突破了以往语文教学只见文字不见文学的屏障，拓展了学生的鉴赏视野，使学生的文学熏陶由课内教师刻意地、系统地安排转化为课外随意地、自觉地渴求。这种拓展阅读，延伸了学生学习语文的触角，使它变得更长、更宽，并为学生播下了一颗文学阅读审美的种子。

最后设计了一道"文学"课后练习：以"我要变成……"为开头，让学生尝试写一段散文诗。从赏诗到作诗，如此设计的目的是帮助学生在文本的感受和现实生活之间建立联系的通道，将诗歌所传递的情感投射到学生的实际生活中，让学生学会运用具体的形象、美好的语言来表达自己的感情，使得学生能尽快地内化表达，内化情感。

（教学思考　吴建英）

专家评析

文学视角　语文味道　情意课堂

——评吴建英老师执教的《金色花》

吴建英老师的课堂教学已自成风格，她执教的《金色花》给人以享受。首先是课堂中学生们的学习状态告诉我们，他们在课堂中获得了充盈的情意浸染与自在的童心放飞；其次是课堂显现的教学生态告诉我们，师生共创的教学情境不仅自然和谐而且意趣盎然；再次是吴老师的课堂教学行动告诉我们，她用自己对作品、作者、读者、学生的积极情感，对课标、学科、教材、课堂的积极把握，构建了富有诗意的文学教育生活。

课堂教学其实可以从两个层面来定义，第一层面是课堂的实际进展情形，它可以通过具体可感的教学活动加以考察、总结、评估；第二个层面相对较广，包括课堂教学的目标、任务、策略、方法、技术背后的教学理念与实践思想。这里，我想从这两个层面的结合上，说说自己的三点感受。

1. 文学视角——语文教师应有的一种教育自觉

作为语文教师，面对上位态的课标、权威性的教材、制度化的教学常规，在教学过程中究竟应该以怎样的心态对待，怎样的姿态解读，又以怎样的观念去建设？这些问题至关重要，也值得观照。

《金色花》是印度著名诗人泰戈尔的一首散文诗。在吴老师的眼里，它不只是用来教学的一篇文章，而首先是一个文学作品。她明确地意识到，“文学作品应以文学的方式去教学”。文学是以语言为材料或媒介的艺术，是使用语言创造的一个虚拟世界，是以日常生活为参照，而又超越日常生活的人类的一种感情形式。我们的语言或许可以分为生活语言、科学语言、文学语言三类，语文学科的工具性特征要求我们关注学生对于语言文字的认知、理解、把握与运用，但这显然同样有两个指向：一是指向科学规范，寻求学生对语言文字的准确理解和精准表达；二是指向艺术审美，寻求学生对语言文字的真切体悟与艺术表达。在我们的语文教学中，有些教师常常忽略文学在语文现行教材中的实际存在和相对独立的地位，忽略不同类型课文的基本区别，也正是这种对于文学作品“文学性”意识的缺失，导致我们对于文学作品内在情感性、审美性等特质的轻视，因而采取“肢解”式的分析方法，以理性阅读为主导，使语文失去本有的文学品性，使语文教学的工具性和人文性的统一凸显僵化和生硬。

文学教学涉及审美、文化与语言三个内容维度，又以审美为教学主体。在本课教学中，吴老师从文学的视角进行深刻解读，具有鲜明的设计思想：文学作品的教学应强调文学性，再现文本本身的感染力，让学生走近文学、亲近文学，进而热爱文学。教学中通过读、品、悟、写、说，让学生由浅入深地感受美的形象，品味美的语言，体验美的情感，享受美的情趣，升华美的心灵。在课堂教学中，吴老师从语言文字入手，告诉学生诵读是重要的学习方式，通过教师配乐范读、学生小组对读、音画朗读等多种方式，让学生读出画面，读出想象，读出情趣，并通过适时的师生点评指导，让学生体察语言的精妙和灵性。

需要指出的是，语文课堂是有基调的，或许是蓝色的清朗，或许是红色的热烈，或许是粉色的温馨，或许是绿色的恬静。显然，吴老师在这一点上是有很高的语文课堂教学的审美自觉的，本课开始的配乐朗读，实际上为本课奠定了一种课堂学习基调：童真童趣的、唯美温暖的、主动舒放的课堂基调。而这一基调不仅与本文内容相吻合，与作者的情怀相一致，也与师生应有的心绪相统一。随着主线分明的语言诵读、品味的不断展开，学生内心的意象由初生及至鲜明，吴老师又引导学生说说“你仿佛看到了怎样的画面与情境呢”，学生走进了作品，学生不单单是文学作品的一个读者，同时又是作品中的那个调皮可爱的孩子。师生之间、同学之间展开的对话更是使作品的文学审美价值得以积极地体现。从学生们的语言表情与感悟中，我们体会到了本文所承载的美好情意对学生心灵的唤醒和震荡。而围绕“我还会怎样与妈妈逗趣”进行散文诗句的编创，更是自然地让学生走进爱的欢愉与抒情之中。应当说，这是文学教学的一种理想境界。

2. 语文味道——语文教学应有的一种理性担当

用文学的方式教学文学作品，并不意味着文学在教学中工具性使命的淡化。在我们的语文教学中，我们需要思考的是该如何抓工具性任务的落实，以怎样的视角、怎样的路径、怎样的方式去抓？吴老师执教的《金色花》给了我们三点启示：启示之一，语言文字教学的工具性落实应建基于文学教学的基本理念，即文学教学要以审美为主体；启示之二，语言文字教学的工具性落实应建基于文学作品及作品学习的情意基调；启示之三，语言文字教学的工具性落实应在师生共同创设的文学情境中得以生活性实现，防止有意无意地让学生走出作品情境去进行割裂式的枯燥的工具性学习。在《金色花》教学中，吴老师的处理积极而又扎实，整堂课有着浓浓的语文味，一是丰富多样的朗读，二是语言常识的适时引入，在理解“坏孩子”时，告诉学生这个词的用法叫“贬义褒用”，看似责备，实是疼爱，语言就是那么奇妙。这既是语言方法的讲授，又是对于人物内心的解读。又如文学常识的渗透，在介绍作家作品时，告诉学生《金色花》这样的文体叫作散文诗，还选取了泰戈尔《告别》中的一段，让学生在诗意的享用中了解散文诗的基本特点：奇特的想象，真挚的情感，优美的表达。又如在老师的首次朗读以后，让学生说说自己的整体印象和感受，其后又让学生对母子间三次嬉戏进行内容概括，都体现了教师在文学教学中进行语言文字教学的用心、精心和匠心。

3. 情意交融——语文课堂应有的一种教学境界

吴建英老师的课堂教学总是洋溢着自然而又优雅的情意，并渐成一种独有的风格。

小学语文课堂教学不仅需要理性，也需要感性。对于课堂中的情意问题，吴老师有自己的见解：她反对教师以各种手段大肆渲染、催生情感的做法，认为教师过分的情感铺张与思想流露，不但不能带动与感染学生，反而成了一种精神负累与情感逼迫，可能导致学生无法自由地呼吸、安静地思考、独立地体验。这种富有儿童心理学与教学哲学意味的见解正是吴老师情意课堂建构的重要观念背景。

有人把小学语文教材中的文章分为情感型课文和非情感型课文。显然，吴老师的语文课堂教学始终拥有一种自然真挚与优雅舒放的情意，这种情意不只是来源于情感型课文，或者说不只是来源于与情感型课文共生的情意，更是来源于教师对于教育工作、语文教学、学生发展以及课堂生态的一种虔诚的仁爱与诗意的情怀。吴建英老师作为一位优秀的语文老师，她的情意课堂正是基于其自身的人文涵养，基于其自身的对于教育理念、教育理想的一种情感和精神的气质与力量。个人以为，真正理想的语文课堂，应当是具有语文学习生活的课堂，是一种有情趣、有品质的语文学习生活，这种学习生活的建设应是源自教师内心的，是教师个人精神气质的自然释放，而绝不只是教学策略、教学方式、教学手段等操作层面上的教师教学技能的呈现。

吴建英老师在配乐朗诵前有这样一句话："你们课前读过这篇文章了吗？老师特别喜欢这篇文章，已经读了不知多少遍了。今天，我还想诵读给你们听。"这篇文章是吴建英老师自选的，吴老师喜欢《金色花》是由衷的、真切的。我一直以为，课文倘若不为教师所喜爱，教师就很难创建真情真意的课堂生态；课文倘若不为学生所喜欢，学生就很难真正走进文本，获得文本的人文濡染。我们的教材编写似乎在这一点上还有待完善，教材是给学生学习的，但我们很少征询学生的意愿。笔者曾做过一个调查，发现不少在我们看来是经典的课文，却被学生列入了不喜欢的行列，而吴建英老师的向外寻找文学作品，也恰恰表明了她对于教材的一种积极期待。在本课中有这样一个独具匠心的教学环节，吴老师让学生猜猜作者是怎样的一个人，学生从年龄、性别、性格、修养等多个方面进行猜想，它构成了学生与作家的一次心灵对话，也成为学生对于这部作品的再一次整体感知和体悟，以如此的方式引领学生走近作者、走近文学，体现了教师对于文学教学的理解和把握，也体现了教师对于语文教学中文化教育的高度重视。一节课为学生打开一扇文学的窗户，真的很有诗意！很具语文教学的风骨！

在泰戈尔的眼里，金色花是美丽的、圣洁的、高尚的，是富有生机与活力的，让我们由衷祝愿吴建英老师能以其独有的姿态、独有的芬芳，成为我们语文教学园地里的一朵金色花。

（评析专家：特级教师　袁炳飞）

第三节　在文化中栖居

一、小学文言文的教学价值与教学策略

部编版教材新增了较多文言文，这绝不是选编者的心血来潮，而是有意为之。文言文承载着中华民族几千年的经典文化，是中华文化之"源"。让儿童在"人之初"回到源头，学点文言文，了解优秀的民族传统文化，并成为学习记忆和文化记忆，将对他们的一生产生深远的影响。

1. 小学文言文的教学价值

文言文作为中华民族源远流长的文化中的一部分,以其思想的博大精深、语言的古朴典雅、风格的异彩纷呈而成为中华文化殿堂里一笔宝贵的财富。小学生学习文言文,价值何在?

感受文化之精博。朱自清先生在《经典常谈(序)》中指出:“经典训练的价值不在实用,而在文化。”文言文是中国传统文化的精髓。学习文言文,就是给学生打开一扇窗户、铺设一条通道,让他们去感受博大精深的中国文化,获得民族的文化基因,产生对国家、民族文化的认同感,为他们成为“文化中国人”奠定基础。

领悟民族之精神。一个民族的语言能体现本民族的精神。经过历史筛选,那些不朽的经典文言文,表达了古人对真善美的执着追求,弘扬了古代“英雄形象”和“先人形象”的优秀品质,给人以美的震撼、心灵的洗礼。学生浸润其中,会使他们无形中受到民族精神的熏陶、感染,提升他们的眼界、胸怀、志气、品性和修养,达到以古为范的教育目标。

汲取语言之精华。古今汉语一脉相承,二者是“源”与“流”的关系,既有差异性,又有着千丝万缕的联系。经典文言,布局严谨,行文简洁,气韵生动,文采斐然。文言文教学,既可以使学生品味其独特的表达方式,感受民族语言的魅力,汲取其精华;又可以收到追本溯源,察古知今,积累运用之效,从而促进学生语文素养的提升。

2. 小学文言文的教学策略

在小学文言文教学中,如何针对文言与儿童特点,彰显古文化魅力,实现以上教学价值呢?

营造氛围,弥漫古味。小学生初学文言文,常觉深奥、难懂,这是因为年代的隔膜所造成的。在教学中,教师应着力营造浓厚的古文学习氛围,使课堂弥漫浓浓的古味,充满古典意味,激发学生阅读古文的兴趣。

如在《伯牙鼓琴》教学中,可出示《伯牙鼓琴图》,借助古色古香的图画介绍主人公;可将古文设计成一幅竹刻横轴,让学生吟诵涵泳;可播放《高山流水》的片段,让学生在古音古韵中想象感悟;还可呈现无标点、竖行排列、繁体字的课文让学生反复吟诵,既可以让学生了解古代文化的表达方式,体验古人的读书方式,又让他们觉得兴趣盎然。这些做法,不是简单的历史轮回,它代表对古文教学价值的确认,是一种文化的提升。

多样诵读,感知古韵。对于小学生来说,文言文学习是在一种“弱语境”下学习语言的过程,要学好,应以“诵读”为主。清代桐城派的刘大櫆等人提出“因声求气”之说,“声”就是文句的音韵、节奏美,“气”就是作者所表达的精神、气势。就是说,要让学生在丰富多样、充满情趣的诵读中,感知古文一唱三叹、回环婉转、抑扬顿挫等韵味,实现“使其言皆若出于吾之口,使其意皆若出于吾之心”的教学指归。诵读可有以下几种形式:

范读——初读文言文,学生一般都存有畏惧情绪。此时,字正腔圆、抑扬顿挫、节奏分明、音韵优美的教师范读就成了学生感受音韵之美的“见面礼”。

对读——教师可以先读、讲述译文故事,然后再给学生读原文,使学生产生强烈的阅读期待;接着进行文白对读,感知文本大意。文白对读,降低了学生学习文言文的难度,激发了学习信心。

思读——引导学生对照注释思考阅读,学会运用变通的方式说说每句话的意思,不理解的字、词、句或问题可以圈出来质疑。这种方式使学生学习古文的能力得到增强。

自读——在基本了解内容后,要强调学生个性化自读,入情入境、反复吟诵,读到文章可脱口而出,韵味十足。

趣读——古人吟咏诗文之情状是"言之不足,故嗟叹之。嗟叹之不足,故咏歌之。咏歌之不足,不知手之舞之足之蹈之也"。在教学中,可根据文言文特点,如古人一般,采用表演读、拍手读、跺脚读、快读、慢读、辩读、转换角色读等多种趣读方法,让学生乐此不疲。

品读——叶圣陶在《语文教学二十韵》中指出"一字未宜忽,语语悟其神",在文言文教学中,教师应引领学生在字里行间仔细揣摩,通过想象、对比、感悟,读出情趣理趣、韵味意味。

穿越体验,化身古人。古人与今人虽相隔遥远,对生活的感悟、情感的体验却是相通的。在教学中,通过"穿越",化身古人,角色体验,可以促进学生对人物心理的揣摩,对人物情感的体验,从而变阅读古文为经历生活,变旁观者为当事者,变感悟人物情感为自我情感流露,实现与古人的"心灵相通"。

如在《伯牙鼓琴》教学中,通过"面对如此善听的锺子期,面对如此难得的知音,你就是伯牙,你最想说什么?""此时,如果你就是伯牙,满怀希望而来,等待你的却是一块冰冷的墓碑,一抔无情的黄土,你会是什么心情?"这两个问题,让学生进入角色,感同身受,与伯牙同喜同悲,学生就能产生共鸣,更深刻地感动于"知音"之情,领悟到"知音"的文化内涵。

品悟积累,模仿古言。经典文言,语言精辟洗练、晓畅准确,而又形神兼备、蕴涵深厚、耐人回味。在教学中,应通过品味,引导学生深入语言内部,感悟古言神韵,发现其内在的美丽。让学生感知"言",积累"言",仿照"言",创作"言",由表及里,步步深入,才能真正达到感受语言、领悟语言、积累语言、运用语言之目的。

"言""文"相融,感悟古意。简单地说,"言"指理解词句含义、读懂文章内容等,"文"指对文章主题与思想的把握。经典文言文的魅力不仅在其语言精练典雅,更在语言背后蕴含了博大精深的中华文化、民族精神。"言"是基础,"文"是最终目标,二者相辅相成,相得益彰,并最终由"文言"之径通向"文化"之殿。

如《伯牙鼓琴》一文,字里行间流淌着东方的文化品质——知音文化。如何将这种文化根植于学生心中?在教学中,可抓"言",品"文",得"意":从两个"善"字,引领学生品出伯牙与子期的心领神会,相互呼应;从"志在高山"对"巍巍乎若太山","志在流水"对"汤汤乎若流水",品出子期已经走进伯牙的内心,对伯牙的了解已经到了极致;从

“所”和“必”，品出伯牙所想的，子期必定领会，两人已融为一体，这才是“知音”的最高境界。这样，古文意蕴——“知音文化”的理解就水到渠成了。

二、神话教学应为儿童烙上民族印记

母语是最具民族性的，母语凝结着民族精神、民族情怀、民族立场。母语教学，理所当然应该深深植根于本民族土壤，回归优秀民族文化传统，让儿童积淀民族的语言、民族的精神和品格，烙上民族印记，形成有民族文化根基的学养和人格。下面以神话教学为例，阐释我们的思考与践行。

神话是民族文化最悠久古老、顽强健壮的生命之根，神话教学更应担当起引领儿童认识、解读、剖析、破译华夏民族文化基因的重任。

1. 讲述聆听，追寻中华文明的源头

神话的“话”字明确无误地表明了神话是一种口头文学，是在一代代口耳相传中永生的。每一篇神话文本的练习部分有“讲故事”或“复述故事”的要求。由此看来，讲述、聆听是神话故事在学生心中烙上民族印记的语言基础、情感基础、审美基础的主要教学策略。

在讲述中明晰独特的结构。神话作为一种口头文学，决定了其必是生动传神、好听易记的，否则没法长久流传。这就意味着故事有着独特的叙事结构，情节是类型化、有规律可循的。如《后羿射日》《夸父追日》等大部分“英雄神话”，其结构一般是：人类面临巨大的困境——神挺身而出拯救人类——神牺牲了。而《开天辟地》等“创世神话”的结构则不同：世界一片混沌——神开天辟地——神的躯体化身为世间万物。在神话讲述中，教师要引领学生发现神话独特的叙事结构，这样不仅能让学生清晰地建构起讲述的脉络，更重要的是这种讲述不仅是在讲“这一个”故事，而是让学生明晰神话“这一类”文体的结构特点。

在聆听中领悟神话的精义。在神话教学中，教师应当是主要讲述者之一。讲述是一种口头艺术，在教学中，教师如能把握合适的讲述起点，选择合适的讲述内容，切入合适的教学环节，必能引领学生在聆听中领悟神话最广博、最深邃的精义。

《女娲补天》是一个流传千年的神话故事，在中国原始神话中，女娲是中华民族的创世之神、母亲之神。“女娲”这个名字很特别，很神奇。《说文解字》中列出：娲，篆文从女，咼声。隶变后楷书写作“媧”，如今简化成“娲”。基于学生对这一故事耳熟能详的教学起点，在教学中，教师除了用绘声绘色的讲述让学生听出神话神奇的感觉外，还可给学生讲述汉字的起源，找到“娲”篆文和隶变的字体，结合“女娲补天”《淮南子·览冥训》中的原始记载进行讲述，让学生在聆听中感受“娲”这个字是古代劳动人民特地为那富有神奇色彩的女神——女娲而造的。

2. 含英咀华，破解集体人格的原型

所谓“集体人格”，是指一个民族特有的性格气质、精神境界、民族意识，它包含了一个民族认同的人生观和价值观。中国当代作家、学者余秋雨先生认为，按照人类文化学的眼光，神话中包含着一种属于集体心理的真实，这种真实就是神话根本性的“原型”价值，它铸就了华夏文明的集体人格。那么，神话教学就可从人性审视的角度含英咀华，着眼于人物形象的揣摩、人物价值追求的体认，走一条人格诠释之路。

《夸父追日》主要讲了巨人夸父为寻找永恒的光明而不断追逐太阳，最后道渴而死的故事，赞颂的是一种为了理想而献身的崇高精神。在课尾，笔者设计了这样一个教学环节：①夸父为了追赶心中的太阳，即使付出生命的代价也毫不在乎，你能模仿《感动中国》获奖人物颁奖词（郎平）的写法，写一写你心中的夸父吗？②夸父追逐的是太阳，在我们中华民族的历史上，你觉得还有谁也是“夸父式”的人呢？他追逐的又是什么？通过以上两个教学环节，学生不仅在神话的品读和言语表达中感受到了神话人物夸父的“执着”形象，更能拓宽视野，回望历史长河，与夸父的精神继承和延续者心灵相遇：如孔子者“知其不可而为之”，如屈原者“路漫漫其修远兮，吾将上下而求索”，如司马迁者“人固有一死，或重于泰山，或轻于鸿毛”，如诸葛亮者“出师未捷身先死”……在递进式的含英咀华中，学生感受到，几千年来，这样一种“夸父”精神一直浸润着中华儿女的集体灵魂。

3. 言语实践，传承诗性表达的特质

神话的语言与其他文本不同，它朴素简洁、自然明快、形象生动，字里行间充满了神秘的色彩和神奇的想象力，有一种诗性美。因此，在教学中要引领学生成为言语实践的主体，通过对语言的品析，感受神话的语言形象，把握其诗性表达的言语特质，经历一次自内而外的言语实践过程。

读出“悦耳感”。朱光潜先生说：“声音与意义本不能强分，有时意义在声音上见出还比在习惯的联想上见出更微妙，所以有人认为讲究声音是行文的最重要的功夫。”这里的“声音”指的就是语言的节奏和音韵带来的悦耳感。基于口头传播的特点，神话的语言就带有这样一种悦耳感。

很多神话文本开头第一句都是“很久很久以前”，简单朴实的六个字，不但为我们勾勒出中华民族特有的“天地玄黄、宇宙洪荒”的邈远的故事背景，读来更是朗朗上口。部分神话文本中的数词用得特别多，《猴王出世》《开天辟地》的第二自然段都用了十几个“一”字。这么多的“一”字，其实也是和我们民族的文化基因有关联的。《说文解字》中有“惟初太始，道立于一，造分天地，化成万物”之“一”。同时，在《淮南子·诠言训》中也有“一也者，万物之本也”的记载。“一”有第一、万物起始之意。除了意义层面，数字在听觉上也富有一种鲜明的节奏感。对于这样悦耳的民族特色文本语言，朗读是最基本的言语实践方式。教师一定要通过各种形式的朗读，如示范读、指名读、表演读、小组合作读、比赛读、师生对读等方式，让学生酣畅淋漓地读，直至“使其言皆若出于吾之口，使其意皆若出于吾之心”。

孕“诗性心灵”。对仗，是中国古代诗歌格律的表现手法之一，它体现了语言均衡美的特色，是我们民族特有的一种表达方式。这样的表达方式在最古老的神话中也多有体现。在教学中，教师可抓住“对仗”，将学生的思维引向文字背后，在具体的言语实践中孕育学生“诗性心灵”。

《猴王出世》中有一组描写石猴的对偶句：“那猴在山中，却会行走跳跃，食草木，饮涧泉，采山花，觅树果；与狼虫为伴，虎豹为群，獐鹿为友，猕猿为亲；夜宿石崖之下，朝游峰洞之中。”在教学中，可把目光聚焦于语言文字的表达上，“从怎么写的角度，你发现了什么秘密？”然后引领学生在“语言中走个来回”，通过指导朗读、师生对对子、想象画面、批注赏析等方式反复玩味语言，既得意——感悟猴王顽皮可爱、跳跃活泼的形象，又得言——品读文本是如何通过短句、跳跃的语言和对偶的方式表达猴王形象的。这样的教学，可以让学生领略对偶句的魅力，感受和洞察遣词造句的精妙，将内容的理解、语言的揣摩、情感的体验巧妙地融合在一起。

当然，除了对仗，神话中还常会出现叠词、夸张、联想、排比等手法，这些都是引发学生体悟神话语言特色的抓手。经典的传世神话，必然有着诗意的语言，必然是内容与语言的高度融合。

4. 溯流而上，感受文化母体的博大

神话是一个民族的文化记忆，真实地记录了各民族在它童年时期最瑰丽的幻想。即使我们面对的是儿童，也应该让他们意识到：神话是诸多文化现象的源头，是当之无愧的“文化母体”。

寻找经典文学之源。神话是文学的源头，古代神话从诞生起就以其丰富的内容、乐观的精神、奇特的想象、斑斓的色彩、浪漫的风格哺育着中国文学，为后世文学的发展提供了优质的营养。

如在《红楼梦》第一回中，就呈现了《女娲补天》的故事：“原来女娲氏炼石补天之时，于大荒山无稽崖炼成高经十二丈、方经二十四丈顽石三万六千五百零一块。娲皇氏只用了三万六千五百块，只单单剩了一块未用，便弃在此山青埂峰下。谁知此石自经煅炼之后，灵性已通，因见众石俱得补天，独自己无材不堪入选，遂自怨自叹，日夜悲号惭愧。”在教学《女娲补天》时，我们就可适当拓展延伸，在女娲“冶炼补天”这个环节，适时补充拓展上面的资料，让学生初步感受神话母体对后世文学的影响之大。

触摸传统习俗之根。传统习俗是在长期的历史进程和积淀中形成的。中华民族许多古老的传统节日就是以神话为源头的。神话与民俗密不可分，一方面，许多民俗源自神话；另一方面，民俗又传承着神话。

客家人至今保留着汉族的一个传统节日“天穿节”。天穿节又叫补天穿，源于女娲补天的传说，时间各地略有差异，以正月二十居多。节日这天，人们用红丝线系上煎饼，将其掷于屋顶上方，寓意为“补天漏”或“补天穿”，有祈求风调雨顺之意，也是对女娲补天的一种纪念。有些地方的人们还会将煎饼撕成小块，抛向天空，意为补天，再撒些于地，意为补地。在教学《女娲补天》时，我们就可以为学生讲述这一古老的民俗节日，让他们感受中华民族特有的传统习俗与神话的密切关联。

5. 比较阅读，养护民族文化的基因

世界各国的神话有着许多相同的内容，如创世神话、洪水神话等。但是相同的内容里又闪现着不同的民族特性，如在西方神话中，诺亚制造大方舟躲避洪水，其依据主要是《圣经》，体现的是一种"神本主义"；而中国神话中则有大禹三过家门而不入，变"堵"为"疏"治水的故事，反映的是"人本主义"倾向，体现的是崇拜救民英雄的情节。不同的故事，实则反映的是东西方不同的文化传统和民族特质。在教学中，可适度拓展同主题的东西方神话进行比较阅读，培植学生的民族基因。

笔者在教学创世神话《开天辟地》时，就引进了蒙古、日本、冰岛、北欧等地的创世神话进行比较阅读，通过对比，学生读出了《开天辟地》这则中国神话中的许多民族元素和民族特色，如盘古倒下后，他的血液变成了奔腾的江河，这里的江河是被中华民族誉为母亲河的长江、黄河；他的肌肉变成了东岳泰山、南岳衡山、西岳华山、北岳恒山、中岳嵩山，这五座山是中国的历史文化名山……在课堂弥漫着浓郁的传统文化气息时，教师进而设置悬疑——"世界各个民族还有哪些类型的神话？"在此基础上，设计一个个阅读母题，如始祖母题、洪水母题、战争母题等，构建一个个神话微课程，让学生进行阅读比较，在比较中给学生铺设一条通向民族文学殿堂的道路。

源自母语内在特质的民族基因，是中华民族生生不息、不断发展壮大的精神动力。母语教学，就应为儿童烙上民族印记，滋养儿童的民族情怀！

【范例1】亲古文　悟"知音"——《伯牙鼓琴》教学实录与思考

教学实录

谈话导入，认识文言，揭示课题

师：今天课堂上来了位远道而来的客人。他到我们学校，既是我们的老师，也是我们的朋友。有朋友从远方而来，你们的心情如何？

生：高兴。（激动、兴奋……）

师：这让我想起了人们常说的一句话，你们想想是哪一句？

生：有朋自远方来，不亦乐乎。

师：这是流传千古的名句。像这样的名句，谁还能再说几句给大家听听？

生：有志者，事竟成。（三人行，必有我师焉……）

师：你们所说的语言，我们称为文言，用文言写成的文章就叫文言文。文言文又称为古文，记载了中华民族几千年灿烂的文化，中华民族的悠久文明得以传承，文言文功不可没。这节课，我们就来学习一篇文言文。（板书课题，指名读题）

师：清晰响亮，字正腔圆，一起读课题。（生齐读）

多样诵读，了解古文，读出古韵

师：课前，同学们读过文章了吧？谁来说说，文言文给你留下了怎样的印象和感觉？

生：感觉有点深奥、难懂。

师：和老师初学文言文时的感受一样，是有点深奥、难懂。

生：语言很简练，读上去朗朗上口。

师：这篇古文给我们讲了一个故事，作者用了几句话？

生齐：四句。

师：只用四句话就讲了一个故事。语言的确简练！

生：我感觉文言文内容丰富，含义很深刻。

师：是呀，值得我们好好去品悟。古人说，书读百遍，其义自现。学好文言文，贵在诵读。刚才有同学觉得读起来有点难度，这样，老师先来读，如何？（师配乐诵读）

师：请大家也来读读，注意：读准字音，读通句子，尤其要读出词句内部的停顿。（生自由读、指名读）

师：读得正确通顺，特别是两个语气词都读准了，我们一起读——（齐读：哉、乎）读文言文时，语气词后面延长、停顿一下，一咏三叹，就有音乐美了，谁来读这两句？（出示：善哉乎鼓琴，巍巍乎若太山。善哉乎鼓琴，汤汤乎若流水。）（指名读）

师：这样一读，古文特有的味道就出来了！"善哉乎鼓琴，汤汤乎若流水。""汤"也是个多音字，表示什么意思时读"shāng"？

生：形容水流大而急时读"shāng"。

师：你是怎样知道的？

生：书上有注释。

师：借助注释是学习古文的好方法。除了语气词的停顿，其他词句间的停顿也得注意。老师发现，大家在读最后一句时感到有一定难度。（出示：锺子期/死，伯牙/破琴/绝弦，终身/不复/鼓琴，以为/世/无足/复为/鼓琴者。）（指名读）

师：用心体会停顿。发现了没有，这一句中出现了两个相同的字"为"（点红），意思、读音相同吗？

生：不同。第一个"为"意思是认为，读第二声；第二个意思是为谁，应该读第四声。

师：整句话是什么意思？

生：认为世上再没有值得他为之弹琴的人了。

师：在文言文中，同一个字经常表示不同的意思，甚至有不同的读音。我们可以根据意思读准音。只有准确理解了文言文的意思，才能读好停顿。谁再来读？（指名读）

师：除了读好停顿，还要注意"声断气连"。（师示范）再一起读——（齐读）

师：读古文不仅要读正确，读流利，还要读出古文特有的节奏和韵味。把这篇古文连起来读读，慢一些，注意把握节奏。（齐读）

师：抑扬顿挫，古味十足！现在，要加大难度了。（出示：无标点课文）发现了没有，跟课文有一点点不同,是什么?

生齐:没有标点。

师:古代的文章是没有标点的,到了汉代才出现能使文言文停顿的"句读"。凭着刚才读的印象,谁再来读读?(指名读)

师:请大家再看——(出示:竖排课文)又有什么不同?怎么读?(指名读)

师:古代文章,都是竖排的,要从右向左读。我们越来越接近古人的读书方式了,请再看——(出示:繁体课文)这次难度更大了,一起读——(齐读)

师:是不是很有意思?竖排、繁体字是古代文化的一种表达方式。刚才我们只是体验了古人的读书方式,要真正读进去,还得用心细细地品味语言的魅力。

揣摩品味,角色体验,感悟知音

一、知音相遇,心欢喜

师:这个故事讲了两个人物,一个是——伯牙,一个是——锺子期。伯牙和锺子期之间是什么关系?

生:朋友。

生:知音。

师:是什么让他们走到一起,成为知音的?

生:是音乐,是古琴。

师:伯牙擅长的是——弹琴,锺子期擅长的是——听琴。文中这样写——(出示:伯牙鼓琴,锺子期听之。生齐读)

师:从哪儿看出来伯牙会鼓琴,锺子期会听呢?默读课文,找到相关语句,画下来。

生:方鼓琴而志在太山,锺子期曰:"善哉乎鼓琴,巍巍乎若太山。"少选之间而志在流水,锺子期又曰:"善哉乎鼓琴,汤汤乎若流水。"

师:(出示)这个"善"字,我们平时有时理解为善良,有时理解为擅长。"善哉乎"的"善"是什么意思?

生:是"好"的意思。

师:那么"善哉"呢?

生:应该是"好啊"的意思。

师:"善哉"表示赞叹,我们变通一下,除了"好啊",还可以怎么说?

生:妙啊!(高啊!棒啊!绝了!了不起啊!真棒啊!……)

师:试着用自己的话说说这几句文言文的意思。说的时候别忘了借助下面的注释。(先自主练习,再指名说)

生:伯牙弹琴,锺子期听他弹琴。伯牙弹琴时心里想到了高山,锺子期就说:"你的琴弹得真好啊!真雄伟啊!像大山一样高峻。"一会儿,伯牙心里想到了流水,锺子期又说:"妙啊,像湍急的流水一样浩荡。"锺子期死后,伯牙摔破琴割断琴弦,再也不弹琴了,他认为世上再没有值得他为之弹琴的人了。

师：你们觉得他说的怎样？用文中的词语来赞一下！

生：善哉乎！

师："巍巍乎若太山"可译为"像大山一样高峻"。还可以怎么说？

生：像大山一样雄伟啊！

师：翻译古文时，解词连句是最常用的方法。有时为了使翻译的句子更通顺，还可以调换词序。

师：据记载，当年伯牙焚一炉香，席地坐于瑶琴之前，他弹得忘情、投入。现在你就是锺子期，就站在琴旁，用心来聆听伯牙的琴声吧！（播放《高山流水》片段）善听的锺子期，你仿佛看到了怎样的大山，怎样的流水呢？

生：我仿佛看到了挺拔险峻、高耸入云的高山，滔滔的流水一泻千里。

生：我仿佛看到了大山直插云霄，气势雄伟！流水呢，奔腾不息，浩浩荡荡！

……

师：你们看，这些画面仅用"巍巍乎""汤汤乎"来表达，古人写话就是简练。锺子期听了，是怎样赞美的？谁来读？（指导多名学生读）

师：（引导复沓读）看，一个句子连用两个语气词，那是多么强烈的感受啊！我们一起赞叹：听着琴声，我们仿佛看到了气势雄伟的大山、广阔无边的流水，于是，脱口而出——（齐读）；听着琴声，我们仿佛看到了高不可攀的大山、浩瀚奔腾的流水，于是，满心赞叹——（齐读）；听着琴声，我们仿佛看到了高耸入云的大山、一泻千里的流水，于是激情满怀——（齐读）。

师：同学们，我们刚才听的琴声，就是《高山流水》的片段。伯牙作为有名的音乐家，他的琴声一定不只表现了高山流水，除了巍巍大山、汤汤流水外，他的琴声里可能还会表现什么呢？或许是自然风光，或许是四季风景……请充分展开你们的想象！

生：可能有冬天雪花纷飞、白雪皑皑的景象。

生：可能还有茫茫草原、万马奔腾的景象。

生：可能还有春雨潇潇、流水潺潺的景象。

……

师：是呀，他的琴声里除了巍巍大山、汤汤流水，还有——（生齐读：徐徐清风、依依杨柳、袅袅炊烟、潺潺流水、潇潇春雨、皑皑白雪、蒙蒙云雾、滚滚波涛、粼粼波光、缕缕霞光）现在你就是锺子期，当伯牙鼓琴志在清风，你怎么赞叹？

生齐说：善哉乎鼓琴，徐徐乎若清风。

师：真是善听的锺子期！继续赞叹，先自己说说。（出示：伯牙鼓琴而志在______，锺子期曰："善哉乎鼓琴，______乎若______。"）（学生自由练说）

生：伯牙鼓琴而志在云雾，锺子期曰："善哉乎鼓琴，蒙蒙乎若云雾。"

生：伯牙鼓琴而志在波涛，锺子期曰："善哉乎鼓琴，滚滚乎若波涛。"

……

师：你们看，不管伯牙弹什么，锺子期都能听懂。他们真是——（生齐说：知音）

师：这里的“志”是什么意思？

生：“心里想”的意思。

师：对，就是“想”，是心志、情志的意思。无论伯牙想什么，子期都能听懂。看来，锺子期不仅听懂了琴声，还听懂了伯牙倾注在琴声中的——（生齐说：心声）

师：那么，子期说“巍巍乎若太山”“汤汤乎若流水”，说的是伯牙怎样的心声呢？（生沉默）

师点拨：我们常说，琴棋书画，琴以其高雅居首位。古人常常移情于琴，以琴言志。锺子期听出了伯牙蕴含在琴声中的什么心声？

生：应该是听出了蕴含在琴声中的志向和胸怀。

师：什么样的志向？什么样的胸怀？

生：我觉得，应该是一种远大的志向和博大的胸怀。

生：琴如心声，他的琴声像雄伟的高山、滔滔的流水，那他的志向和胸怀也应该是非常博大！

师：了不起！有智慧！是呀，还听懂了伯牙心中高山流水般的志向和胸怀。琴声也懂，心声也懂。这就是心意相通、心有灵犀的——

生齐说：知音！

师：一起读——（齐读课文）

二、知音难觅，倍珍惜

师：（出示图）大家看，这幅画就是——《伯牙鼓琴图》。图中这位一身长袍、入神弹琴的就是晋国的上大夫——伯牙；这位身穿布衫，坐在一块大石上凝神听琴的，就是楚国的一个打柴的樵夫——锺子期。同学们，其实伯牙和锺子期的这次相遇只是偶然的，读读屏幕上的字，你会有更多的了解。

（出示：伯牙是楚国著名的宫廷乐师，名满天下，被称为“琴仙”。虽听者众多，但他始终觉得无人能真正听懂他的琴声，所以独自一人来到山间排解孤独和寂寞。中秋之夜，伯牙泊船在山崖下抚琴一曲，在山间砍柴的锺子期被其琴声所引，来到了船上。令伯牙万万没有想到的是，锺子期，一个山野村夫，竟如此懂得他的琴声……）

师：面对如此善听的锺子期，面对如此难得的知音，伯牙心情如何？

生：高兴不已。（兴奋万分、欣喜若狂、激动不已……）

师：此时，如果你就是伯牙，你最想说什么？

生：我虽是有名的乐师，可一直没人能听懂我的琴声，我内心的孤独谁人知晓？今日遇见你，实乃三生有幸。

师：你真是伯牙的知音！是啊，相识满天下，知音只一人啊！

生：子期，你真可谓是我的知音啊，只有你能听懂我的琴声和心声。知我者，乃锺子期也！

师：你叫什么名字？

生：沈俊谕。

师：知伯牙者，乃——

生齐：沈俊谕也！（生齐笑）

师：孤独的伯牙呀，多少年来寻寻觅觅，他的琴声，他的心声，只有，也只有锺子期能懂，伯牙十分欣慰，因为终于找到了知音。这是《列子·汤问》中的原文——（出示：善哉，善哉，子之听夫志，想象犹吾心也。生齐读原文）

师：琴也懂，心也懂，志也懂，这才是真正的——（生齐说：知音）

三、知音离世，心悲痛

师：这次相遇，伯牙、锺子期洒泪惜别，相约第二年的八月十六再相会。无奈世事难料，夏去秋来，当伯牙赶到楚国时，锺子期已不幸染病身亡！伯牙知道锺子期的死讯后，泪如泉涌，他在墓前哀悼子期——（播放录音）

（出示：伯牙整衣下拜，放声大哭。又将瑶琴取来，放于祭石台上，盘膝坐于坟前，挥泪两行，抚琴哀悼。弹罢，伯牙取出佩刀，割断琴弦，双手举琴，向祭石台上，用力一摔，摔得玉轸抛残，金徽零乱。伯牙道："摔碎瑶琴凤尾寒，子期不在对谁弹！春风满面皆朋友，欲觅知音难上难。"）

师：此时，如果你就是伯牙，满怀希望而来，等待你的却是一块冰冷的墓碑，一抔无情的黄土，你会是什么心情？我还想问你：伯牙，你为何破琴绝弦？

生：我伤心欲绝！知音已去，我弹琴又有什么意思啊！

生：太难过了，这个世界上再也没有人听懂我的琴声，我还弹给谁听？

师追问：伯牙，你不为高超的琴艺感到可惜吗？世人将从此失去一个伟大的音乐家啊？

生：我一点都不觉得可惜，这个世界没有了锺子期，我的琴没有人再听得懂。

生：我根本不在乎什么音乐家！我的琴只为听得懂的人而弹。子期不在，琴已没了任何意义！

师：是啊，子期一死，伯牙又要回到以前那无人能理解的孤独中去了，那一曲高山流水又弹给何人听？所以，伯牙悲痛欲绝，毅然决然地"破琴绝弦"，这是何等悲壮而又感人的行为！谁来读？（出示：锺子期死，伯牙破琴绝弦，终身不复鼓琴，以为世无足复为鼓琴者。指名读）

师：破琴绝弦，心随琴碎，伯牙又要回到没有知音的孤独中去了，一起读——（生齐读）

深化认识，感受文化，成为知音

师：正是这震撼人心的痛，才演绎出这凄美动人的"伯牙鼓琴"。"伯牙鼓琴"也成了知音的代名词。学到这儿，你对知音一定又有了新的理解和感悟，拿起笔，写下来。（学生自由写，之后交流）

生：知音，没有贫贱富贵之分。只要心意相通、心有灵犀，就是知音。

生：朋友有很多种，知音应该是最高级别的朋友。知音，就是非常了解自己，有共同语言的人。

生：知音，就是懂自己的人，有时一个眼神、一个微笑，都能彼此心领神会！所以，古人说，“人生得一知己足矣”。

……

师：同学们对知音的认识更加深刻了。古代诗文中有很多关于知音的名句。（出示，齐读）

万两黄金容易得，知心一个也难求。——选自《红楼梦》

海内存知己，天涯若比邻。——选自《送杜少府之任蜀州》

相识满天下，知心能几人？——选自《增广贤文》

师：可以说，知音文化已成为中华传统文化的一部分。当然，我们现代人对知音的表达方式可能与古人不一样。“伯牙鼓琴”是一个千古绝唱，两千多年后的今天，我们还在无限神往地传诵着这个故事——（音乐起，隐去全文，全班齐背）

师：同学们，今天我们品读文言文——《伯牙鼓琴》。文言文是古代的经典，它记载了古人的故事，展示的是古人的文化、古典的情怀，它能让我们现代人和古人也成为知音，所以值得我们用一生的时间去阅读，去领悟。

自我思考

文言文作为中华民族源远流长的文化中的一部分，以其思想的博大精深、语言的古朴典雅、风格的异彩纷呈而成为中华文化殿堂里一笔宝贵的财富。在小学文言文教学中，如何针对文言与儿童特点，充分开掘和展示文本内蕴，彰显文言文魅力，让学生与古文成为“知音”呢？本课教学做了以下尝试：

1. 营造氛围，形成浓郁古味

小学生初学文言文，常觉深奥、难懂，这是因为年代的隔膜所造成的。在教学中，教师应着力营造浓厚的古文学习氛围，使课堂弥漫浓浓的古味，激发学生阅读古文的兴趣。在本课教学中，出示《伯牙鼓琴图》，借助古色古香的图画介绍主人公；将古文设计成一幅竹刻横轴，让学生吟诵涵泳；播放《高山流水》的片段，在古音古韵中想象感悟；还呈现无标点、竖行排列、繁体字的课文让学生反复吟诵，既可以让学生了解古代文化的表达方式，体验古人的读书方式，又让他们觉得兴趣盎然。

2. 多样诵读，体味古文声气

清代桐城派的刘大櫆等人提出“因声求气”之说，“声”就是文句的音韵、节奏美，“气”就是作者所表达的精神、气势。本课教学，以“读”为主，让学生在入情入境、入脑入心的多样朗读中，体味古文的风骨、意味和精气神。

范读——字正腔圆、抑扬顿挫、节奏分明、音韵优美的教师范读是激发学生学习兴趣，感受音韵之美的“见面礼”。自读——引导学生对照注释自我阅读，用解词连句的方法说说古文意思，学生的自学能力不断增强。练读——尊重学情，搭建阶梯，朗读指导力求层次清晰，有实效：一是读正确读通顺；二是结合理解正确停顿，读好语气词，用声断气连的方法读出古文的味道等；三是结合内在情感，反复诵读，初步掌握文言断句、重读的规律，把握文言的语气、语速，形成文言语感。品读——引领学生在字里行间去品读，去感悟。如品味“志”字，学生从中深切感受到了伯牙琴技的高超，子期对伯牙琴也懂，心也懂，志也懂，是真正的知音。

3. 角色体验，实现心灵相通

古人与今人虽相隔遥远，但对生活的感悟、情感的体验是相通的。通过角色体验，可以穿越时空，促进学生对人物心理的揣摩、对人物情感的体验，从而变阅读课文为经历生活，变旁观者为当事者，变感悟人物情感为自我情感流露，实现与古人的“心灵相通”。如在教学“知音难觅，倍珍惜”“知音离世，心悲痛”环节，让学生进入角色感同身受，与伯牙同喜同悲，学生更深入地感动于“知音”情感之美，产生共鸣，情知交融，领悟到了“知音”的美好境界。

4. 积累仿作，感悟文言魅力

经典的文言文作品，大多行文简洁、气韵生动、文采斐然、蕴涵深厚。在教学中，引导学生发现古文语言的内在“美丽”，让学生感知“言”，积累“言”，仿照“言”，创作“言”。本文从语句表达的方式来说，最具特色之处就是“善哉乎鼓琴，巍巍乎若太山”“善哉乎鼓琴，汤汤乎若流水”。同时，引导学生对语言范式进行诵读、模仿、迁移、训练，由表及里，步步深入，从而达到感悟语义、积累语言、训练语言之目的。

5. 拓展资源，复苏知音文化

文言文离学生久远，阻隔了他们对文本文化的深入感悟、理解。此时，通过文化资源的拓展链接，可以复苏文本文化。本文字里行间流淌着东方的文化品质——知音文化，如何将这种文化根植于学生心中？在教学中进行了三次文化资源的拓展链接：一拓，出示《伯牙鼓琴图》，介绍子期和伯牙的穿着、身份、地位，为深入理解“知音”作铺垫；二拓，创设“伯牙子期相遇”的情景，引导学生深入体会知音的相遇是心灵的交融；三拓，相约再见时，伯牙得闻子期去世的消息，深入理解“琴断音绝”是伯牙看待知音的境界。在此基础上，学生对“知音文化”的理解就水到渠成了。

（教学实录与思考　吴建英）

【范例2】在民间文化的“月光”下启蒙——《月光启蒙》教学设计、思考、专家评析及教育随笔

教学目标

1. 能正确、流利、有感情地朗读课文。
2. 了解民歌民谣的特点，感受民间文学的魅力。
3. 通过对课文中具体语言文字的朗读、感受、体验、品悟、表达，感悟作者在月光下

从母亲那里得到的启蒙教育,感受浓郁的母子亲情,在真情的喷涌中获得文化的洗礼与亲情的陶冶。

教学设计

第一板块　品味歌谣魅力

1. 上节课我们学了《月光启蒙》。当你再读课题时,眼前会浮现出一幅怎样的画面?

2. 母亲在月光下吟唱歌谣的情景给我们留下了深刻的印象。母亲唱了许多歌谣,课文中写了五首,找出来读一读,把你最喜欢的那首多读几遍,看看你能感受到什么?

3. 谁来把你喜欢的一首歌谣读给大家听听?并说说喜欢的理由或自己的感受。(学生交流;多形式、个性化朗读)

4. 你对民歌童谣又有了哪些新的了解?

5. 你们的发现和孙友田的感受是一样的,民歌民谣明快、流畅、含蓄、风趣,充满乡土的气息、浓郁的诗情,能给我们带来无穷无尽的遐想。

【自我思考】语文课要引领学生学习语言、感悟语言。作为民族文化源头和根基的民间文化之一——民歌民谣,是神奇的,有着神秘的魔力,能为孩子打开一扇隐秘的语言之门。通过自主品读、个性化朗读、展开想象、交流感受等多种方式,让学生了解民歌民谣的特点,感受民间文学的魅力,同时为体会母亲的教育智慧、理解"启蒙"做好铺垫。

第二板块　感悟月光·母亲·启蒙

1. 刚才是同学们自己读歌谣,谈感受。那么,母亲吟唱歌谣时又会给我们带来一种怎样的感受呢?(出示:农家月夜场景,配乐《小夜曲》引读第一自然段)

2. 你们听!母亲的歌声从篱笆小院里传了出来……(播放:无伴奏歌谣)

(设计意图:优美的画面、抒情的音乐、动情的引读构成了激发学生学习兴趣的磁场,把学生带入情境之中,带入情感的世界、诗意的世界。)

3. 听着母亲的歌声,你有什么感觉呢?(引导:你能打个比方说说母亲的歌声像什么呢?)

4. 同学们的感受多丰富啊,都成了一个个小诗人了!孙友田的感受和你们是一样的,他在文中写道——(出示:她用甜甜的嗓音深情地为我吟唱,轻轻的,像三月的和风,像小溪的流水。小院立即飘满了她那芳香的音韵。)

(1) 指名读。

(2) 读着这句话,你们能想象,当时的"我"是怎样听母亲唱歌谣的?

(3) 那时的我,快乐着、幸福着、陶醉着,把这些美好的感受也读出来。

(4) 读到这儿,你知道作者为什么要说"芳香的音韵"了吧?从这"芳香",你品出了什么?

(5) 这"芳香"让我们品出了母亲声音的甜美、轻柔,品出了母亲的歌声使孩子如痴如醉,品出了那一首首歌谣散发出的美好的感受……这就是孙友田体会到的"芳香的音韵”。

【自我思考】语言的感悟和情感的体验是紧密相连的。引导学生依托文本，抓住文本的“美点”——“芳香的音韵”，通过想象课文情境、联系上下文和多种形式的品读引燃学生的情感点，成为学生理解文本、感悟文本、内化情感、内化语言的情感纽带，力求体现“语文教学语文味”。同时，进一步感悟语言文字背后的丰富内涵，尊重学生的情感体验，尊重学生的独特感受，让母亲聪颖美丽的形象伴随着文本扎根到学生的心灵世界之中。

5. 我们知道，母亲不识字，但她怎么会唱那么多的歌谣呢？请大家静心默读第五自然段，看看能不能找到答案。

(1) 学生默读。

(2) 学生互动交流，教师随机引导。

● 歌谣就是这样由外婆传给母亲，再由母亲传给孩子，一代一代口耳相传传下来的。(出示：黄河留给家乡的故道不长五谷，却长歌谣。)这句话里有两个“长”，第一个“长”指什么？第二个也作“生长”讲吗？联系上下文想想。

● 教师提升：黄河，我们的母亲河，我们中华民族文化的摇篮。那儿虽然土地贫瘠，但人们勤劳又充满智慧，创造、流传了大量的歌谣，这些歌谣像滔滔不息的黄河水滋养了一代又一代的子孙。母亲用这些歌谣——(引读，出示：母亲用歌谣把故乡的爱，伴着月光给了我，让一颗混沌的童心豁然开朗。)

6. 教师深情叙述：母亲用歌谣把故乡的爱，伴着月光给了我，让一颗混沌的童心豁然开朗。她真是我的启蒙老师！除了用歌谣，天资聪颖的母亲还用神话故事、谜语启迪我的童心。读读后面的部分，想想“我”从中受到了怎样的启蒙？

7. “我”依偎在母亲怀里，听母亲讲牛郎织女天河相会的故事……听着听着，看着高深莫测的夜空，“我”可能会好像看到些什么呢？

8. 过渡：母亲就是用那些引人入胜的神话故事，启迪着我混沌的童心。(教师边出示，边深情朗读：此时明月已至中天，母亲沉浸在如水的月色里，像一尊玉石雕像。)

(1) 为什么在“我”的眼里，月光下的母亲就像一尊玉石雕像呢？

(2) 指导朗读。

9. 现在，你知道课文为什么要用“月光启蒙”作课题了吗？

10. 小结：母亲在月光下用歌谣、故事、谜语给“我”播下了一粒粒爱生活、爱文学的种子，使它们生根、发芽、生长。如今，孙友田成了一名才华横溢的诗人，那是因为母亲从小给了他——月光启蒙。孙友田对母亲满怀感激、敬佩之情，请读读文章的最后一段。

(1) 学生自由读。

(2) (把最后一段改成诗歌形式)配乐读。

【自我思考】阅读要披文入境、披文入情，才能产生优化的效果。紧扣“启蒙”一词，通过抓重点句段，反复品读，同时展开丰富想象，不仅帮助学生进行了扎实的语言训练，再度开发了课文内容，也让学生对课文的语言文字获得了进一步的理解与提升，从而感悟作者从母亲那里受到的启蒙教育以及作者对母亲的感激之情。

第三板块　表达怀念之情

1. 教师深情叙述：同学们，四十年后，孙友田赶回老家去看望母亲。（出示母亲画像，并补充原文片段：母亲安详地坐在藤椅里，依然那么和蔼、慈祥，但却不知我从哪里来，不知我来干什么，甚至不知我是谁……只是对着我笑，笑得我泪流满面……母亲失去了记忆，而我心中却永远珍藏着那一轮明月……）

2. 当孙友田看到那一轮明月，他会想起什么呢？

（出示：看到那一轮明月，我想起__________；想起__________；想起__________……）

3. 学生练笔，交流。

【自我思考】让学生走进原文，这样的拓展是基于文本、服务文本的，文本中深藏的情感因素得到充分挖掘与展示。在浓郁的人文情怀中，加深理解和体验，有所感悟和思考，把学生的情感波澜再次推向一个更高的境界。此刻学生的表达是从具体的文本出发，最后回归文本的。

4. 多少年过去了，每当孙友田看到那一轮明月，他就会想起那洒满月色的篱笆小院，想起母亲那玉石般的雕像，想起她甜甜的嗓音、深情的吟唱……（再次播放清唱的歌谣）感谢月光启蒙，她让我们也想起了那一首首充满泥土芳香的歌谣。下课后，请大家也去搜集我们家乡的民歌民谣，相信这些歌谣也会在你们的心中播下一粒粒种子……

【自我思考】音乐是情感的催化剂。满含深情又富有诗意的歌谣作为主旋律反复吟唱，再次帮助学生深化了对文本的理解，歌声袅袅，乡韵缭绕，回味无穷。最后让学生去搜集家乡的民歌民谣这一环节的设计，期盼歌谣也能为我们的孩子播下语言的种子，让歌谣成为回荡在孩子心中的最美妙、最恒久的声音！

（教学设计　吴建英）

教学思考

1. 板块式教学，使教学走向智慧

在我们的潜意识里，课文就等于教学内容。其实，课文并不完全是语文教学的内容。语文教学的内容蕴含在课文中，需要教师根据学生的学习需要、学习发展的可能性进行选择、整合，并精心设计。本课教学，围绕“启蒙”，对教材内容进行了重组，形成了三个板块。这种看似简单的“减、联、整合”的教学设计突破了线性思路，凸显了教学重点，也拓宽了教学时空，更具灵活性、开放性。

2. 多形式感悟，使教学更加有效

中国著名教育家叶澜教授曾指出，在促进有效阅读的策略中，感悟策略占重要一席。感悟，是读后之思，是思而有得，是每有会意，便欣然忘食，是学生智慧与品格发展的最主要方式与内在动力。本课教学从生活体验、媒体介入、移情品读、入境想象等方面引导学生进行感悟。

如文中的歌谣、童谣其实是学生生活经历与语言材料的“共通处”。在教学中，引导学生结合生活体验进行多形式的读、思、说。学生记忆的仓库被打开，幼时习得的儿歌与眼前的歌谣达成“通感”，唤醒、激活了他们头脑中储存的相关表象、体验、情感，使语言文字与鲜活的形象、真切情感的体验联系起来。课文情感的感悟与学生生活中自我真情的流露熔为一炉。

学生在种种感悟策略下，从文本的字里行间走来，从作者的情感深处走来，从自己的心田走过。他们在教师提供的言语世界里，糅合了自己的生活积累、阅读积淀、文化背景、个性特征、思维方式、审美趣味乃至创造灵性，想象着、感悟着、实践着。学生的感悟因与作者之文脉共搏动而流光溢彩。

3. 个性化阅读，使教学彰显特色

倡导个性化阅读是《义务教育语文课程标准》一再强调的。在教学中，充分信任学生，把读的权利还给学生，鼓励学生不断探索，放手让学生自说、自读、自评。通过自己的情感体验，说出感受，读出感受。例如，在第一板块的教学中，让学生找民歌民谣，用自己喜欢的方式读，边读边想，你能读懂些什么？把喜欢的歌谣读给大家听，并说说为什么喜欢？或感受到了什么？学生对文本的个性化解读得到了尊重，他们在教师的鼓励下，自己去感受、思考，在积极的思维和情感活动中，自我探究，加强理解和体验，从中得到营养，体验到成功的快乐，闪烁出迷人的个性光彩！

语文是一首流动的诗，语文教学需要浪漫主义情怀。语文课需要教师全身心地投入，准确地抓住教材的情感点和学生的情感点，使学生在激荡的情感中受到感染、熏陶和激励，使他们在高昂的情绪中想象、顿悟，从而产生和谐共振的“增力效应”，取得最佳的教学效果。

（教学思考　吴建英）

专家评析

这是一堂勃发着师生生命活力的充满美感的语文教学课！

教者以饱满的教学热情，对文本进行了再度开发，精心筛选、拓展、整合教学资源，调动多种教学形式与手段，使整个教学过程犹如行云流水，让人赏心悦目。

三个板块的教学设计，独具匠心，彰显着教者的教学智慧和灵性。

在第一板块中，教者以朗读为主线组织教学活动。通过形式多样的品读（特别是让学生用乡音朗读），让学生从一首首民歌、童谣中捕捉到蕴于其中的“顽皮的精灵”，让学生在兴致勃勃的学习活动（特别是他们熟悉和喜爱的击掌咏唱游戏）中，获得对民歌民谣特点的初步认识，感受到民俗文化的亲切、美丽和神奇。同时，这一板块把学生引向作者当年接受母亲“月光启蒙”的意境之中，为进一步学习文本作了铺垫。

在第二板块中，教者紧扣“启蒙”，抓住重点词句和语段，通过读（书）、听（歌）、想（象）、议（论）等丰富多彩的师生之间、生生之间的双边或多边活动，并对文本进行再度开发，将最后一段改成诗歌形式，让学生配乐齐读，引导学生理解文本，感悟文本的丰富内涵，使平面的语言文字衍化成立体的场景、动人的形象和炽热的情感，并深入学生心灵之中。这样的教学华而不俗，活而不浮，把情感的濡染与语言的训练都落到了实处。

第三板块的拓展延伸是“锦上添花”之笔。母亲今天苍老、安详而又呆滞的面容与当年月光下的“玉石雕像”形成了强烈的视觉反差，让学生的心灵受到了极大的震撼，引发了他们对母亲当年对“我”进行“月光启蒙”的情景的追思，从而真切地感受到母爱的无私、伟大和崇高。可贵的是，教者在此时设计了一个写话练习，再现了文本的内容(特别是最感人的细节)，把学生的情感升华到一个更高的境界。

此外，教师的教学语言亲切、得体，点拨精当、到位，完全将自己的情感融入文本和课堂。透过课堂教学，我真切地感受到教者的教学功底与功力。

这堂语文教学课充满文化意蕴，由此，我想到：语文就是一种文化，语文教师的责任就是要让每一节语文课都充满文化的气息。只有让人类文化在学生的心灵中植根、存活，这样的语文教学对孩子们才有意义。

(评析专家：特级教师　唐铁生)

教育随笔

重返童年的伊甸园

在这些童谣中，我度过了一个古老的语言的狂欢节。童谣的种子，语言下的自由，已经埋在一个孩子的心中。

——耿占春《回忆和话语之乡》

唤　醒

母亲忙完了一天的活计，洗完澡，换了一件白布褂子，在院中的干草堆旁搂着我，唱起动听的歌谣：

“月儿弯弯像小船，带俺娘俩去云南。飞了千里万里路，凤凰落在梧桐树。凤凰凤凰一摆头，先盖瓦屋后盖楼。东楼西楼都盖上，再盖南楼遮太阳。”

“小老鼠，上灯台，偷油喝，下不来——老鼠老鼠你别急，抱个狸猫来哄你。”

……

当我初读孙友田的《月光启蒙》时，就被深深吸引。作者用诗一般的语言回忆了母亲在美丽宁静的夏夜，伴着明月星光，为儿时的自己唱童谣、讲神话、说谜语的动人情景。那情景，唤起了我对童年的记忆：在乡村漫长的夜晚，那朦胧的月光涌进屋子，外婆轻轻拍着我，哼唱着童谣，于是，我的眼前总会浮现出一些神秘的图景，在奇异的幻境中慢慢进入梦境……

《月光启蒙》唤醒了我对童谣的最初感受，沉浸于童谣给予的幸福里。我反复品读着文中一首首童谣，它们展示了一个个梦幻的、诗意的、奇趣的世界，带着泥土的芬芳，散发着浓郁的生活情趣，融注了对真善美的向往。这是一种原生态的本色的口语文化现象。一个目不识丁的村妇，通过一代代口耳相传的童谣，在一个农家孩子的心里播下了想象的种子、语言的种子、文学的种子、精神的种子……童谣，具有一种神奇的魔力！反复诵读，我越发清晰地认识到，这篇文章其实还表明了这样一个事实，那就是充满乡土气息的质朴的民间文化其实是孩子精神成长的根基，是每个人生命历程中不可或缺的宝贵的精神财富。

带着对童谣的感动，我让班上的学生先预习，并谈谈"文中的童谣带给你什么样的感受?"没想到，这群五年级的大小孩们对此不屑一顾："那些童谣啊，太幼稚了，简直是小儿科。""太简单！哪有小说精彩?"显然，对童谣，他们已失去了兴趣，甚至"麻木"了！这是我始料不及的。

如何重建学生已经迷失的童年世界？如何让他们感悟童谣这种童年文化、民间文学的神奇魅力，并能从中受到"启蒙"？我陷入了沉思。

童谣被称为人之初文学样式，简直如天籁般自然，可见它与儿童接受心理的契合。看来，只要通过适宜的教学方式，打开学生记忆的仓库，唤醒、激活他们储存的相关表象、体验、情感，使语言文字与有活性的形象、真切情感的体验联系起来，就能有效地唤醒学生对童谣的感受。

于是，在教学时，我对教材内容进行了重组，没有直接按课文顺序进行教学，而是提取文中五首歌谣童谣，让学生用自己喜欢的方式尽情诵读。没想到，他们很快进入情境，投入童谣之中，融于其间，读得摇头晃脑、眉飞色舞，甚至情不自禁击打节拍，尝试用方言朗读，诵读变得好玩起来。譬如读"毛娃哭，住瓦屋。毛娃笑，坐花轿。毛娃醒，吃油饼。毛娃睡，盖花被。毛娃走，唤花狗，花狗伸着花舌头"时，他们拍着手，跺着脚，捶着桌子，一边有节奏地唱着，一边做着坐花轿、盖花被的动作，童谣的魅力被表现得淋漓尽致，课堂里充满了游戏感。这种游戏感所带来的轻松自如的童真状态，与童谣所表现的童真之趣相吻合。于是，这些符合学生情感体验、年龄特点的童谣，在学生拍手、跺脚、打桌子的节律中，在一遍遍的朗读甚至叫喊中被唤醒了。学生对童谣有了新的了解："童谣句式短小生动，语言简单易懂。""童谣朗朗上口，节奏感强，自然活泼，讲究押韵。""童谣俏皮有趣，语言幽默，而且还蕴含着道理。""童谣想象奇特，能使我们如天马行空，张开想象的翅膀。"……童谣，激起学生快要泯灭的童趣，使他们沉浸在无与伦比的欢愉之中，一颗颗"混沌的童心"就像诗人一样"豁然开朗"。他们真正了解了童谣明快、流畅、含蓄、风趣的特点，感受到了民间文学的魅力。

童谣，在学生心中复苏了！

狂　欢

摇摇摇，宝宝要困觉，宝宝啰，夜意啰。

斗斗虫，虫虫飞，飞到哪里去？飞到高山吃白米，呼啦，飞喽。

哭哭笑笑，尾巴翘翘。翘到天，要成仙，哭到地，笑煞隔壁小弟弟。

……

这一首首土得掉渣的童谣，总会点燃起我遥远而深情的回忆：小时候，我常坐在外婆的膝盖上，听外婆哼唱海门童谣，听着听着，就会忍不住咯咯大笑、手舞足蹈起来。那些充满美好想象、幽默情怀、天籁般韵律的家乡童谣，给我带来的狂欢体验，终生难忘。

海门属于吴方言区，吴方言童谣不但内容丰富、形式多样，而且很有地方色彩，反映了家乡的风土人情、气候风物，同时也体现吴方言的特点，曲调优美，哼唱起来亲切柔和、可唱可诵。

教学完《月光启蒙》，我问："大家还记得哪些海门童谣？"学生尴尬地笑笑，摇摇头。看来，那些维系着童年梦想，连带着家乡感情的童谣，已经与他们渐行渐远了。我一直固执地认为，有故乡的人就是有根的人，有根的人就一定会唱家乡的童谣。面对记不起家乡童谣的学生，我心里感到非常失落。于是，我决定开展"家乡童谣采风"活动。

我和孩子们走村串巷，通过采访长者、上网查阅、发放宣传单等形式，搜集和整理了近百首童谣，配上插图，汇编成册。同时，开展了"在童谣中狂欢"主题活动，让孩子们画童谣、唱童谣、演童谣、赛童谣……在活动中，还特别要求必须用海门话吟诵童谣。家乡话是每一个人生命的基音，用家乡话吟诵童谣，是家乡文化走进儿童心灵的一条捷径。活动中的一切都是那么自然、自由、活泼、无拘无束……孩子们捕捉到了蕴于其中的"顽皮的精灵"，感受到了民俗文化的亲切、美丽和神奇。

人本来就是"以语言为生"的，儿童也是。采风、吟唱、表演……使这些大孩子们重返童年的伊甸园，沉浸在语言世界中，获得了狂欢的体验，一股股创编的激情在他们心中涌动，他们要借童谣建构属于自己的语言与意义。

为了让学生更好地创编童谣，我引领他们再次潜入童谣中进行品读。通过品读，孩子们不断有新的发现：童谣有摇篮曲、游戏歌、问答歌、谜语歌、颠倒歌、字头歌、绕口令等不同类型；在表现手法上，拟人、夸张、起兴、问答、排比、比喻、复沓等不一而足；结构布局灵活多变；无论长歌短章，都能随韵粘合，击节可唱；还能将知识寓于趣味之中……

走进自然，走进生活，在孩子们的眼里，世界充满了神奇，山水石木又皆有了灵性，一首首富于童趣、充满诗情的童谣在孩子们的笔下流淌而出："大白鹅，扭秧歌，一摇一摆，扭下河；伸长脖子，唱山歌，青了杨柳，绿了河。""星星是天空的眼睛，对我眨巴着眼睛。我也朝着星星眨眼睛，我是地上的星星。"……学生用童谣这一独特话语形式，传神地表达出儿童心中的世界，呈现出属于他们自己的想象、情趣与语言。

耿占春在《回忆和话语之乡》中还深情地写道："姥姥的这些童谣为我打开了一扇隐秘的语言之门，使我窥见了事物间的另一重联系，和生命的神秘层……它们就像是一些种子，在我的心中孕育着，使我最终成了一个以语言为生的人。"语言的种子必然会孕育出语言的参天大树，让那些朴素，却又不朽的童谣永远在儿童的心中回荡……

（教育随笔　吴建英）

第四章　课程研发实施

第一节　“中国风·母语美”微课程群的构建与实施

在今天这样一个娱乐至上、网络“无极限”、母语被弱化的时代，如何唤醒沉睡的民族语言经典？如何引领中国的儿童发现母语之美，激发他们对母语的热爱，找到回“家”之路？带着对这些问题的思考，近年来，我们一直致力于“中国风·母语美”微课程群的研发与实施。

一、研发缘起：“四个基于”的思考

1. 基于母语教育的时代需求

母语是民族精神的符号，她承载着连绵不断的民族文化。必须把母语教育放在民族文化建设、当代社会发展、未来人才需求的大背景下进行。只有重视母语教育，才能让我们的孩子热爱母语，从而增强他们的文化认同感和家国情怀，树立坚定的民族自信心。

2. 基于母语教育的现状分析

母语教育发展到今天，主要存在以下三大缺失：

经典母语课程内容的缺失。由于受各种复杂因素的影响，大多数语文教师不敢跨出教材的樊篱。而现有教材中，经典母语选文内容可谓是“短、小、轻、薄”。同时，部分学校在经典母语阅读中存在盲目跟风、不注重系统性、对内容不加选择等问题，甚至把传统文化的糟粕塞给了学生。

传统母语教学方法的缺失。近年来，我国母语经典阅读虽有成效，但整体并不乐观。一些教师教学方法单一，一味推行填鸭式灌输和不求甚解的死背，忽视儿童的母语学习心理和生命体验，这种母语教学方法与现代儿童观、教育观是相背离的。

教师良好母语素养的缺失。教师是母语教育的关键要素，但很多小学语文教师在进行经典母语教育时常常捉襟见肘，举步维艰。部分教师作为儿童母语学习的引领者，自身缺乏对母语的认识与热爱，母语素养、文学素养、人文素养、教育素养都有待提高。

3. 基于小学生的智力特点

根据心理学家的研究，13 岁之前是人一生中记忆力发展的高峰阶段。有这么一个

说法:少年之记,如石上之刻;青年之记,如木上之刻;老年之记,如沙上之刻。根据小学生的记忆力发展特点,毫无疑问,"重诵读、重记忆、重积累,应是 13 岁之前学习语文的重要法则!"

4. 基于"微课程"的独特优势

微课程是指小而微的课程,具有主题聚焦、容量微小、时间短少、操作方便、参与自由、见效明显、特色鲜明等特点。这些特点,对母语课程内容的丰富和全方位建设无疑是十分有益的。另外,微课程的研发还有助于推动教师的专业发展。语文教师开发基于自身优势和个性化特点的母语"微课程",形成"微课程群",将成为今后母语课程改革的一个重要方向。

基于以上分析,我们遵循汉语言文字特点与儿童学习母语的规律,全面构建与实施"中国风·母语美"微课程群,以此推进母语教育改革,从而让儿童认识到母语之美,激发他们对母语的挚爱,唤醒溶解在血脉中的中华传统文化。这是语文学科的内在需求与本色回归。

二、架构体系:让儿童汲取母语营养

我们从儿童需要和发展出发,运用"主题—整合"思路,借鉴多种理论系统进行整体架构,按照儿童成长阶梯,分为低、中、高三个学段,以"经典、童乐、情趣、意蕴"为原则,安排若干微课程,架构起独具个性且符合汉语言文字特点的、多元融合的母语微课程群新体系(见图 1)。

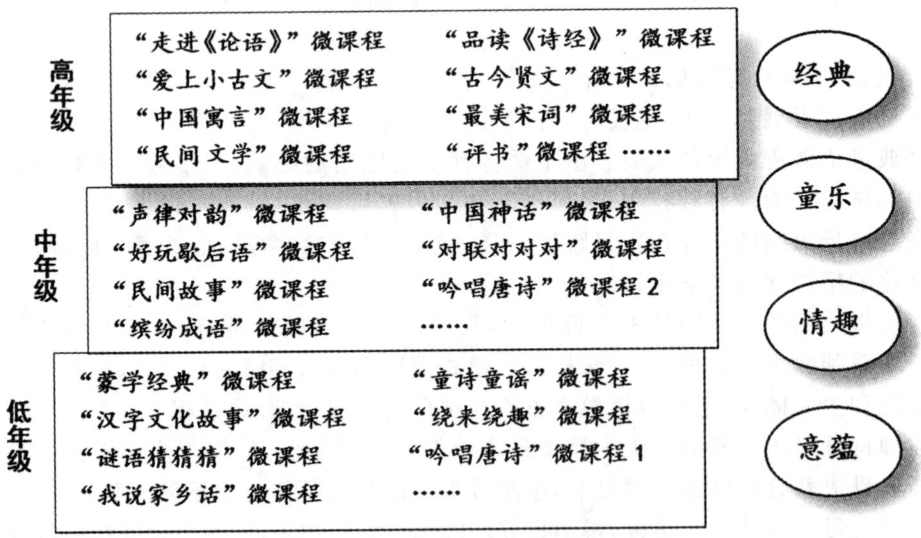

图 1 "中国风·母语美"微课程群

微课程群旨在让儿童汲取最适合的母语营养。例如，低年级的“蒙学经典”微课程，主要从《弟子规》《三字经》《千字文》等蒙学读物以及一些民国“老课本”中精选适合低年级学生诵读的内容；“童诗童谣”微课程，主要通过各种童谣的搜集、整理和吟诵，让学生充分感受母语的独特性和趣味性。又如，中年级的“声律对韵”微课程，主要从《历代趣味诗词鉴赏》《声律启蒙》《笠翁对韵》等经典书籍中精选诗谜、颠倒诗（歌）、回文诗、对韵歌等让学生诵读、感悟并积累；还有成语、俗语、谚语、歇后语、对联等微课程，让学生感受母语的丰富多彩和活泼有趣。再如，高年级的“爱上小古文”微课程，主要依托《论语》《老子》《增广贤文》等经典名篇中的名句以及精选的趣味小古文，让学生初步认识文言、爱上文言。另外，还通过《诗经》、神话、寓言、民间文学等微课程，让学生回到源头学习母语。

在我们的课程视野里，微课程主题的选择具有如下特点：

1. 是经典的，又是多元的

唐诗、宋词、元曲、四大名著小说等优秀传统文化中的经典，理所当然构成了课程的基础。同时，我们还把汉字、对联、灯谜、谚语、成语、神话、民间故事等，甚至把富有特色的乡音乡韵、家乡歌谣也编入课程，尽可能为学生提供多元化的经典。

2. 是远古的，更是儿童的

课程内容的选择充分尊重儿童身心发展和认知特点，因为课程的主体是儿童。比如，为中年级研发的微课程“声律对韵”，声韵协调、朗朗上口，内容包罗天文、地理、花木、鸟兽、人物等，还融进了大量的神话传说、常用典故等。这样的微课程，文本韵律和形象非常契合儿童特点，既可以使学生从中得到语音、词汇、修辞方面的训练，又能让他们在形式多样的对仗诵读中感受古典语言的精妙与美好。

3. 是古典的，还是现代的

阅读母语经典，并不是为了“全盘复古”，更不是为了“否定现代”。不加选择地让孩子去读经，不加辨析地全盘接受古代思想，既不符合时代发展的需要，也不符合母语教育的规律。面对经典母语，我们引领儿童展开现代式阅读，甚至批判式阅读、建构式阅读，目的是将其和儿童当下的日常生活、生命体验、思维培养、情感表达等连接起来，让我们的孩子既有古典情怀，又具备现代精神。

三、主题读本：把最美的母语给最美好的童年

每一个微课程的推进，主题读本的开发是第一步，也是关键一步。我们以“把最好的母语给最美好的童年”为目标开发配套的主题读本，力争使这些读本成为儿童生命中最重要的母语养料。主题读本主要具有以下特色：

1. 精选经典

经典作品有着种子的力量。我们选编的每个微课程读本，篇目虽不多，但必须是“经典中的经典”。它们或是语言表达上的经典，或是思想价值上的经典，为学生提供的不仅是最美的母语浸染，更多的是一种情感体验、思维方式，是思想内涵的引领和提升。

2. 适切儿童

母语课程建构的基础理论核心是"适切儿童"。我们在选编读本时应充分尊重儿童的身心发展特点，远离单调乏味、枯燥说教的内容，尽量做到丰富多彩，并与儿童的生活经验相结合。如低年级的"童诗童谣"微课程，就选择了一些好听又好玩的海门童谣。海门童谣是本地区优秀的民俗文化，孩子们特别喜欢，他们在用方言诵读时充分感受到了民间文学的魅力。

3. 互补整合

在内容选编时，我们尽量避免与现有语文教材内容重复，同时通过"解构、重组、精简、拓展"等途径进行重构，互补整合，减"负"增"效"。如围绕"最美宋词""中国神话"等微课程主题，我们整合了教材，做多维度的延伸、拓展，在精选经典的基础上压缩、增添，形成读本。这种读本，可以说是基于教材又超越教材的。

4. 形成阶梯

根据学生年龄特点和认识水平，遵循国家课程标准，在确定好微课程目标的基础上，每一个微课程读本以主题连成序列，并以年级形成阶梯，由浅入深、由易到难。

如开发低年级"汉字文化故事"微课程读本时，课程组的教师先阅读了大量的汉字文化类书籍，如《画说汉字》《汉字里的故事》《汉字王国》《有故事的汉字》等，然后在庞杂的汉字系统中精心选择既有故事性又有代表性的汉字，再依据教材中语文学习的进度循序渐进地引入，形成以下的读本内容(见表1)：

表1 "汉字文化故事"微课程读本内容

年段	内容	年段	内容	年段	内容	年段	内容
一年级上学期	日月星辰	一年级下学期	鸟飞雀跃	二年级上学期	抛头露面	二年级下学期	车船风行
	气象万千		地上走兽		体腔胸背		古代兵器
	高山深谷		地面爬虫		手法多变		鸟羽兽毛
	土石农田		鱼龙出水		足脚止步		生活用具
	河川流水		兽角兽踪		布衣丝巾		鼓乐琴声
	树木枝丫		人体造型		饮食器皿		耕织工具
	竹木草坪				房屋居住		

在读本中，从"日月星辰"到"人体造型"，从"抛头露面"到"耕织工具"，主题涵盖天文、地理、历史、人物、动物、生活等，学生可以从中阅读汉字背后的故事，了解汉字的"前世今生"，感受汉字的文化内涵，轻轻松松学好汉字。

四、"乐学"策略：让儿童在母语中狂欢

在母语教学中，一些教师教学方法单一，一味推行填鸭式灌输和不求甚解的死背，

忽视儿童的母语学习心理和生命体验，学生无法体会到学习母语的快乐。在课程实施过程中，我们努力汲取古代母语教育的精华，同时吸收当今母语教育改革的成果，找寻最适宜的"乐学"策略，采用儿童喜闻乐见、生动活泼的方式，让他们在母语中狂欢。

1. 多样诵读，感受母语趣味

母语阅读，应以"不求甚解""熟读成诵"为教学原则，将"读"贯穿始终。要让学生在丰富多样、充满情趣的诵读中，感知母语的一唱三叹、回环婉转、抑扬顿挫等韵味。我们在"声律对韵""对联""绕口令"等微课程的教学中，根据教学内容，变换多种形式，采用表演读、拍手读、跺脚读、交替读、接龙读、快读、慢读、辩读、对读、引读、转换角色读等多种方法，让学生读得乐此不疲，乐趣无穷。

2. 寓教于乐，唤醒激活经典

国学大师南怀瑾先生曾说过，一般的人们，太过年轻现代化了，根本不知道过去传统的教育方法是有多么轻松愉快，使儿童们在歌唱舞蹈的气氛中，达到文化教育的水平，古人所说"弦歌不绝"，就是这种境界。母语阅读，需要我们寓教于乐，用学生喜欢的方式激活、唤醒经典，可采用游戏、歌唱、舞蹈、短剧等形式，让母语"活"在儿童的生命里。

例如，在"缤纷成语"微课程中，教师结合学校的京剧特色，让学生欣赏经典曲目，了解唱段背后的成语故事，并在理解的基础上让学生学唱京剧中的成语故事剧目《负荆请罪》《霸王别姬》《八仙过海》等。又如，在"绕来绕趣"微课程中，为了让学生感悟绕口令的趣味性和幽默感，播放了一首歌曲《中国话》，这首歌不仅充满时尚气息，节奏感强，而且其中伶俐快速的发音和无厘头的语言也趣味横生，一下子就吸引了学生。这样的母语学习才会让学生觉得饶有兴趣，有滋有味。

3. 模仿迁移，感受创编之乐

经典母语语言既精辟洗练、晓畅准确，又神形兼备、蕴涵深厚。在教学中，要引导学生深入语言内部，感悟语言神韵，发现其内在的"美"。只有让学生感知"言"，积累"言"，仿照"言"，创作"言"，由表及里，步步深入，才能真正达到感受语言、领悟语言、积累语言、运用语言之目的。

如在"绕来绕趣"微课程实施过程中，在多形式诵读之后，教师引领学生通过对一组绕口令的观察，了解到绕口令的最大特点是"绕"，里面有许多字很相近，并且韵母都相同。有了这样的认识，学生创编起来就如鱼得水了。创编过程分为两个步骤：一是出示绕口令，让学生填字；二是学生独立创作绕口令。在此基础上，又引领学生创编礼仪绕口令、健身操绕口令等指定内容的绕口令，学生在这种创编中真正体会到在语言中狂欢的乐趣。

4. "互联网＋"，体验更多奇妙

"互联网＋"时代，信息技术和信息工具的运用改变了人们获取知识的方式，也必然会改变人们的学习方式。"互联网＋"背景下的母语微课程也在不断寻求新的教学方式。如在“汉字文化故事”微课程中，教师带领学生走进《汉字宫》。《汉字宫》用动画片形象生动地演示了汉字的形成过程，一字一小段情景视频。每天十分钟《汉字宫》，学生在看动画的愉悦中，不仅了解了汉字的起源，更感受到了汉字世界的丰富、神奇。此外，我们还引领学生在微信“博雅小学堂”里听《诗经》，在“跟我学小古文”中学小古文，用“为你诵读”软件进行“每日一诵”的练习、分享……互联网能让学生更便捷地学习母语，并充分感受到新时代背景下母语学习的快乐。

另外，我们还将母语学习与社会实践、游戏活动、学校集会、礼仪训练、参观游学等相结合，让学生随时随地浸润在美妙快乐的母语世界中。

五、重组优化：用适宜的方法提高课程实效

在探索与实践中，我们积极更新教学观念，大胆进行课时重组，优化方法，变革与创新评价模式，不断提高课程实施的效果。

1. 课时重组，实施灵活高效

根据学生发展及课程实施的需要，我们以集中和分散相结合的形式，在课时总量不变的前提下，尝试将每周语文课时量的三分之二用于教材教学，三分之一用于微课程的实施。同时，还进行长课时、中课时、微课时等的调整与统筹安排。如晨诵15分钟的微课时，用于“吟唱唐诗”“绕来绕趣”“好玩歇后语”等微课程的实施；午读30分钟的中课时，用于“中国寓言”“中国神话”“民间故事”等故事类微课程的实施；60分钟的长课时，用于“民间文学”“评书”等微课程的实施，这样能使课程活动得以自然伸展，学生能在一个比较充分的时空内更好地进行母语学习。

2. 优化方法，提高实施质量

课时重组后，我们运用精读略读结合法、主题阅读法、比较阅读法、群文阅读法、单元整体阅读法等多种方法促进教学最优化。实践证明，优化教学方法，遵循儿童身心发展的规律和学科学习的规律，能有效提高微课程实施的质量和效果。另外，我们还以社团为载体，采取选课走班的方式，让学生根据自己的个性、兴趣、能力选择自己感兴趣和适合的母语微课程社团，为每一位学生的母语发展提供个性化平台。

3. 趣味评价，体验成功乐趣

课程落实，离不开评价的改革。我们主要启用“星级评价手册”进行评价，手册中分学段设有各种母语微课程大赛评价栏，如“汉字书写大赛”“诗词背诵大赛”“成语接龙大赛”“唐诗吟唱大赛”“神话讲述大赛”等，学生每参加完一个大赛，便可获得一枚“星级奖章”。此外，在母语节、期末庆典等活动中，我们还采用展示性评价，让学生通过“歇后语对对碰”“成语大闯关”“小儿对韵”“飞花令”等丰富多样的游戏活动展示母语学习成果。这些趣味评价，让学生在母语学习中真切感受到学习母语的价值，体验到母语学习的乐趣。

“中国风·母语美”微课程群的研发与实施，实现了母语文化经典与学生核心素养

发展的对接、与现代儿童成长的对接、与教育面向未来的对接，走出了一条富有民族特色和时代精神的母语教育探索之路。

【范例1】“中国神话”微课程的构建与实施

一、课程缘起：源于一个天真的问题

“老师，我妈妈说我是从胳肢窝里生出来的，是真的吗？”二年级的王同学好奇地问我。我当时还真不知道该如何回答，只能说：“等你长大后，就知道了。”

虽然这件小事过去了，但是我想孩子们问的一些问题，我们小时候也同样困惑过：“天是怎么来的？”“山是怎么有的？”“鸟又是从哪儿飞来的？”……于是我萌发了开发“中国神话”微课程来和孩子们探究这些问题的想法。一二年级的学生比较小，处于阅读童话的年龄；五六年级的学生抽象思维发展迅速，开始对科学感兴趣，那就放在三四年级进行“神话”的探究吧。

二、课程目标：思索我们该走到哪里

神话是人类童年时期的产物，里面有神奇的人物、神奇的器具、神奇的力量。它是远古先民与世界对话的结果，先民用神话解释客观世界，解释自我，处理与自然、与他人、与其他族群的关系。神话承载着民族传统文化的精髓，是民族传统文化的范本之一。盘古开天辟地、女娲抟土造人、贴“福”字的来源……这些世世代代流传下来的神话和传说，并不单单是老故事，更是在文化内核上和现代人的精神世界密切相连的精神食粮。

“中国神话”微课程不应以掌握知识、训练技能为根本，而应以文化的陶冶与传承为根本。因此“中国神话”微课程应当致力于以下三大目标的达成：

一是回到人类童年时期，了解先民对世界的解释。回到本文开头的问题，读神话可以解决三四年级学生心里的一些疑惑。通过微课程学习，为学生重新认识自然、审视生活带来启示。

二是传承民族精神，播下一粒真善美的种子。神话中很多很多的老故事，共同奠定了中国文化的基础。神话故事中推崇的社会法则、伦理道德、价值观念，无一不作为文化源头，建构着中国特有的文化模式、思维模式。英雄们超人的力量和一身正气、高尚的品德和行为给学生以震撼，在他们心里播下真善美的种子。

三是感受神奇想象，加强对经典文本的积累。先民最初与世界的对话富有想象力和浪漫情怀，反映了人类童年时期的思维方式。“中国神话”微课程就是要让学生感受这种奇特的想象，让学生阅读神话、讲述神话、复述神话、表演神话，加强对经典神话文本的积累，体会神话中想象的丰富、奇特和美妙，感受母语的优美与诗意。

三、课程设计：搭建阶梯阅读的框架

我们精选最经典的中国古代神话，搭建阶梯阅读的框架。

三年级上：创世神话；三年级下：发明神话；四年级上：诸神神话；四年级下：英雄故事、传说故事。通过阅读，学生了解了人是从哪里来的，山川河流是从哪儿来的；探索房屋、火、文字是怎么来的；感觉到生命本源处的神秘力量，感受到先人的英雄气概，体会先人对于真善美的不懈追求。（见表2）

表2　中国古代神话阶梯阅读框架

年段	内容		年段	内容	
三年级上学期	创世神话	盘古开天地	三年级下学期	发明神话	仓颉造字
		女娲造人			燧人钻木取火
		女娲补天			神农尝百草
		伏羲八卦			有巢氏
		伏羲女娲			嫘祖养蚕
四年级上学期	诸神神话	夸父逐日	四年级下学期	英雄故事	尧的故事
		精卫填海			舜耕历山
		刑天舞干戚			大禹治水
		后羿射日		传说故事	八仙过海
		嫦娥奔月			牛郎织女
					沉香救母

四、课程实施：熬一锅神话的“石头汤”

1. 激发学习动力，文白对照反复读

孔子说：“知之者不如好之者，好之者不如乐之者。”神话启蒙课程要创设各种情境，激活学生学习神话的兴趣和动力。一般以神话文言文本为主，让学生捧起文言文本自由自在地读，或默读，或吟诵，或轻念，或朗读，以读得正确、流利为准则。在反复读的基础上，文白对照，让学生自己领悟神话文言文本的意思，教师不做细致分析与讲解。我们阅读这些神话的过程，并非是一个知识获取的过程，而是一个强烈的情感体验的过程。当学生大致读懂后，再次激发学生大声朗读文言文本的兴趣，采用小组对抗读、火车接龙读、角色扮演读、配乐美读、擂鼓助兴读等形式，让学生在朗朗书声中充分感悟文言文本。

2. 感受多样艺术，视听结合悟形象

神话故事大都被拍成了动画片，或被录制成了有声故事，毫无疑问，动画片与有声故事是极受学生欢迎的。当读完了文本材料，再来“阅读”视听材料时，学生的理解与感

悟会变得更为丰富、深刻。

我们还尝试了“中国神话”微课程学科整合课。语文教师带领学生一起阅读文言文本《女娲补天》,科学教师讲述女娲补天可能跟远古时代的一次陨石雨灾害有关,美术教师带领学生欣赏中国艺术家袁熙坤创作的《女娲补天》雕塑,音乐教师教学生唱歌曲《女娲补天》。这样的整合课,学生感到很新奇,也很喜欢。

3. 开展别样活动,动手动脑来表达

(1) 创编故事

每一个神话故事中都有情节留白,这些留白正是培养学生想象能力,进行言语实践的好素材。如《盘古开天地》一文中盘古化生万物,“首生盘古,垂死化身,气成风云,声为雷霆,左眼为日,右眼为月。四肢五体为四极五岳,血液为江河,筋脉为地理,肌肉为田土,发髭为星辰,皮毛为草木,齿骨为金石,精髓为珠玉,汗流为雨泽,身之诸虫,因风所感,化为黎氓”,但还有许多没有写出。《女娲补天》中对神奇的补天石也语焉不详,这石头是从哪里来的?女娲到底用了多少块石头?有没有剩余的石头?这就为后来者续写这块石头的故事留下了许多空间……留白为学生进行言语表达实践提供了空间,也可以让学生与文本对话,产生更强烈的阅读期待与创作欲望。

(2) 设计名片

阅读完神话,让学生根据文本材料查查资料,给神仙设计名片,既是提取信息,也是一次非连续性文本的创作。下面是一位同学给女娲设计的人物名片的文字材料。

中文名:女娲　　出生日期:远古时期
别名:女希氏,娲皇　　代表作品:五色石
职业:中华上古第一女神　　主要成就:抟土造人,炼石补天

(3) 发现英雄

让学生到神话里找一找英雄,并按照下面的格式梳理,这是一种切合神话特质的做法。不管是儿童,还是成人,都有英雄情结,英雄崇拜是人类本原性的心理需求。在梳理的过程中,学生会自己发现正义、勇敢、责任、大爱……(见表3)

表3 “发现英雄”记录表

神话	神话里的英雄	英雄的事迹	我的感言
《盘古开天地》	盘古	盘古为了创造天地,牺牲了自己,身体化成了万事万物	古人的想象是那样的奇特,盘古是伟大的,虽是神话,但是我能感受到远古时期,一些英雄人物为了部落牺牲自己,毫不犹豫
……	……	……	……

4. 中西对比阅读,激发民族自豪感

将《大禹治水》与《洪水与方舟》、《钻木取火》与《普罗米修斯盗火》等中外神话故事进行比较阅读。(见表4)

表4 中西对比阅读记录表

中外神话	神话里的人物	面对洪水采取的行动	我的发现
《大禹治水》	大禹	察看水流和地形,带领百姓劈开大山,挖通大河,治理了洪水	面对洪水,大禹选择了抗争,诺亚选择了逃离
《洪水与方舟》	诺亚	建造一艘方舟,并带着他的妻子、儿子与儿媳妇,还有各种动物逃离洪水	

这种比较,学生非常感兴趣。面对洪水,大禹选择了抗争,诺亚选择了逃离。在西方神话里,火是上帝赐予的;在希腊神话里,火是普罗米修斯偷来的;而在中国神话里,火是我们的祖先钻木取火,坚韧不拔摩擦出来的!通过一次次比较,学生可以感受到中华民族奋斗不息的精神,民族自豪感在心中升腾。

五、课程评价:讲述一个动人的故事

神话源于先民的日常生活,"口耳相传"是神话的一大特点。因此"中国神话"微课程评价的重要内容就是让学生生动地讲述一个神话故事。指导学生讲好故事主要从三个方面入手:

1. 梳理情节图

梳理故事情节结构,为讲述故事做铺垫。情节图可以是情节流程图,可以是思维导图,还可以是树形图、鱼骨图,等等。比如写出《大禹治水》情节流程图:洪水泛滥→察看水流和地形→挖通大河,劈开大山→三过家门而不入→洪水被治服。

2. 一句变三句

"一句变三句"就是在原有故事基础上加上适当的想象,让人物说起来、动起来、想起来,变得更加鲜活生动。譬如:

师:讲故事的时候,我们要把一句话变成三句话,这样才能将故事讲生动。"后羿射掉了天上的九个太阳",这一句怎么变成三句呢?

生:我觉得,可以说一说后羿是怎么想的。后羿看到人们在炎热的太阳下苦苦煎熬,非常难过,心想:大地都快被烤焦了,人们怎么活得下去呀?我要去把太阳射下来。

师:非常好,这样人物就鲜活了。

生:还可以说说后羿射日的动作。十个太阳在天空中,地上的森林、房屋都被烤得快要着了火。后羿看了,立刻搭上了一支箭,拉满了弓,"嗖"的一声,箭向着一个太阳射去,一个火球应声落了下来。其余九个见势不妙,急忙逃走。可是后羿的箭射得又快又准,在"嗖——嗖——"的箭声里,太阳一个接一个落下来。

师：这样一说，就有声有色了。现在，将刚才的这几句话连贯地讲一讲。

3. 形式可多样

讲故事是贯穿整个神话启蒙微课程的最重要的形式，我们让每一个孩子都有上台讲故事的机会，有时是个别讲述，有时是小组合作讲述、舞台表演讲述……每一个孩子都可以成为故事的再创者。

"中国神话"微课程带领学生穿越远古，回到人类的童年时期，神话活起来，神话中的英雄形象印在学生的心灵里，神话里的民族精神与文化在学生心田生根、发芽。

（范例设计：张永杰）

【范例2】"评书"微课程的构建与实施

一、课程缘起：亲近说书传统

爱听故事是孩子的天性。专业讲故事的人，可追溯到宋代的说书人。古代说书人在街头市井现场说故事，他们惟妙惟肖地模仿故事中人物的声调、语气、神态，让人听得如痴如醉。

时至今日，传统说书虽失去了往日的辉煌，但仍拥有很多忠实的爱好者，彰显其顽强的生命力和无穷的魅力。莫言在诺贝尔文学奖的获奖感言中提到，他经常去听"说书"，回来以后加上自己的理解和想象讲给妈妈听，正因为大量地听和说，给他的文学创作打下了深厚的基础。台湾作家蒋勋在《蒋勋说文学》中也介绍了这种口传文化的价值和魅力，指出古代小说就是在说书人的传统中发展起来的，并提出担忧，随着时代的发展，源自民间的说书传统怎样去延续？

评书，作为一门优秀的中国传统文化艺术，包含了历史、人文、诗词，以及各种技巧，就像一座宝藏，有无数的奇珍异宝等着我们去开发、整理、研究。我们要在新时代背景下传承和弘扬中华优秀传统文化。基于此，我们借助网络上丰富的评书资源，开发适合儿童认知水平的评书微课程，旨在培养学生对说书这一传统文化的亲切感、认同感和丰富的语言感受力，唤醒学生对传统文化的兴趣，最终实现学生母语素养以及核心素养的全面提升。

二、课程架构：梳理"故事集"

网络上的评书资源不胜枚举，选择并确定适合小学阶段儿童收听的评书内容成了首要任务。我们围绕"那些年听过的评书"组织了教师沙龙，一起回顾童年听书的经历。大多数"60后""70后"的教师说起评书，如数家珍，刘兰芳的《杨家将》《岳飞传》，袁阔成的《三国演义》《封神演义》，单田芳的《白眉大侠》《童林传》……这些经典评书就像一幅幅画卷徐徐展开。我们博采众长，结合"中国评书网"的相关资料，制定了中高年级经典评书推荐目录。（见表5）

表 5　经典评书推荐目录

年段	内容		演播	年段	内容		演播
三年级上学期	神怪类	《哪吒传》	常志	三年级下学期	神怪类	《八仙得道》	田战义
		《西游记》	孙敬修			《封神演义》	单田芳
四年级上学期	短打类	《铁伞怪侠》	单田芳	四年级下学期	袍带类	《三国演义》	袁阔成
		《花木兰》	单田芳			《隋唐演义》	单田芳
五年级上学期	袍带类	《水浒全传》	单田芳	五年级下学期	短打类	《白眉大侠》	单田芳
		《岳飞传》	刘兰芳			《童林传》	单田芳
六年级上学期	历史纪实类	《林则徐》	单田芳	六年级下学期	历史纪实类	《乱世枭雄》	单田芳
		《千古功臣张学良》	单田芳			《楚汉争雄》	单田芳

我们根据学生的年龄特点和认知水平，结合评书的不同类型，确定了各年段的经典评书目录。涉及的评书类型广泛，有神怪类、短打类（剑侠与义士）、袍带类（名将贤相）、历史纪实类。筛选出来的评书内容难度呈螺旋式上升状，帮助学生搭建了一个系统的“评书”微课程体系。

三、课程实施：“听说读写”齐上阵

1. 21 天听书之旅——让评书走进生活

在生活中，听评书的小学生寥寥无几，让学生接受并爱上评书，成了本课程的首要任务。我们结合推荐目录，根据“21 天习惯养成法则”，开展了“21 天听书之旅”活动，通过 21 天的正确重复练习，可以养成一种听书的习惯。活动期间，学生每晚收听评书，倾听评书大师讲述那些远逝已久的英雄人物上演的一出出波澜壮阔、气吞山河的悲喜剧，并把所听、所感、所悟上传微信朋友圈，在亲朋好友的支持鼓励下，坚持完成 21 天听书之旅。教师为完成任务的学生颁发听书勋章，帮助学生强化这一行为。通过这样的活动，学生很快就喜欢上了这种优秀的传统文化形式。学生在完成第一轮听书之旅后，自觉地进行了第二轮、第三轮……把听评书的习惯融入了日常生活。

评书最大的特点就是说书人在讲故事的同时，还会加入自己对事件和人物的评论，教人辨是非，明事理。针对这样的特点，我们利用语文课“课前两分钟”的时间来聊评书。学生会为评书中人物的悲惨遭遇而长吁短叹，为英雄好汉的壮举而拍手叫好；为小人得势，迫害忠良而义愤填膺；为谁对谁错、谁善谁恶而争论不休……“课前两分钟”成了每节语文课的最美妙的前奏曲，也成了学生最期待的快乐时光。

2. 自主开发说书稿——跟着大师学评书

“世间生意甚多，唯有说书难习。平叙说表非容易，千言万语需记。一要声音洪亮，二要顿挫迟缓。装文装武我自己，好似一台大戏。”可见，评书艺术的特点及学习、表演的难度对说书人的文学素养和艺术功力提出了很高要求，同时也说明“说评书”是锻炼口才、提升语文素养的有效途径。“跟着大师学评书”是我们继听书之旅后的延伸活动。

评书大师都拥有深厚的文学功底和艺术表现力，是学生学说评书最专业的老师。就以袁阔成讲的评书《三国演义》为例，袁老的发音字正腔圆，嗓音中正平和，语言流畅精致，富有韵律感，是学说评书的最佳范本。师生在“课前两分钟”的交流中，确定练说的精彩情节，由教师开发成适合本年段学生练习的说书稿。每一篇说书稿都是一个独立、完整的故事，语言口语化，生动又形象，用演员们的话来说，就是“立”起来的语言。学生有了说书稿，犹如神器在手，说起评书便有了三分神似。

每周的社团课是雷打不动的“说书时间”。学生们身穿长衫，手执纸扇，俨然成了一个个小小的专业说书人。在课堂上，我们先播放评书录音，让学生对照说书稿，细细揣摩表演技巧。然后，引导学生品味人物的语言、心理、动作等，进一步对一些关键语句的语气、语速、声调乃至发声部位给予提示指导。接下来，学生模仿练习、展示。

孩子们是天生的小演员，他们喜欢这种口头文学，讲起来特别带劲。瞧，他们的眉毛在跳舞，小眼睛在发光，小嘴巴噼里啪啦，小手上下挥舞……练得如痴如醉。很快，班上涌现出一群优秀的小说书人。自从爱上了说书，同学们在舞台上更加落落大方，举手投足间颇有评书大师的风范，口头表达能力得到了显著提高。

3. 发现写作密码——架起评书与写作的桥梁

随着对评书的深入研究，我们发现评书就像一座取之不尽、用之不竭的宝藏。有许多珍宝等着我们去开采、挖掘。“开脸”是评书中塑造人物形象的重要手段之一，也叫人物赞，就是用语言文字描摹出人物的面貌、穿着打扮和外在特征，以一段或长或短、不长不短的贯口一口气说出来，甚是精彩。比如《三国演义》中诸葛亮的人物赞：“这位孔明先生是身高八尺，面如冠玉，眉分八彩，目似朗星，鼻如玉柱，口似丹朱，两耳有轮，头戴纶巾，身披鹤氅，飘飘然，有神仙之感呐。”这是一段非常典型的人物外貌描写范例，包含了从整体到局部、由上到下的描写方法，运用了比喻、排比、夸张等修辞手法，语言干脆利落，富有韵律，念起来如气贯长虹般酣畅淋漓，豪爽痛快，展示了评书语言的独特魅力。评书中除了常见的各种英雄人物的赋赞，还有同样精彩的“兵器赞”，顾名思义，“兵器赞”就是描摹兵器的外形、功能、威力的赞词，是指导学生描写状物的典型范例。此外，评书中的经典俗语也是评书艺术宝库中的重要财富，说书人在讲述的过程中，总会时不时冒出一两句贴切形象、诙谐幽默又朗朗上口的俗语，如点睛之笔，令听者拍案叫绝。

师生在收听评书的过程中，有意识地收集精彩的“人物开脸”“兵器赞”“经典俗语”，并整理成集，进一步品味、诵读。渐渐的，评书的语言和创作手法对学生的写作产生了潜移默化的影响，他们对事物的描摹更细致入微，经典俗语在学生的习作中经常出现，为文章增色不少。我们在评书和写作之间架起一座桥梁，学生便会呈现出无限的精彩。

（范例设计：秦飞飞）

第二节 儿童整本书共读课程的思考与行动

一、共读价值，编织共同的生命密码

儿童阅读有许多关键期，小学阶段是关键期中的关键。美国著名诗人惠特曼在《有一个孩子每天向前走去》一诗里说道："有一个孩子每天向前走去，他看见最初的东西，他就变成了那个东西。"德国语言学家格林也曾说过，或许只有童年读的书，才会对人生产生深刻影响。这些伟大的作家都认为儿童时期阅读会深刻影响人的一生。

儿童阅读对于儿童成长有着极其重要的作用和价值。首先，阅读能力在学习能力当中占据了核心位置；其次，阅读是获取知识、启迪智慧的有效方法；再次，阅读还是一个人精神成长的重要途径。培养学生对书籍的亲近感，其实就是培养他们的母语意识。母语意识是集体意识、民族意识、国家意识的根本所在，没有母语意识的人，对母语没有感情的人，就不会有本土文化的归属感。儿童阅读的过程，不仅能提高他们理解与运用母语的能力，也是儿童精神发展、融入社会、文化认同的过程。所以，在童年——一个人记忆、学习的黄金时期，让儿童阅读一定数量的经典，从而储存大量的语言和思想资源，对一个人的终身发展有着特别重要的意义。

然而，我国儿童阅读的现状令人担忧。长期以来，语文教学一直没有打破"让学生读一本教材，然后大量做各种习题"的怪圈，这是严重违反母语学习规律的。同时，在实际教学实践中，由于缺乏具体的、可以操作的课程标准（如读物的选择，实施的方法、时间，评价考查的方法等），因此很难将课程标准中关于阅读的要求真正落到实处。另外，网络文化对阅读的冲击很大，网络所传达的图像世界使得儿童不再喜爱深度的文字阅读和思考。视野领域的被侵占导致了儿童精神领地的失落。在这个价值多元的时代，如何使儿童静下心来开展有效阅读，获得深度阅读体验，是值得我们思考和亟待解决的问题。

所以，我们倡导儿童阅读，让儿童与书为友、与书结盟，悉心培育和展现优雅的阅读环境、浓郁的阅读气息、丰富的阅读表情、风趣的阅读姿态、良好的阅读习惯，使阅读成为儿童最为自然的生活方式。

其中，儿童阅读中的整本书共读，是一种卓有成效的阅读方式。早在1941年，叶圣陶先生就明确提出"把整本书作主体，把单篇短章作辅佐"的主张。现今，《义务教育语文课程标准》也要求，"多读书，好读书，读好书，读整本的书"。可见整本书阅读的重要性。如何引领儿童进行整本书阅读？教育专家朱永新先生在《共读共写共同生活》主题报告中倡导"共读"，即通过共同阅读，拥有共同的语言、共同的密码、共同的价值，从而实现真正的共同生活。

整本书共读，就是教师、家长、学生、作者、编者共同沉浸在一本书中，通过不断地阅读、阐释、碰撞，编织共同的语言密码和精神密码。每个人对同一本书的发现与理解是不尽相同的，不同的人读同一本书，通过分享各自的阅读感受，极大地丰富了书的内涵。一本书的意义就是在共读中走向丰满的。

更为重要的是，共读能让师生、生生、亲子之间更加信赖，能实现彼此真正的共同生活。整本书共读，在富有仪式感的共读编码中，让阅读庄严而美好，这份庄严与美好，会成为美妙的集体记忆，儿童也从此会爱上阅读、享受阅读。此外，通过整本书共读，能对学生进行科学、系统的阅读训练，提升学生信息提取、整合分析、阐释说明、推理判断、反思评价、创造应用等多种阅读能力。所以，整本书共读是语文教育发展的需要，更是素质教育、学生成长的需要。

二、共读经典，让学校成为开放的图书馆

阿根廷诗人、小说家博尔赫斯说："天堂，应该是图书馆的模样。"其实，学校就应该是图书馆。为了促进共读，我们努力打造独具特色的阅读生态。

我们构建了一至六年级整本书校本课程体系。在书目选择上，主要注意以下四点：

1. 绝对是经典的

儿童更需要经典。我们努力把人类那些最重要的价值，如爱、自信、尊重、感恩、诚信、同情、敬畏、宽容等"成长维生素"，通过最经典、最美好、最优秀的书籍带给孩子，为他们树立正确美好的人生观、价值观、群体观、自然观等打下基础。这样，在儿童精神成长最敏感的时期遇到好书，就可以养成一个好的"胃口"，读书就有了品味，有了格调。

2. 必须是儿童的

我们尽量选择适合儿童的，他们喜欢读的书。例如，选择与学生心灵息息相通的书。儿童天生爱幻想、充满好奇，这就决定了他们爱读幻想故事，《爱丽丝漫游奇境记》《绿野仙踪》《中国神话故事》等这些故事中神奇的宝贝、魔法，可以刺激学生萌生源源不断的想象力。又如，选择与学生生活密切相关的书，如《草房子》《特别的女生萨哈拉》等这类书，学生读时会感到特别亲切，可以从中寻找自我，还能从他人的思想、情感、苦难等经历中体验到生命的成长。

3. 选择是分层的

儿童心理研究表明：孩子七八岁时喜欢阅读与自己现实生活密切相关的故事，九到十一岁时喜欢阅读有丰富知识的作品，十二岁以后喜欢读文字量较多的作品和名人的传记故事。根据儿童心理、年龄等特点，我们把书按低、中、高年段进行横向分层，即分为不同年段的书目。这样，能为每一个儿童寻找到此时此刻他最适合的书。

4. 应该是全面的

我们所选的书以儿童文学为核心，兼选自然科学、人文科学等方面的其他优秀读物，如高年级文学方面的图书有《西游记》《城南旧事》等，科学方面的图书有《昆虫记》

《地心游记》等，人文方面的图书有《孔子的故事》《少年音乐和美术故事》等。这样，学生才能获得全面的“营养”。

为了给学生创造好的阅读环境，我们努力创建缤纷的阅读乐园。学校每学期要举行“阅读文化节”，每一届阅读文化节都有一个鲜明的主题，如“亲近母语·传承文化·爱我中华”“文学，让儿童的心灵柔软起来”“在语言中狂欢”等。在阅读文化节中，我们努力营造读书的氛围，如把“书”的各种字体做成展示牌，挂在树上；每学期都会邀请儿童文学作家走进校园，开展作家学生面对面活动；还举办班级读书展示会、“童手写童心”、“我为名著写书评”、书本剧表演、诗词诵读会等精彩纷呈而又实实在在的系列读书活动，为学生搭建展示读书成果的平台，唤起学生阅读的原动力，推动阅读文化建设。同时，推进每天中午 30 分钟的师生共读和日常 30 分钟的自由阅读活动，使学校成为一所永远开放的图书馆，成为学生成长的理想村落，让广大学生沉浸于清朗而高贵的读书生活中，让读书成为学生每天生活中不可或缺的一部分。我们还把共读活动延伸到家庭、社区，让教师、学生、家长参与其中，班级共读会、亲子共读会、教师共读会如雨后春笋般涌现，“书香儿童”“书香教师”“书香班级”“书香家庭”层出不穷。

为了给学生搭建阅读交流的平台，我们还开展丰富多彩的共读活动：

“你讲我听”活动。低年级教师坚持每天为学生大声朗读课外书，一部部经典童书在教师的朗读中传递给了学生。

“持续默读”活动。每天中午，校园内响起美妙的轻音乐，师生静静共读。在共读氛围下，各班涌现出了许多“小书迷”。

“班级共读会”活动。让学生做小画家，为自己喜爱的书画配插图，绘制故事绘本；当播音员，朗诵最喜爱的优美片段；创办班报，倾诉阅读感受、交流阅读心得等。

“亲子共读”活动。我们给家长发了《为孩子的诗意阅读致家长朋友的一封信》《家长指导孩子阅读手册》等材料，还组织了“亲子共读乐”“亲子共读沙龙”“亲子征文评比”等活动，让家长也融入浓浓的书香之中。

“主题共读”活动。配合学校文化节，如游戏文化节、生态文化节等，列出系列阅读书目，推动主题共读。

“学科共读”活动。文学阅读、科学阅读、数学阅读、历史阅读、英语阅读等应时而生，并逐步壮大。涉及各种学科领域的书籍，纷纷进入学生的阅读视野，知识变得格外丰富起来。

三、共读对话，在“三步曲”中拾级而上

最好的阅读应该是充满魅力的书籍与阅读者之间对话的过程，也是书籍、教师、学生多向对话的过程。在共读对话中，教师的重要任务是导读，而且是和学生一起共读。

我们每周开设一节共读课，师生每月共同精读一部经典作品，形成了整本书共读的“导读——推进——延伸”三步曲模式，使阅读指导更好地适合儿童的心智成长和精神

发育。

第一步：导读，开启学生的阅读期待。阅读期待是一种迫切求知的心理状态，通过悬念的制造、情境的创设等激起学生体验和探究的欲望。重视阅读期待，对于激发学生的阅读热情、培养良好的阅读情趣有着重要的意义。

导读部分充分利用阅读期待，或从书中选取一个美好的场景、几个鲜明的形象，或讲讲作者和相关书评，或用书中的插图、故事里出现的音乐等，使学生对新书阅读产生一份关注，形成一种期盼。比如，《绿野仙踪》的作者弗兰克·鲍姆本人的经历充满传奇色彩，导读时先给学生讲讲作者的故事，尤其是他创作《绿野仙踪》的经过，一下子就能抓住学生的心。导读部分要做的就是让学生对即将开始的阅读旅程充满期待。同时，为后面推进部分的主题探讨做好铺垫，有目的阅读比漫无目的阅读效果要好得多。

第二步：推进，这是共读中的重要环节。可以分章节讨论的方式推进，也可以通读全书后分成若干小主题讨论。此时的共读讨论，需要带着一定的指向性。教师要做好引领，提出一些重要话题，让学生带着话题进行阅读、对话。

比如，儿童小说、故事的共读推进，可从故事情节、人物形象、语言风格、文学意蕴等方面展开。以《蓝鲸的眼睛》为例，这本书语言优美抒情，意境空灵神秘，人物角色有着丰富的精神内涵。推进中可引导学生品味“蓝鲸献出眼睛”这一段文字，感悟语言文字的特点与魅力。书中的经典段落形象地刻画出角色，反映出角色的内心情感和精神内涵，让学生有感情地诵读描写主人公的主要段落，并引导想象、交流，谈谈对角色的印象。在诵读与交流中，学生不断丰富和铭记角色形象，感悟到书中深厚的精神内涵。在此基础上，再让学生给喜爱的角色写颁奖词，来呈现他们对角色和内涵的理解，在写话中提升阅读品质。这样的共读推进，学生不但能消解困惑、深化理解，还能分享快乐、分享经验，使阅读走向深入。

第三步：延伸。一本书读完，并不意味着阅读的结束。相反，在推进部分结束时，学生由于观点的碰撞、心得的交流而获得的阅读体验正激起新一轮波峰。此时，应把握这一时机，巧妙整合资源，进行拓展延伸，顺势将阅读活动引向更为广阔的时空，深化读书感受。

可以共同拓展阅读作家的其他作品，如读完米切尔·恩德的《永远讲不完的故事》，补充阅读他的《毛毛》《犟龟》等；可以共看电影，如读完《草房子》《夏洛的网》《城南旧事》之后再看电影，别有一番滋味；可以排演书本剧，如读完《一百条裙子》之后，尝试演一演书中的精彩片段，学生会有更深的感受；可以进行延伸的写作活动，如读了《亲爱的汉修先生》后模仿作者用假想收信人的方式倾诉自己的心声，还可以画画、讲故事等。总之，只要巧妙安排，延伸活动就能使学生对书中的情节、人物、内涵的了解更深入全面，感受更丰富具体。

但是，在师生整本书共读中，有些教师不注意阅读规律，大包大揽、无微不至地“指点”，这样反而加重了学生的负担，破坏了学生的阅读“胃口”。如何进行科学高效的阅读指导，提升“整本书”的阅读质量？我们以为，要重点关注以下三点：

第一，关注整体。在阅读时，教师始终要有整体观念。比如，对情节连贯性较强的小说类作品，要让学生抓住人物和事件的主要线索，形成连贯、整体的印象。读《鲁滨逊漂流记》，就可以让学生画一张鲁滨逊的漂流图——他依次到过哪些地方，待了几年，干了些什么。这样，先从整体上把握这本书的脉络和走向，初步形成对书的整体印象。随着阅读的逐步深入，可以通过细节挖掘，牵一发动全身，促进学生对整本书的理解。最后，再从整本书结束，确保在学生头脑中形成一个完整的印象。

第二，关注体裁。教师要有体裁意识，不同体裁的书有不同的特点，要根据体裁的特点进行指导。如童话的阅读，要引导学生进入童话情境，成为童话人物，展开丰富想象；小说的阅读，要从故事情节、人物形象、文学语言、表达主题等方面进行指导；科技作品的阅读，要把握事物特征，理清说明顺序，研究说明方法，体会语言特点；传记的阅读，要了解主人公的人生经历，分析人物形象，分析作品的选材、表现手法、语言特色，关注作者对人物及有关事实所作的评价等。这样，引导学生掌握不同体裁图书的阅读规律、基本方法，才能使他们真正读有所得。

第三，关注话题。在共读中，选择话题至关重要。有的教师将一本书的内容细化出无数问题，学生阅读的过程成了解答问题的过程，这样很容易使学生陷入被动和机械阅读中。儿童阅读推广人王林先生曾在阅读报告中指出：少提小问题，多提大问题；少提事实性的问题，多提诠释性的问题；少提认同性的问题，多提批判性的问题；少提简单陈述性的问题，多提创意思考的问题；少提封闭性的问题，多提开放性的问题。这“五少五多”原则，很有参考价值。我们认为，应选择能触动学生心灵的一石激起千层浪的话题，如可以引发学生认知冲突的话题，或涉及作品主题内涵的话题，或引导学生细节品味的话题，或源自学生需要的话题，或能够链接学生生活和情感世界的话题等。有了这些话题的讨论，阅读才会更深入，更动人，更持久。

此外，我们还摸索、总结出共读交流的基本课型，如读物推荐课、阅读欣赏课、读书汇报课、语言积累课、大声朗读课、经典诵读课、读写结合课等。通过不同方式的共读，让学生积极参与阅读实践活动，获得阅读方法，加深阅读理解和体验，受到情感熏陶，得到思想启迪，享受审美乐趣，培养阅读习惯。

四、共读手册，让阅读向更深处漫溯

叶圣陶先生曾指出，读整本的书，不仅可以练习精读、速读，有利于养成好的读书习惯；还可以进行各种文学知识与文体阅读的训练；学生阅读的心理会更加专一，阅读效果也会更好。它可以收“一石多鸟”之效。由此可见，引导学生读整本书，有利于学生阅读能力的提高。

六层次阅读能力系统理论认为，阅读能力包括六个能力元素：复述、解释、重整、伸展、评鉴、创意。如果要培养“理想的读者”，就需要我们根据阅读层级采取不同的阅读

策略对学生进行各方面的训练。为此，我们通过设计《共读手册》详细指导儿童如何阅读整本书。

《共读手册》以经典的儿童文学为范本，根据儿童的认知特点和现代阅读观念，全方位挖掘书中的语言、人文、美学等价值，设计了相配套的形式灵活的阅读指导与练习，这些练习包括讨论、想象、表演、多形式读、剧本创作、动手做，甚至游戏等，把读书与听、说、议、讲、想、编、写、画、演、做等相结合。如中年级的《〈夏洛的网〉共读手册》，里面有人物点击游戏、分享感人片段、探究话题、仿写摇篮曲、给主人公威尔伯写一封信、与好朋友分角色朗读表演等综合练习。这样的《共读手册》，既便于在课堂上师生高效优质的阅读指导和讨论，进行阅读互动建构；又便于学生自主深入阅读，自读建构，提升阅读质量，提高阅读能力。《共读手册》成了儿童的阅读地图和指南。

例如，《〈草房子〉共读手册》设计片段：

• 这本书的题目是《草房子》，书中第一章就用生动的文字为我们搭建了一个由十几幢草房子组成的美丽校园，找到这段文字了吗？摘录下来，并把它画下来，别忘了那些草房子之间的"安排"哦！

• 充满诗意的景色描写是《草房子》这部作品的一大亮点，你来摘录几处，细细品味吧！

• 有人说"一切景语皆情语"，结合内容想想，这些景物描写让你有什么特别的感受呢？

又如，《〈时代广场的蟋蟀〉共读手册》设计片段：

• 在和玛利欧分别之际，柴斯特为他举行了一场独奏会。书中这样写道："蟋蟀抬起了翅膀，轻轻地拉出了一声低吟。在这一声鸣叫里，它献上了它的一切爱，也代表了它的惜别。"这一声鸣叫包含了柴斯特想说的许多许多话，你听懂它在说什么吗？请写下来。

• 试着在某一个空气清新的早晨，或者是某一个万籁俱静的夜晚，用心聆听风声、雨声、虫儿的鸣叫声……你一定会发现，大自然就是一位演奏家。模仿本书的描写也来写一写你听到的美妙音乐吧！

以上设计，引导学生在整本书的阅读中提取特定信息，回味感悟到的文学的语言美、形象美、情感美、意蕴美，并迁移模仿。在这一过程中，儿童的审美鉴赏能力、文学感悟能力、语言表达能力、联想扩展能力等均能得到提升。我们充分利用《共读手册》一起阅读、分享、探讨、思考、感悟，将阅读的积淀融注到一个个生命个体中。这样的精读、共读，更深入，更持久，更有效。

同时，我们还辅之以《阅读评价手册》。根据阅读书目，学生每读一本书，在得到老师、家长或伙伴的认同后，可得一颗星，积满二十颗星，就可获得一枚"阅读奖章"。"阅读奖章"共七枚，依次为"水星奖""金星奖""火星奖""木星奖""土星奖""天王星奖""海王星奖"。这样，读完一百四十本书，就能获得最高奖——"海王星奖"。之后，还可继续挑战，新的阅读奖章就以学生的名字来命名。通过阅读挑战、星级评比，引领学生以持久的热情拾级而上，欣赏一路风景，享受最美童年。

五、共读读本，对美丽母语存敬爱之心

研究中，我们发现，母语阅读必须契合儿童生命成长的需要，关注儿童语言发展和精神发展的关系，必须突破原有的阅读框架，引进新的资源和力量。于是，我们树立了凡适合儿童阅读的读本都是教材的思想，充分利用汉语的文化禀性，开拓阅读疆域，让学生走进迷人的童话、绮丽的诗歌、精彩的小说，阅读神奇的科学、绵延的历史，以及充满人文情致的民歌、对联、成语、农谚、童谣等。改变过去只阅读一本语文课本，而语文课本大多以单篇美文为主要阅读材料的平面式阅读课程体系，将中华经典诵读、主题美文赏读、经典童书阅读结合起来，尝试建设独具个性的符合汉语言文字特点的阅读课程体系。

例如，将课外阅读与课内教学结合，开发编写共读读本。教师对教材进行了重组、整合，将同主题的文章放在一起，并以此拓展多篇相关或同主题的文章、书籍，让学生去阅读。如果说课文是“经”，那么拓展的文章、书就是“纬”，这样构建成“经纬”交错的阅读网络，促进了知识的迁移、融合，使课内外阅读相互补充，相得益彰。

又如，将课外阅读与主题活动结合，开发、编写共读读本。我们通过主题活动引领学生畅游书的海洋，如二年级开展了“安徒生童话月”的主题活动，在“童话月”中，学生读安徒生童话，听安徒生童话，画安徒生童话，演安徒生童话，和“海的女儿”说话，跟“卖火柴的小女孩”交朋友，他们展开想象的翅膀，赏读安徒生童话的语言，尽情抒发内心深处的感受。在每一个主题活动中，我们都对丰富的文本资源进行统整与优化，为学生精选读本，如结合母亲节、中秋节、游戏文化节、海洋文化节等主题活动，开发了《母亲节读本》《中秋读本》《游戏文化读本》《海洋文化读本》等。这些读本围绕主题，精选最适合儿童的阅读材料，内容以儿童文学（童谣、童诗、图画书、民间故事、童话、儿童小说等）为主，也包括适合儿童阅读的古今中外优秀的文学作品和文化资源，如神话传说、古典诗词、简单的文言文等。文章的选择力求文质兼美：内容上有情趣，字里行间闪烁着人性的伟大、思想的光辉、大自然的和谐和童真童趣；文字有张力、有质感；语言有意味，且规范、生动、优美。文章具有较高的教育价值和审美价值。

共读读本的开发，为儿童搭建了一个博大圆融的文化背景。在情韵丰满、意象深远、充满情趣的读本中亲近母语，使儿童的个体生命成长具有鲜明的书香之气，使他们对母语存敬爱之心，更加感受到母语的亲和、温馨，更加自由舒畅地吮吸到丰足的滋养，以此来成就每个个体对自己民族的母语情结。

六、文化研修，教师成为“播种的人”

随着儿童阅读思考与行动的深入，我们意识到，教师的阅读视野是决定学生阅读品

质的重要前提，教师是影响儿童阅读的重要因素之一。我们组建了教师文化团队，在文化阅读、文化沙龙、文化欣赏、文化讲坛等多种活动中提升教师的文化素养，让教师成为真正“播种的人”。

1. 文化阅读

我们成立了读书俱乐部，开启艰辛而又甜蜜的“文化之旅”。读书内容很丰富，有文化类经典书籍，如《论语》《教师人文读本》等；有促进教师专业发展的书籍，如《情境教育的诗篇》《文学的故事》；有儿童文学，如《城南旧事》《小王子》等；有提高文化品位的书籍，如《美学散步》《谈文学》等。

2. 文化沙龙

我们就《情境教育的诗篇》展开课堂情境有效性的话题研讨，就《百万宝贝》进行生命与信念、成功与代价的人生哲思的探讨，就《澳洲课程故事》进行域外教育本土化的实践探索汇报……文化沙龙，开启了一扇扇智慧的门。

3. 文化讲坛

我们邀请专家、学者等来作报告；让教师走上讲坛，演绎自己精彩的教育思想、课程故事。精彩纷呈的报告讲座、自由开放的座谈对话，令教师情思激越、悟性顿开。在一次次的对话交流中，教师感受到教育生命的拔节。

童年是最美好的岁月，童书是最美妙的种子。引领儿童共读一本本书，就是在他们的童年时期播下一粒粒最美妙的种子，那是文化的种子、语言的种子、审美的种子、思想的种子……这些种子里有强烈的信仰，我们相信，会有奇迹发生！

【范例】《城南旧事》整本书阅读指导设计

作品解读

《城南旧事》是著名女作家林海音的代表作，是以其七岁到十三岁的生活为背景的一部自传体短篇小说集。全书透过主角英子充满童真的视角，描绘了 20 世纪 20 年代北京城南的往事：疯妈妈和她离散的、受人虐待的孩子妞儿；藏在草丛里，被她无心出卖，长着忠厚模样心地也忠厚的小偷大哥哥……本书满含怀旧的基调，借助一个小女孩童稚的眼眸看世界，看大人世界的喜怒哀乐、悲欢离合。淡淡的哀愁与沉沉的相思感染了一代又一代读者，让人沉浸在她心灵的童年里，也一直沉浸在自己心灵的童年中……

指导目标

1. 能坚持读完整本书，了解每个小故事的大意。

2. 能联系故事内容了解主要人物的个性，体会作者童年的快乐与忧伤，感悟作品的主题。

3. 通过摘抄、朗读、批注、交流、仿写等方式感受文字的魅力，丰富自己的语言积累，学习写作方法，激发阅读文学作品的兴趣；能主动和同学分享读书的快乐。

指导过程

导读板块

1. 时光悄悄流逝，留下许多美好的回忆，藏在我们每个人的记忆深处。你还记得小时候哪些有意思的事呢？(《童年》的音乐轻轻响起，板书：童年)

2. 学生畅谈童年往事。

3. 看来，幸福的童年真是各有各的幸福。同学们，有这样一段文字(出示)：

夏天过去，秋天过去，冬天又来了，骆驼队又来了，但是童年一去不还。冬阳底下学骆驼咀嚼的傻事，我也不会再做了。

可是，我是多么想念童年住在北京城南的那些景色和人物啊！我对自己说，把它们写下来吧，让实际的童年过去，心灵的童年永存下来。

就这样，我写了一本《城南旧事》。

我默默地想，慢慢地写。看见冬阳下的骆驼队走过来，听见缓慢悦耳的铃声，童年重临于我的心头。

4. 这里提到的《城南旧事》是一本能给我们带来持久阅读快乐的一本书。知道它的作者是谁吗？关于林海音，你有多少了解，能向大家介绍一下吗？

5. 教师介绍：

林海音，原名林含英，是中国著名女作家。她1918年3月出生于日本大阪，祖籍广东。1923年，随父母迁居北京。林海音在北京度过了童年与青年时期，曾先后就读于北京城南厂甸小学、北平新闻专科学校，毕业后任《世界日报》记者。在北京，她完成了从学生到新闻记者、从少女到为人妻母的转变，北京也是她文学之路的起点，因此，她的作品中具有浓厚的老北京味儿。

1948年，林海音带着家人去了台湾。她联络了大批文化界人士，提携了大量文学青年，出版了众多文学名作，被称为台湾文学“祖母级的人物”。

她的作品被译为多种文字，一生荣获众多文学奖项，并在1998年获得第三届世界华文作家大会终身成就奖。

6. 看到书名《城南旧事》，谁来大胆预测一下本书将会讲述什么故事？

7. 这本书究竟讲了什么故事呢？让我们来一睹为快。

推进板块

一、简单介绍，深情导入

同学们，最近我们在读一本满含怀旧深情的书——《城南旧事》(出示：书的封面)。书的作者是林海音(出示：林海音照片)，一位生于日本，长于北京，成就于台湾，享有盛名的女作家。林海音有两个故乡，却只有一个童年，那就是她的——《城南旧事》。让我们一起随着英子再一次走进她的城南，走进她的旧事吧！

二、梳理线索，揭示方法

1. 回忆一下，在这本书里写了英子童年生活中的哪些故事呢？你能看着目录，挑一个印象最深的给大家简单地介绍一下吗？（出示：目录，学生介绍）

预设：

《惠安馆》：惠安馆里的秀贞因为思念自己的女儿小桂子而变成了疯子，小英子觉得小伙伴妞儿的身世很像小桂子，又发现她脖颈后的青记，便带她去找秀贞。秀贞与女儿相认后，立刻带她去找寻爸爸，结果母女俩惨死在火车车轮下……

《我们看海去》：英子在荒园中认识了一个小偷，还和他约定等他弟弟去外国念书的时候一起去看海……不料，最后小偷被抓走了。英子目睹他被捕的情景，心里十分难过。

《兰姨娘》：兰姨娘被施家逼出家门后投奔到英子家。一开始英子很喜欢她，但后来英子发现爸爸也喜欢兰姨娘，为了保护自己的家庭，英子便设计撮合了兰姨娘和同住在家里的德先叔。最后，兰姨娘和德先叔一起离开了北京，爸爸心里很失落。

《驴打滚儿》：英子九岁那年，她的奶妈——宋妈的丈夫冯大明来到林家。英子得知宋妈的儿子两年前掉进河里淹死，女儿也被丈夫卖给别人，十分伤心。

《爸爸的花儿落了，我也不再是小孩子了》：英子参加了自己的小学毕业典礼，她希望爸爸能一起去，但此时爸爸已经重病在身不能起床了。开完毕业典礼回来，英子知道爸爸去世的消息后，意识到自己已经长大了。

2. 不知道同学们有没有发现，这部作品的写作方法和我们以往所读的书不同，以往书中的内容都是下一个故事紧接着上一个故事展开，情节环环相扣，联系非常紧密。而这里的五个故事呢？在写法上有什么不一样？（预设：都相对独立完整。）

3. 这五个相对独立的故事有没有共同点呢？（预设：这些故事在时空、人物、叙述风格上都是连贯的；每一个故事都是作者童年所经历的难忘的故事；贯穿这些故事的中心人物就是英子。）

4. 的确，这五个故事都是围绕英子的童年写的。像这样，为了表达中心的需要，将与中心有关的，乍一看似乎连接不够紧密的材料，用一条内在的线索串联起来的写作方法我们称之为“一线串珠法”。用这样的方法写作，能让文章整齐有序、中心突出、结构严谨，这正是林海音写作的高明、奇巧之处。

三、一线串珠，形散神聚

1. 当我们品读这一类用“一线串珠法”写作的作品时，你认为最重要的是把握什么？

2. 就让我们循着这根线走进书中的一个个故事，品读那一颗颗珍珠吧！当你怀着一颗沉静、思念的心读完这部作品时，我想问一问，英子的童年带给你最大的感受是什么？（预设：有着淡淡的哀愁。好朋友秀贞和妞儿都离她而去，最终惨死于火车车轮下。）关于这一点，谁还有补充？（讲其他人的离去）

3. 的确，那份离别的哀愁，那份浓浓的相思弥漫在英子的整个童年，流淌在书的字里行间。（出示：淡淡的哀愁、浓浓的相思；板书：哀愁、相思。）林海音在本书的前言中也这样写道——（出示：每一段故事的结尾，里面的主角都是离我而去，一直到最后的一篇《爸爸的花儿落了，我也不再是小孩子了》，亲爱的爸爸也去了，我的童年结束了。）指名读。

4. 书中的哪一段故事、哪一个人物的离去（板书：离别）最能让你感受到英子童年的这份哀愁与相思呢？请你快速浏览相关章节，静静地思考，细细地品味。

5. 交流。

★ 秀贞和妞儿的离去（方法——咀嚼细节）

(1) 出示片段一：

远远的有一辆洋车过来了，车旁暗黄的小灯照着秀贞和妞儿的影子……声音越细越小越远了，洋车过去，那一大一小的影儿又蒙在黑夜里。我趴着墙，支持着不让自己倒下去，雨水从人家房檐直落到我头上、脸上、身上，我还哑着嗓子喊：

"妞儿！妞儿！"

我又冷，又怕，又舍不得，我哭了。

(2)（出示：画面）这就是秀贞和妞儿离开时的画面，谁来读一读书中的相关段落。

(3)（出示：相关文字）孩子们，在这样一个漆黑的雨夜，目送着妞儿和秀贞远去的一大一小的背影，英子哭了，她的眼泪中饱含着什么？

（预设：① 舍不得。伤心。师引说：也许她会想起——，她会想起——，她会想起——，而现在曾经带给自己快乐的她们就要走了，英子怎能不伤心呢？

② 她为妞儿和秀贞而高兴，因为她们俩终于团聚了。

③ 她也很害怕，她害怕她们一去不回。

④ 祝福与期待。期待她们找到思康叔再回来，希望她们以后生活得很幸福！）

(4) 是呀，有悲伤，有祝福，有不舍，也有期待。童年的这份淡淡的哀愁与相思就融在了这离别的眼泪里。循着整本书的线索，抓住细节，反复咀嚼品味，能让我们走进人物复杂的内心世界。（板书：抓住线索、咀嚼细节）这样的文字是值得我们好好品味的，谁再来读一读？

★ 厚嘴唇年轻人的离去

那个厚嘴唇的年轻人是英子在新家附近的荒草地里认识的，在英子的心里，他是一个可以谈心的朋友，可是，有一天巡警抓走了他。

(1) 出示片段二：

妈妈说："小英子，看见这个坏人了没有？你不是喜欢作文章吗？将来你长大了，就把今天的事儿写一本书，说一说一个坏人怎么做了贼，又怎么落得这么个下场。"

“不!”我反抗妈妈这么教我!

我将来长大了是要写一本书的,但决不是像妈妈说的这么写。我要写的是:“我们看海去。”

(2) 这是年轻人被抓后妈妈和英子的一处对话细节,英子的想法和妈妈一样吗?细细咀嚼一下人物的对话,你赞同谁的想法呢?说说你的理由。

(预设:① 赞同妈妈。因为他偷了别人的东西,犯了错就应该承担责任。

② 赞同英子。a. 因为年轻人是没有办法,他是为了弟弟能上学,照顾母亲,承担家庭的责任才去偷东西的。b. 他对英子很好,即使英子发现了他的赃物藏匿处,也从来没有伤害过英子,还送了礼物给英子。)

(3) 的确,人是很复杂的,就像海与天交织在一起的时候,我们会分不清哪里是天,哪里是海。纯真的小英子看到的是年轻人善的一面,但年轻人终究还是该为自己的行为付出代价,英子担心的事终究还是发生了……(出示:一群人过来了,我很害怕,怕看见他,但是到底看见了,他的头低着,眼睛望着地下,手被白绳子捆上了,一个巡警牵着。我的手满是汗。指名读。)

年轻人低着头,被白绳子捆着手,他的身影越来越小,渐渐消失在夕阳的余晖里。童年的又一个朋友离去了,可是那个美丽的约定却一直那么清晰地印在小英子幼小的心里。

(4) 出示,配乐,男女生配合读。

女生:我们看海去!

齐:我们看海去!

男生:蓝色的大海上,
　　扬着白色的帆。

女生:金红的太阳,
　　从海上升起来,
　　照到海面照到船头。

齐:我们看海去!
　我们看海去!

(5) 小结:童年那份淡淡的哀愁与相思就融在了这美丽的约定中。

★ 兰姨娘的离去

(1) 学生交流。

(2) 抓住看似矛盾的细节来咀嚼,真不错!的确,保全家庭是小英子所能设想的最美好的结局,但是当离别真正到来的时候,最先涌上心头的还是不舍,还是哀愁。

★ 宋妈的离去

(1) 学生交流。

(2) 是呀,照顾了自己多年的宋妈说走就走,英子怎能不伤心、不思念呢?

★ 爸爸的离去

(1) 是呀，秀贞、妞儿走了，草丛里认识的朋友走了，兰姨娘走了，爱她的宋妈也走了，英子是多么不舍！而现在，生她养她的父亲也离去了。年幼的英子该如何承受这巨大的打击呀！书中是怎么写的？谁来读一读这让人酸涩落泪的场景。

出示片段：

是的，这里就数我大了，我是小小的大人。我对老高说：

“老高，我知道是什么事了，我就去医院。”我从来没有过这样的镇定，这样的安静。

我把小学毕业文凭放到书桌的抽屉里，再出来，老高已经替我雇好了到医院的车子。走过院子，看到那垂落的夹竹桃，我默念着：

爸爸的花儿落了，我也不再是小孩子了。

(2)（音乐起）年仅十三岁的英子，面对至亲至爱的爸爸的离去，面对人生中最哀伤的永别，她真的会这样的镇定，这样的安静吗？（点红：这样的镇定，这样的安静）（出示：插图）看，这是书中的插图，图上的英子紧闭双眼，悄然走到了院子的一个小小的角落里，此时此刻的她多么想……谁能想象那平静的外表下藏着的是一颗怎样哭泣滴血的心呀！爸爸的笑，爸爸的话，往事一幕幕浮现在眼前……请你在作业纸上接着往下写，写出痛苦与坚强。（出示：亲爱的爸爸，你就这样永远地离开了我们，你可知道______________________________，放心吧，爸爸，____________________）

(3) 是呀，院子里的花依然静静地开着，年幼的弟弟妹妹依然在走廊下天真地嬉戏，而爸爸就这样离去了。英子不能哭，不能。她只能，只能在心里默念——（出示，配乐朗读）

师：是的，这里就数我大了，

女生：我是小小的大人。

齐：我是小小的大人。

女生：我从来没有过这样的镇定，这样的安静。

男生：我是这样的镇定，这样的安静。

师：爸爸的花儿落了，我也不再是小孩子了。

女生：我不再是小孩子了。

齐：我不再是小孩子了。

(4) 爸爸去了，英子也告别了那个哀愁淡淡的童年，长大了。于是——（出示林海音曾说过的一段话，配乐朗读：在别人还需要照管的年龄，我已经负起许多父亲的责任。我们努力渡过难关，羞于向人伸出求援的手。每一个进步，都靠自己的力量，我以受人怜悯为耻。我也不喜欢受人恩惠，因为报答是负担。父亲的死，给我造成这一串倔强，细细想来，这些性格又何尝不是承受于我那好强的父亲呢！）

四、深情诵读，拓展升华

1. 林海音以自己的智慧和坚强挑起了家庭的重担。1948 年，林海音去了台湾，她联络了大批文化界人士，提携了大量台湾的文学青年，出版了众多文学作品，被称为台湾文学“祖母级的人物”。

2.（播放：音乐《送别》）在台湾生活的日日夜夜，并没有抹去林海音对北京的思念，对童年的思念。童年永远住在她的心中。她忘不了城南，因为那里是她的家，镌刻了她生命中最美好的年华。（出示：童年，永远住在她的心中。她忘不了________，因为________。）

3. 是啊，童年的点点滴滴，小英子不会忘记，林海音不会忘记，我们也不会忘记。此时此刻，我不由得想起了林海音先生在七十七岁高龄时写下的一首小诗。（音乐响起，师生共同朗诵）

师：静静的听，
　　静静的思，
　　回忆我的童年，
生：忽见柳儿摇曳，柳絮飞扬，
　　柳絮吹向我脸上，鼻孔里刺痒。
　　抚摸着鼻头，泪珠儿沾湿了我七岁的小手。

　　……

师：我在这儿静静的听，向我自己的心诉求：
生：给我以一盏七月的莲花灯，提着它，
　　我去踏冬月的雪，一步一个脚印，踏到明春。

　　……

　　我可以在这儿静静的听，静静的听……
　　听城南的深夜，听到冬阳的早晨。

4. 这节课，我们循着本书的写作方法——一线串珠法，通过抓住线索、咀嚼细节的方法品读了英子童年中的一次次离别，感受了英子充满哀愁与相思的童年。课后，有兴趣的同学还可以用这样的方法读读《呼兰河传》《童年》这两本书，感受不一样的童年。

延伸板块

一、推而广之

书中的一切都是那样有条不紊，缓缓的流水、缓缓的驼队、缓缓而过的人群、缓缓而逝的岁月……景、物、人、事、情完美结合，似一首淡雅而含蓄的诗。所有这一切都让我们全身心地、完完全全地沉浸在了林海音的《城南旧事》里面。我想这本书带给我们的东西也许是很多很多的。我们常说好书共享，向爸爸妈妈推荐这本书，让成人了解孩子，让孩子学会感动。你会怎么说呢？

二、书写童年

悲欢离合是生活的真实写照,《城南旧事》却让我们感受到了超越悲欢的童年是永恒的!它让我们通过一个孩子的眼看世界,也是人生的写实!这也正是这部作品经久不衰的原因所在。作者选材和叙述的高超之处,是值得我们学习借鉴的。每个人的童年应该都有一两个人、一两件事触动我们,让我们对未来、对成长、对大人的世界有了最初模糊却深刻的理解。每个人都有自己不可重复的童年生活,让我们试着写一写自己的童年,与班里的同学合作完成一本《童年足迹》。

三、佳片有约

很多人结识并爱上小说《城南旧事》缘于它的同名电影。这部由著名导演吴贻弓执导、摄于1982年的影片展现了原著的抒情风格和怀旧情绪,以“淡淡的哀愁,浓浓的相思”为基调,将一幅幅古城北京的风俗画和风景画展现在观众面前,是一部极有意境的散文式的电影,具有很强的艺术感染力,令人看后产生一股挥之不去的惆怅。本片曾荣膺第三届中国电影金鸡奖最佳导演、最佳女配角和最佳音乐等多项奖项。比起文字,画面有种别样的魅力,那是典型的老电影——浓郁又朴素的色彩,狭窄的街道,在吆喝的人和放学后嬉闹的孩子……在不断的告别与相遇中成长,身后是再也回不去的童年时光。这是一部值得一看的好电影哦!

四、好歌共赏

1. 出示歌词

长亭外,古道边,芳草碧连天。晚风拂柳笛声残,夕阳山外山。天之涯,地之角,知交半零落。一壶浊酒尽余欢,今宵别梦寒。

——《送别》(《城南旧事》主题曲)

当熟悉的旋律响起时,音乐特有的穿透力把“淡淡的哀愁和沉沉的相思”点染开去。僻巷的驼铃、挑担剃头的情景、沿街的叫卖、小学生放学时的画面……丝丝入扣,使人陷入无言的哀伤中。

2. 在这熟悉的旋律中,让我们看一看书中的这段文字。(出示片段一:我哭了,我们毕业生都哭了。我们是多么喜欢长高了变成大人,我们又是多么怕呢!当我们回到小学来的时候,无论长得多么高,多么大,老师,你们要永远拿我当个孩子呀!出示片段二:虽然,这些人都随我长大没了影子,是跟着我失去的童年一块失去了吗?)

从这段话中,你读懂了什么?

3. 教师总结:当作者送别童年,两鬓斑白后;当作者离开北京,长居台湾后;当作者经历了无数的波折、坎坷后,她更加想念童年住在北京城南的那些景色和人物——(出示,齐读:这些童年的琐事,无论是酸的、甜的、苦的、辣的,却永久、永久地刻印在我的心头。)

(范例设计:黄海燕)

第三节　小学语文综合性学习课程的思考与实践

为了改变语文教学相对封闭的状态，改变课本是唯一课程资源的状况，更是为了克服偏重接受性学习的弊端，教育专家提出了语文综合性学习，这是母语教育改革中的一个重要举措。作为母语教育，有自己独特的优势。教育家华特认为，语文的外延与生活的外延相等，这揭示了母语和生活的深层联系。综合性学习整合了母语教学资源，把语文学习延伸到学生生活与社会活动的各个领域。它不仅追求听说读写能力的整体发展，而且提倡多学科联系、跨领域学习，为提高学生的语文素养找到了一条新路径。

一、对语文综合性学习的思考

关于"语文综合性学习"，《义务教育语文课程标准》中有这样一些论述：

综合性学习主要体现为语文知识的综合运用、听说读写能力的整体发展、语文课程与其他课程的沟通、书本学习与生活实践的紧密结合。

综合性学习应贴近现实生活。联系生活中的实际问题开展学习活动，在实现语文学习目标的同时，提高对自然、社会现象与问题的认识，追求积极、健康、和谐的生活方式。

综合性学习应突出学生的自主性，重视学生主动积极的参与精神。

综合性学习的设计应开放、多元，提倡与其他课程相结合，开展跨领域学习、跨学科学习，也应以提高学生语文素养为目的。

……

在具体解读这些论述时，以下几方面要引起我们的关注：

1. 应散发"语文味"的独特芬芳

语文综合性学习是属于语文学科的一种学习，是语文课程的一个重要组成部分。它虽然给学生提供了许多跨学科的内容，但仍然必须姓"语"，其着眼点应致力于学生语文素养的形成和发展。其他学科知识介入的目的在于拓宽语文学习和运用的领域，使学生在不同内容和方法的相互交叉、渗透和整合中开阔视野，初步获得现代社会所需要的语文实践能力。同时，语文综合性学习要努力体现母语文化，有意渗入文化内涵，可以说母语文化是把握语文综合性学习语文特色的关键。任何"非语文""泛语文"的倾向，都是背离其学科性质的。

如在"走近月亮女神"这一跨领域的综合性学习活动中，让学生了解月亮的相关知识同时，引领学生在活动中欣赏月之诗文、图画、音乐，交流关于月亮的成语、神话传说、民俗节日等，并张开想象的翅膀设想月球的未来，从中感受月神文化的源远流长以及对人类文明的影响。活动中展示的形式多姿多彩，有诗文诵读、对联欣赏、故事传说、月之遐想等，每一种活动的展现都紧扣语文目标，以培养学生的听说读写能力为根本，以发展学生的语文素养为目的，整个学习活动都散发着浓郁的“语文味”，学生可以在其中领略到中华民族的语言风采和文化馨香。

2. 应凸显“综合”的基本特征

语文学科渗透在生活的方方面面，可以毫不夸张地说，只要有人的地方就有语文，因此，语文学习本身就带有综合性质。“语文综合性学习”的“综合”主要指：

语文学科内部的综合。体现在语文知识的综合运用，听说读写能力的整体发展。因此，要从语文学科本身出发，找到能切实增长学生语文知识，提高学生听说读写能力的切入点开展活动。

语文课程与其他课程的综合。《义务教育语文课程标准》指出，综合性学习的基本特征之一就是语文课程“与其他课程相结合”“开展跨领域学习”。因此，要善于挖掘活动主题可能涉及的跨学科的内容，让学生综合性地学语文、用语文。

学习方式的综合。综合性学习是书本学习和实践活动的结合。既有课内学习，又有课外学习。因此，综合性学习倡导多种学习方式的结合，让学生在读书、写作、调查、研究等多种学习活动中提高语文能力。

语文学习与社会生活的综合。自然风光、文物遗产、风俗民情、国内外的重要事件，日常生活的话题等也都可以成为语文综合性学习的资源。教学中应结合实际情况，充分利用各种教育资源开展活动，拓宽学习空间，增加语言实践的机会，提高学生的语文素养。

3. 应激发“主体”的兴趣动力

语文综合性学习不是标准化、模式化的学习，而是生活化、个性化、自主化的语文学习。《义务教育语文课程标准》在“实施建议”中提出：综合性学习，“主要由学生自行设计和组织活动，特别注重探索和研究的过程”。在语文综合性学习的开发和实施过程中，应充分发挥学生的主体作用，把他们的需要、兴趣和动机置于核心地位，让他们在学习活动中，在认识事物的同时获得独特的个人感受，获得成功体验。

例如，举办“手抄报设计制作”活动，让学生自主走上街头，走进图书馆，利用网络搜集资料，筛选分类，设计制作，并通过交流分享、评价评选，展示优秀作品。因活动中充分注重“主体”，学生会积极参与、精心策划、合作交流，充分锻炼自己的策划、组织、协调、实施能力，提升语文实践能力。

4. 应以“实践”为主要途径

《义务教育语文课程标准》指出：语文课程是实践性课程，应着重培养学生的语文实践能力，而培养这种能力的主要途径也应是语文实践。综合性学习的过程是一个实践的过程，强调学生的亲身参与、实践体验，即在大量的、丰富多彩的语文实践中感悟、习得，并逐渐掌握语文的规律。综合性学习中的实践要注重以下五点：

第一，重实践的体验性。语文学习本身十分注重情感体验和感悟，综合性学习更是如此，在实践中要特别注意为学生设计体验性活动和研究性专题，丰富学生的精神世界，重视学生的情感激发和牵引，把情感的价值引导和学生的独特感受有机结合起来，并在此基础上进行内化和升华。

第二，重实践的参与性。在实践中应关注学生对学习活动的参与度，即看学生是否有强烈的参与意识和合作意识，能否主动地投入其中，与他人合作，彼此之间尊重、理解和宽容，能否积极表达自己的想法或接受别人的意见。

第三，重实践的开放性。实践的内容应具有开放性，或来源于课本，或来源于生活实际，或来源于社会问题。同时，实践的时空选择、组织形式、指导方式都应具有开放性的特点。

第四，重实践的多样性。在实践过程中，学生可根据自身实际、学习内容以及环境的特点选择灵活多样的方法，可以走进现实世界考察、采访等，也可以借助现代信息技术，走进网络世界讨论、交流等。

第五，重实践的应用性。在实践过程中，应引导学生把学到的东西运用到实际生活中，建立“学”和“用”之间的联系。这样，不仅可以增强学生的应用意识，而且使学生头脑中积累起来的各种语言材料在实践中越来越丰富。

二、语文综合性学习的实践

基于以上思考，我们清晰地认识到：语文综合性学习不是其他课程的辅助和附庸，而是具有独特功能并相对独立的课程形态。它把学生置于一种动态、开放、生动、多元的学习环境中，根据需要选择与语文相通的学习内容，帮助学生把书本和生活中的相关信息和知识建构起来，探索出更利于其全面、主动发展的母语学习途径。

1. 主题单元：引领儿童走向远方

主题是语文综合性学习活动的灵魂，没有主题，学习活动就会失去方向，学习活动的内容就会零散。我们的语文综合性学习，是以“主题单元”活动的形式来设计的，尝试以“主题”为核心，以“单元”为架构，以“综合”为取向，突出重点，加强整合，使综合性学习能洋溢时代气息，充满童真童趣，蕴含人文精神。那么，如何确立有意义、有价值的主题呢？

（1）儿童生活

德国哲学家埃德蒙德·胡塞尔的“生活世界”理论认为，生活世界是一个前科学的、预先被给予的世界，是一个直观的、奠基性的世界，是富有意义、富有价值、本真存在的世界。在对知识世界和规范世界的批判之下，让枯竭冷漠的教育回到真实、鲜活、丰富的生活中来，让它获得源头活水，这既是儿童获得可持续发展的前提，也是儿童作为一个生命体应该享受的权利。所以，在确立综合性学习的主题时，尤其要关注儿童生活。

儿童活动。我们每学期都会组织各种活动，如“快乐六一”“欢欢喜喜闹元宵”“摘草莓”等，这些活动为主题单元搭建了一个动感开阔的平台，在师生之间构筑起了共同的言语世界。如“欢欢喜喜闹元宵”主题单元，师生在教室里挂满花灯，张贴各种各样的窗花。在活动中，学生们听故事，讲神话传说，相互介绍自己在元宵节的活动，看花灯、猜灯谜、表演诗歌等，自己设计各种花灯，并用喜欢的方式介绍和展示。学生的语文素养在快乐的活动中获得全方位的提升。

儿童游戏。黄云姬在《儿童游戏与儿童文化关系探究》一文中提出：“游戏作为儿童生活和儿童文化的一个自然的组成部分，是儿童生活的一种主要状态，对儿童文化具有一定的促进作用。”我们调查了学生喜欢的游戏，以此设计了“玩具伴我成长”“童心在游戏中放飞”“忙趁东风放纸鸢”等主题单元，学生的语文能力在游戏中获得了整体、和谐的发展。

（2）多元文化

学生生活在活生生的世界中，色彩斑斓的文化就像空气一样与他们密不可分，可以说，文化的学习资源和实践机会无处不在，无时不有。我们的语文综合性学习充分利用文化资源来确定主题，使学习活动充满文化意味和文化内涵。

母语文化。中华民族具有丰厚的文化积淀，迷人的童话，绮丽的诗歌，精彩的小说，充满人文情致的古诗词、民歌、对联、成语、谚语、歇后语等都是母语文化的精髓。我们的语文综合性学习合理地选择母语文化主题，比如，低年级设计了“趣说谚语”“我们住在童话王国”“有趣的汉字”等主题，中年级设计了“漫游成语王国”“快乐绕口令”“歇后语大比拼”等主题，高年级设计了“花诗花语”“金戈铁马话三国”“话说水浒”等主题。通过这些主题活动，学生在潜移默化中汲取丰富优美的语言营养，培养了热爱祖国语言的情感。

节庆文化。中国传统节日源远流长、意蕴深厚，留存着人类独特的文化记忆。春节、清明节、端午节、中秋节……一个节日就是一道风景，浓墨重彩，散发着历史与文化的芳香。传统节日深厚的文化内涵和丰富的民俗活动蕴含着巨大的语文综合性学习价值，比如节庆资源本身包含着大量的语言素材，有诗歌、传说、对联等；节庆活动是中国家庭重要的文化礼仪活动，其中包含的语文教学契机可以让学生在生活中亲近母语、学习母语、运用母语……我们的综合性学习依此设计了“中秋月明”“重阳佳节话重阳”“粽叶飘香”“爆竹声声迎新年”等主题，通过节庆文化综合性学习活动，在儿童心中播下热爱传统文化、弘扬民族精神的种子。

地域文化。地域文化作为学生生活的有机组成部分，包含了当地的名胜古迹、风俗民情、饮食文化等。我们因地制宜设计了“体验家乡民俗”“走近家乡名人”“我爱家乡小吃”“金花节里话金花”“在家乡游戏中快乐成长”等主题活动。通过这些活动，把语文学习引向生活实际，把学生引进社会大课堂，引导他们多角度地实践、体验，从而增进对地方传统文化的了解，积淀文化底蕴，提高语文素养。

自然文化。苏霍姆林斯基认为，儿童周围的世界，首先就是那包含无穷现象和无限美的大自然的世界，这个大自然是儿童理性的永远源泉。自然奇妙无穷，热爱自然是儿童的天性。为此，我们设计了以“在大自然中深呼吸”“和春天有约”“夏之乐”“秋之思”“冰雪节”等为主题的综合性学习，让学生投入大自然的怀抱，感受一年四季的变化，更感受不同季节的不同意蕴。

时代文化。时代文化作为一种新的文化形态，已经成为儿童物质和精神世界中不可忽视的一部分。在语文综合性学习中，应该让学生倾听时代的声音，触摸时代的脉搏，感受时代的气息。例如，举世瞩目的 2008 年北京奥运会、神舟五号飞船升空等，都牵动着学生的心，我们以此为内容设计了“舞动的北京”“我伴神五去翱翔”等主题；又如，现今铺天盖地的广告、短信伴随着学生的生活，创意新颖、构思巧妙、语言生动、特点鲜明的广告语也深受学生喜爱，其中也蕴含着丰富的语文学习资源。为此，我们设计了“走进广告语”“享受短信文化”等主题。这些主题都源于学生感兴趣的话题，扣住了学生学习、活动的兴奋点，并与时代文化有机融合，有利于学生从中习得鲜活的语言，提高语文素养。

(3) 学科融合

语文综合性学习应打破学科本身的壁垒，在各学科之间架起桥梁，实现学科与学科的融合，这样才能真正实现语文知识的综合运用和听说读写能力的整体提高。

教材拓展。以教材为依托，拓展课堂教学的空间，引导学生确立主题，将语文综合性学习的内容与教材内容建立起某方面或多方面的联系，使语文综合性学习活动或成为学习某篇课文的前期准备，或成为课文学习后的拓展，或成为某一单元语文学习的延伸和深化。例如，在教学《秦兵马俑》一课之后，我们设计了“神奇的中国兵马俑”这一主题，采用让学生查资料、看电影、做小解说员、举行“我眼中的兵马俑”征文活动等形式，促使学生内化与兵马俑相关的知识，锻炼语言表达能力，感受民族瑰宝所散发的熠熠光彩。又如，在教学《赶海》一课时，我们设计了“走近大海”主题；在教学《长江之歌》时，我们设计了“长江之歌”主题等，以此创造性地开展语文综合性学习。

学科联系。语文学科具有鲜明的综合性特点，与其他学科之间有着千丝万缕的联系，有着无数的交叉点，有时同一主题会出现在不同学科的学习中，只是学习的侧重点不同。我们抓住学科间的交叉点设计语文综合性学习，建立学科间的联系，使学习融会贯通。如教学《春笋》《小池塘》《春到梅花山》这一组描写“春天”的课文时，将语文与美术、音乐学科建立横向联系，围绕“春姑娘来了”这个主题，让学生吟诵描写春天的诗文，描绘春天的画卷，歌唱赞美春天的歌曲。整合不同学科的力量，让学生徜徉于学科之间，汲取多方面的营养，综合性地学语文、用语文，全面提高语文素养。

2. 学习活动：伸展儿童的灵性

语文综合性学习的目的，在于为学生构建开放的语文学习环境，提供多渠道、多层面的学习活动机会，培养儿童的创新精神和实践能力，伸展他们的灵性。这就需要我们帮助学生掌握自主学习活动的方法，同时引导他们在新的语文实践中自如运用这些方法，促进语文能力的提高。在我们的语文综合性学习过程中，常用的学习活动有以下几种：

(1) 体验式学习活动

体验式学习活动摒弃枯燥的说教和单纯认知学习的倾向，强调学生的“身心投入”，即“以身体之，以心验之”，通过角色转换、观察、想象等体验性活动，达到对事物、行为、情感的内省体察，从而获得知识，形成能力，养成个性。这是一种主体性的认识和反思性的实践活动，是一种复杂的身心汇通、情理交融、知行合一的活动，它从根本上有别于接受性学习。

在我们的综合性学习过程中，学生在“我爱蔬菜娃娃”中扮演蔬菜娃娃，进行自我介绍；在“秋叶飘飘”中观察漂亮的落叶，并搜集落叶，制作贴画，想象有趣的童话故事；在“童心在游戏中放飞”中体验乡土游戏带来的快乐……通过这些生动、有趣、丰富多彩的活动，学生对学习内容有了多元感悟和自我体验，综合性学习成了学生个性自主发展的主阵地。

(2) 合作式学习活动

合作是现代学习的显著特点之一，合作式学习活动是综合性学习中使用广泛的一种学习方式。通过讨论交流、传递信息、沟通情感等方式，不仅能提高学生发现问题、分析问题、解决问题的能力，还能提高他们的策划能力、观察体验能力、搜集处理信息的能力，同时能促使学生个体的创新潜能与集体的智慧相互补充、相互调节、相互融合。

譬如，在学习《去打开大自然绿色的课本》之后，我们组织了以“聆听自然的声音”为主题的综合性学习。在活动中，学生以小组为单位，完成以下学习内容：① 各小组选择一个喜欢的地方进行观察，用摄像机、照相机、画笔等记录下大自然美丽的画面，然后向全班同学介绍；② 各小组选择描写、赞美自然的诗歌或美文，进行排练、展示；③ 小组合作种植一棵树、一盆花，并记录它们的生长过程；④ 组内成员共同搜集“自然遭到破坏”的资料，完成研究报告，同时写一份倡议书。学生在整个合作式学习活动中，相互帮助、相互启发、相互影响，实现了知识的融合和思维的碰撞。

(3) 探究式学习活动

让学生对事物产生强烈的探究兴趣，具有问题意识，是综合性学习的前提。在活动中，我们努力为学生设置探究的情境，营造探究的氛围，提出疑点，引导他们发现有探讨价值的问题，进而激发他们研究的兴趣和参与的积极性。

譬如，在“大自然的语言”这一主题综合性学习过程中，首先向学生提出问题：我们周围的自然物会有什么语言，然后引导他们收集资料、调查采访，并将收集到的资料、信息加以整理，形成自己的观点，写成研究报告，组织报告会。学生在探究式学习活动中掌握了探究学习的方法，培养了探究能力，提高了语文素养。

(4) 创造式学习活动

儿童是天生的创造者。我们的综合性学习重视激发和培养儿童的创造力，强调在教师的引导下，学生能够大胆想象，积极思维，主动认识、了解新奇未知的事物，探求不同事物的联系，体验创造的艰辛和成功的喜悦。创造式学习活动，让学生在活动中丰富创造的源泉，萌发创造的幼芽，迸发创造的火花。

例如，在“童心在游戏中放飞”活动中，在学生了解传统游戏的基础上，让学生设计新游戏，并为新游戏写说明书；又如，在“走进桥的世界”中，让学生设计自己理想中的桥，并展示自己创作设计的作品，讲解设计意图。这些学习活动激发了学生的创作灵感，提高了他们的创新能力。

(5) 虚拟式学习活动

信息技术的飞速发展，要求学生能掌握计算机、网络等信息技术手段在语文学习中的一些基本特征和操作策略，自主地收集、判断、表现、处理信息。这种虚拟式学习活动，能拓展综合性学习的时空范围，能促使多元信息与语文的人文性碰撞交汇，能有效地培养学生搜集资料、处理信息的能力，为学生将来的发展打下坚实的基础。

例如，在“我的动物朋友”主题综合性学习中，我们让学生通过上网大量阅读关于动物的诗文，同时自由挑选一种动物作为研究对象，通过互联网查找资料，并在电脑中画出自己喜欢的动物，并配上简短的文字，制作成演示文稿，向其他同学介绍这种动物等。在这个过程中，学生积极运用信息技术手段，提高了综合性学习的效果。

语文综合性学习是母语教学的一条新路径，只要教师因地制宜，周密计划，适当放手，适时指导，那么，学生的语文素养就能在母语阳光的沐浴下得到全面提高。

【范例】“我爱蔬菜娃娃”综合性学习设计

活动意图

综合性学习以学习活动为主要开展形式，强调学生的亲身经历，要求学生积极参与各项学习活动，去体验和感受生活，形成并发展语文素养。本设计，期望学生在学习活动过程中积极参与，获得真切的感受，体验活动的乐趣，激活求知欲、想象力、创造意识；努力展示个性，锻炼实践能力，培养与他人合作的能力；学习搜集、筛选信息的技能，提高运用语言文字的能力。

活动目标

1. 通过活动，认识一些蔬菜，能说出蔬菜的名称，了解蔬菜的一些知识。

2. 能积极参与讨论，围绕蔬菜这一话题，发表自己的观点，培养口语表达能力和与人交往的勇气。

3. 针对班级实际，纠正学生中偏食的不良习惯。

活动资源

1. 描写蔬菜的谜语、儿歌及故事等。

2. 学生对蔬菜已有一些了解；菜园、市场上的蔬菜。

3. 每个学生准备一种自己最喜欢吃的蔬菜(实物或图片),并通过询问家长、访问菜农、查阅资料等方式了解有关知识;搜集青菜、西红柿、茄子、竹笋、萝卜、黄瓜、黄花菜等蔬菜的图片或准备好实物;各种蔬菜头饰。

活动过程

活动一:竞猜谜语,创编谜语

1. 你们爱吃蔬菜吗?和同桌说说你爱吃什么蔬菜。

2. 知道老师爱吃什么蔬菜吗?这里有几则谜语,大家猜猜是什么蔬菜,并说说你这么猜的理由。(教师出示谜面,学生猜谜)

3. 请大家把自己爱吃的蔬菜像老师一样用一个谜语或几句简单的话说出来,让大家也来猜一猜。

活动二:观察图片,认识蔬菜

1. (出示图片)随着农业科学技术的发展,如今的蔬菜品种有很多,大家也认识很多种蔬菜。现在请你们看看图,说说有哪些蔬菜?

例:

(　　　　)的青菜　　(　　　　)的萝卜

(　　　　)的西红柿　　(　　　　)的黄瓜

(　　　　)的茄子　　(　　　　)的竹笋

…………

2. 指导:用"有……有……有……还有……"句式,把句子说得更完整。

3. 认识各种蔬菜的可食用部位。

以小组为单位,由组长抽签,决定做哪道题目。答对多者为胜,评出两个优胜组。

吃叶的蔬菜有________________________________。

吃花的蔬菜有________________________________。

吃根的蔬菜有________________________________。

吃果的蔬菜有________________________________。

活动三:扮演蔬菜,介绍蔬菜

1. 分组讨论:前面我们认识了很多种蔬菜娃娃,也知道了这些蔬菜娃娃叫什么名字。它们多可爱啊!你们想成为"蔬菜娃娃"吗?现在请"蔬菜娃娃们"以小组为单位围在一起,介绍一下自己。介绍时,说出你的名字,什么季节成熟,是什么颜色、什么味道、什么样子的?

2. 在小组内人人动口说,看谁说得形象生动,介绍得最好。

3. 小组汇报:请每组评出两名"蔬菜大王",带上头饰,以"我是蔬菜娃娃××"为开头,说说这种蔬菜的名称、样子、颜色和味道,以及蔬菜其他方面的知识,看看哪个小组说得最棒。

4. 师生评议:你们认为哪位"蔬菜娃娃"介绍得最好?什么地方说得最好?

5. 听了“蔬菜娃娃”的介绍，你们有什么感想？

6. 交流、朗读有关蔬菜的儿歌。

活动四：快乐游戏，画出蔬菜

1. 做游戏。

现在，请你们分别扮演小记者、农民、售货员和顾客，进行采访游戏。谁愿意上来表演，看谁表演得最好。(出示各种蔬菜的背景图，配有优美的乐曲)

2. 画一画。

(1) 画出自己最爱吃的蔬菜，再说说它的特点。

(2) 共同评议：把学生的作品全部展示出来，让学生发表自己的观点，再评选出优秀作品。

(3) 评选两种最受学生欢迎的蔬菜。(要求说出理由)

活动五：情境游戏，拓展延伸

1. 如果你是一个培育蔬菜的专家，你最想培育的是什么蔬菜？它的样子、颜色、味道怎样？还有什么其他方面的特点？

2. 情境游戏：你们培育出了这么多、这么好的蔬菜，怎样把它们推销出去呢？我们来举办“新型蔬菜交易会”怎么样？想一想，再说给老师和同学们听。

3. 活动总结：蔬菜娃娃含有丰富的营养。如果小朋友体内缺少了它，会影响我们的健康成长。所以，从现在起，我们千万不能挑食，要多吃蔬菜，这样身体才能棒棒的。

(范例设计　吴建英)

第四节　情境童话创编课程的实施

一、研发思考：童话是儿童语言和思想发展的最好土壤

童年是用幻想编织的岁月，儿童天生喜爱童话。瑞士儿童心理学家皮亚杰的“发生认识论”认为，儿童不能把精神的东西和物质世界相区别，在成人看来无生命的惰性事物，在儿童眼里大部分是活的、有意识的。在日常生活中，儿童常常把周围的动物、植物甚至物品人格化，自编自演童话。在这个特殊的年龄阶段，他们无一例外地拥有童话创作的天赋，对他们来说，比喻、拟人不是一种修辞方法，而是他们本身说话的方式。他们沉浸在想象世界中，常常把幻想的童话形象当作鲜明的现实来感知、思考和创造，又常常把现实的感受加工成童话来理解。从这个意义上讲，童话是儿童语言发展和思想幼芽迅速发育的最好土壤。小学低中年级是进行童话创编教学的最佳时期，在这一时期对学生进行童话创编训练可以达到事半功倍的效果。

在童话创编过程中，要着力营造教学情境。教学情境是一种情境交融的氛围，一种

有形与无形组成的“教学情意场”，它具有特有的激励、唤醒和鼓舞作用。著名儿童教育家李吉林老师这样认为，言语的发源地是具体的情境，在一定的情境中产生语言的动机，提供语言的材料，从而促进语言的发展。情境童话创编教学，通过创设优化的环境，使学生获得轻松愉快的学习体验，从而极大地调动儿童的创造积极性，这也是与6～10岁儿童的学习心理需求相吻合的。

二、模式初探：情境童话创编课程六部曲

情境童话创编是在经过优化、具有人性化的环境中，对学生进行童话教育和训练的特殊方式。其教学的实施途径包括显性课堂教学和隐性课堂教学。显性课堂教学是主渠道，它是指在课堂教学过程中实施情境童话创编教学；隐形课堂教学是重要的辅助渠道，它包括常规课堂教学以外的其他一切教育影响。情境童话创编教学是一个循序渐进的过程，大致由六部分组成：

1. 大量赏读童话，感知童话特征

小学生对童话有一种出自本能的喜欢，尤其是低年级学生，他们对读童话可以说是乐此不疲。这是儿童的天性，也是在这个特殊的年龄阶段才有的心理需要。因此，在这个阶段要特别注重扩大学生的童话阅读量，教授学生阅读方法，要让学生通过大量阅读来认识童话、了解童话并热爱童话，如我校低年级教师每天都开展“你讲我听”的活动，每个学期要求学生能听讲80个左右的童话；我们还组织主题为“永远住在童话王国里”的童话月活动，带领学生看童话、听童话、讲童话、演童话、画童话……这样，通过各种方式营造童话的氛围，让学生浸润在童话作品之中，体会人间至真、至纯、至美的感情，获得文学的启蒙教育。

2. 积累童话表象，丰富想象素材

情境童话创编跟所有的创作一样，需要有丰富的表象储备。因此，指导学生创编童话，必须通过各种情境丰富他们头脑中的表象。积累童话表象，其实就是让学生充分经历“前创编”的过程。在这个过程中，学生积累词汇，积淀知识，积淀情感，积淀智慧，有了充分积淀，创编才能厚积薄发。可以从以下几方面来进行表象储备：

从大自然情境中获取童话表象。自然界中的一草一木、一虫一鱼，都像谜一般地吸引着儿童。我们应以一种开放的姿态，让儿童走进大自然，去亲近、寻找和捕捉自然界中最细微而感受最深刻的表象，如池塘深处的唑唑声、蚕豆叶柄上的小耳朵、早春河岸边的芦芽、夏日瑰丽的晚霞……这一切都能激起儿童神奇的想象。

从生活情境中获取童话表象。生活是童话创作最肥沃的土壤，儿童的生活中处处都含有童话的基因。我们要把鲜活的生活引进儿童的视野，让他们带着好奇，带着探究，用自己明亮的双眼去观察世界，用纯真的心灵去体验生活，发现世界的神奇变化，感受生活的多姿多彩，这样，童话的神思便会在他们的心海里游荡。

从阅读情境中获取童话表象。除了读童话外，也可以让学生读一些童诗、儿歌，特别要多读一些科学知识方面的书籍，在阅读中掌握各类动植物的形态特点和生活习性，

以便在它们成为童话角色时能写出它们的特性，而且有些科学知识往往又能激发童话创编的灵感。如小海马是由雄性海马孵化的，猪笼草会捕捉小虫吃，蟑螂尾巴上有“雷达”……这些知识能把儿童带入美妙的遐想之中。

3. 创设童话情境，激发创编兴趣

创设童话情境能让学生充分感受到童话的魅力，学会在人物与环境的联系中思考，学会在情节与背景的交融中探究。

在课堂上用多种方式创设情境。通过生活显示情境、实物演示情境、音乐渲染情境、图画再现情境、扮演角色体会情境、语言描绘情境等多种形式，创设与童话创编有关的情境，让学生在情境中想象，在情境中构思，在情境中讲述。如在《说大话的小鸡》教学中，通过大幅“美丽的大森林”的板画，创设一种特定的童话情境，为学生创编童话提供了一个广阔的说话空间，激发了他们创编的兴趣。又比如通过直观形象又充满童趣的动物卡通画、新颖有趣的题材，把学生一下子带入童话情境中，既活跃了课堂氛围，也有效地激发了学生的想象力。

生活环境童话化。比如在童话月里，师生一起把校园、教室布置成童话王国，有海底世界、美人鱼、七个小矮人……学生感觉到天天生活在童话天地中，强烈激发他们创编童话的兴趣。

4. 激起讲述热情，提高口语表达能力

口语讲述是小学生重要的表达方式，这也是由儿童语言发展的特殊规律决定的。低年级阶段，在没有熟练掌握文字工具的情况下，用儿童最熟悉、最主要的表达方式进行情境、人物和情节的再现，有利于他们思维的发展和创造力的发挥。同时，在绘声绘色的讲述中，儿童的天性会展露无遗，个性会尽情张扬。所以，激发学生的讲述热情，会收到表达训练和个性培养的双重效果。如在《说大话的小鸡》教学中，每一个环节指导完毕后都要求学生用完整的话说说；用自己的话讲讲整个故事。

在讲述时，教师要着力指导学生饱满、酣畅、自由地展开想象，这直接决定着童话创编成功与否。学生的想象是可以被唤醒的。教师要靠自己充满启发性的语言，靠学生之间的相互碰撞，靠留出整块充裕的时间，去唤醒学生头脑中沉睡的想象之神。

5. 多方合作参与，促进共同进步

在学习过程中，把个体与群体的活动有机结合，必然能够创造更高的学习效率。情境童话创编教学特别需要师生之间、生生之间的合作，在共同参与中集思广益，形成“头脑风暴”。教学中可以根据学习和创作的需要，把学生分成若干小组，让小组里的每一个学生都积极参与，让每一个学生都思考和发言，让每一个学生在表演中都成为童话中的一个角色，让每一个学生都既当主角又当观众。这样，不仅能让每一个学生体会到欣赏的乐趣，也能让每一个学生感受到创作的乐趣，在相互学习、相互启发、相互鼓励中，促进共同进步。如在《说大话的小鸡》教学中，在教师指导的基础上让学生自主选择内容进行创编，使学生的个性得到了充分的张扬。采用同桌互说、集体交流、师生评议等形式，让每个学生都得到说话训练的机会。

6. 写作评改展示，获得成功体验

在低年级阶段，童话创编以口头讲述为主。到中年级(书面语言表达的关键时期)，学生在口头创编的基础上，会产生强烈的书面表达欲望，他们渴望用已形成的书面表达基础，去进行符合他们心理特征的表达尝试。此时，教师要鼓励学生把“胸中之竹”变成“笔下之竹”。具体做法：班上学生每人都备有专用的童话本。一是写教师指导的童话；二是自定主题、自选人物写；三是每周写一个童话，篇幅不限。起草之后，修改加工是完善与升华童话质量不可或缺的一个步骤。教师在指导修改、鼓励自改的基础上，还要引导学生进行互改，帮助学生养成乐于互相传阅自己的文章并诚恳交换意见的良好氛围，学会取长补短，分享成果，以促进相互了解与合作，共同提高写作水平。

文本的生命在于流通，在于读者的阅读。学生创编的童话不是为了完成老师布置的任务而写给老师看的，而是为了交流、沟通，展示给一切想看的人。从一定意义上讲，展示是创编成功的一个标志，是一种更诱人的成功体验。所以，要给学生多方面展示的机会：让学生写作的童话在报纸杂志、学校橱窗、学校广播台、班级墙报上“发表”；期末，学生每人出版一本童话集并进行展示；组织学生排演自己创编的童话故事；开展原创童话故事表演会；评选“童话之星”……在各种展示活动中，让学生真正体验到创编成功的快乐。

童年是多梦的季节，儿童是情感的王子。他们的心中充盈着想象的激情，蓄积着天真的笑容，扑扇着翻飞的情感。童话是儿童生命世界的一方绿洲，精神世界的一片蓝天，心灵世界的一泓清泉。让儿童想象在童话天地中自由翱翔！

【范例】《说大话的小鸡》教学设计

一、创设情境，激发想象

1. 小朋友，在童话故事月里，你读过哪些童话故事？

2. 小朋友们喜欢听故事、看故事、讲故事、演故事。这次，我们也来编一个童话故事。瞧，老师给你们带来了几个好朋友(出示：百灵鸟、小花猫、小鸭子的卡通画)，你喜欢它们吗？为什么喜欢？

3. 它们还有一个小伙伴——小鸡呢！(出示：小鸡的卡通画)不过，这只小鸡特别爱说大话，你们知道什么叫“爱说大话”吗？

4. 这只小鸡总以为自己很了不起，爱吹牛，老瞧不起别人。我们编的童话，就是发生在百灵鸟、小花猫、小鸭子和这只爱说大话的小鸡之间的故事。

二、进入情境，创编童话

1. 展示童话场景

(1) 我们要编一个故事，首先要说一说这个故事发生在什么地方？(出示板画：美

丽的大森林）

（2）在这个美丽的大森林里，住着谁呢？

（出示句式：在美丽的大森林里，住着______、________、________和______。）

指导：住着（　　）的百灵鸟、（　　）的小花猫、（　　）的小鸭子和（　　）的小鸡。

2. 展开童话情节

（1）具体指导创编

① 一天，小鸡来到了草地上玩耍，玩得正高兴，忽然从树上传来了美妙的歌声。小鸡抬起头来一看，看到了谁？它在树上干什么呢？（出示：百灵鸟载歌载舞的卡通画）

② 小鸡看到百灵鸟在树上又唱又跳，可不服气了，它会怎么说大话？（引导：小鸡是怎么瞧不起百灵鸟的？又是怎么说自己唱得好、跳得好的？）

③ 说完，小鸡想在百灵鸟面前表现一下自己，它又是怎么得意地表现自己的？结果怎么样呢？

④ 树上的百灵鸟看见小鸡从树上摔下来，连忙飞下来，焦急地问："小鸡小鸡，你摔疼了没有？"这只爱说大话的小鸡又会怎么说呢？

⑤ 请把刚才这段故事连起来说一说，说的时候还可以加上动作。

（2）自主合作创编

① 小鸡讨了个没趣，满脸通红，它揉了揉摔疼的屁股，继续往前走，走呀走呀，它来到了草地上、小河边（出示：猫逮老鼠、小鸭游泳的卡通画），分别又遇到了谁，看到它们在干什么呢？

② 小鸡又是怎么说大话的？结果又怎样呢？请同桌小朋友看着图，选一个自己喜欢的场景来说，也可以把两个场景连起来说。

③ 交流创编的童话故事，师生评价。

3. 表演童话故事

（1）请大家在小组里，用你们喜欢的方式，把小鸡遇到百灵鸟、小花猫、小鸭子的故事完整地讲讲、演演，最好再给这个故事加上你们喜欢的名字。

（2）以小组为单位上台表演。

三、评价角色，续编故事

1. 小鸡掉进水里被救上来以后，百灵鸟、小花猫、小鸭子都来了，他们会怎么劝告小鸡呢？小鸡听了，又会怎么说呢？

2. 一天，小鸡在森林里又遇到了百灵鸟、小花猫、小鸭子，它会怎样呢？请大家课后继续编这个童话故事。

（范例设计　吴建英）

主要参考文献

[1] 王国维.人间词话[M].上海:上海古籍出版社,1998.
[2] 段玉裁.说文解字注[M].郑州:中州古籍出版社,2006.
[3] 董仲舒.春秋繁露[M].郑州:中州古籍出版社,2010.
[4] 刘勰.文心雕龙[M].沈阳:万卷出版公司,2008.
[5] 陈廷焯.白雨斋词话[M].上海:上海古籍出版社,2009.
[6] 李维鼎.语文言意论[M].上海:上海教育出版社,2000.
[7] 朱光潜.诗论[M].南京:江苏文艺出版社,2008.
[8] 王尚文.语感论[M].上海:上海教育出版社,2000.
[9] 童庆炳.文学概论[M].武汉:武汉大学出版社,2000.
[10] 申小龙.汉语与中国文化[M].上海:复旦大学出版社,2003.
[11] 叶圣陶.叶圣陶语文教育论集[M].北京:教育科学出版社,1980.
[12] 王力.中国语法理论[M].北京:中华书局,1954.
[13] 张志公.语文教学论集[M].福州:福建教育出版社,1981.
[14] 张志公.传统语文教育教材论——暨蒙学书目和书影[M].北京:中华书局,2013.
[15] 王宁.汉语语言学与语文教学[J].中国社会科学,2000(3).
[16] 蒲震元.中国艺术意境论[M].北京:北京大学出版社,1995.
[17] 马钦忠.语言的诗性智慧[M].上海:学林出版社,2004.
[18] 朱自强.小学语文文学教育[M].长春:东北师范大学出版社,2001.
[19] 朱自清.经典常谈[M].上海:复旦大学出版社,2004.
[20] 刘占泉.汉语文教材概论[M].北京:北京大学出版社,2004.
[21] 张隆华,曾仲珊.中国古代语文教育史[M].成都:四川教育出版社,2000.
[22] 袁良智.对"民族化"的界说[J].北京大学学报,1997(3).
[23] 徐复观.中国人文精神之阐扬——徐复观新儒学论著辑要[M].北京:中国广播电视出版社,1996.
[24] 刘晓东.儿童精神哲学[M].南京:南京师范大学出版社,1999.
[25] 金学智.中国园林美学[M].北京:中国建筑工业出版社,2000.
[26] 辛刚国.六朝文学批评与汉语诗性的自觉[J].东方论坛,2003(6).
[27] 王崧舟.王崧舟教学思想与经典课堂　诗意语文[M].太原:山西教育出版社,2005.
[28] 王崧舟.诗意语文——王崧舟语文教育七讲[M].上海:华东师范大学出版社,2008.
[29] 朱学坤.语文:话语重建与传统回归[J].语文学习,2007(10).
[30] 熊芳芳.语文审美教育 12 讲[M].上海:华东师范大学出版社,2018.
[31] 杨斌.发现语文之美[M].长春:东北师范大学出版社,2013.

[32] 孙双金.孙双金与情智教育[M].北京:北京师范大学出版社,2006.
[33] 刘云生.刘云生讲语文[M].北京:语文出版社,2009.
[34] 卿海逸.试从历史角度看语文教育的民族化[J].现代语文(教学研究版),2007(3).
[35] 张瑞芬.略论语文教育民族化问题[D].长春:东北师范大学,2009.
[36] 张翼健.语文教学的问题到底出在哪儿?[J].语文教学研究,2009(10).
[37] 孙立权,王宏伟.语文教育的民族化方向[J].语文教学通讯(高中),2019(3).
[38] 王鹏伟.汉语文教育传统与汉语教育的民族化方向[J].教育研究,1999(1).
[39] 杨九俊.用美的规律塑造课堂[J].七彩语文·教师论坛,2009(4)(5).
[40] 郭惠宇.共同的语文教学价值观[J].中学语文教学,2008(9).
[41] 武建芬,古秀蓉,韩春红.走进儿童的哲学世界[J].上海教育科研,2005(9).
[42] 吴建英.语文教学的本真——情意课堂展现母语之美[M].南京:江苏教育出版社,2011.

代跋

以树的姿态生长

成长的滋味是地上的一棵小苗渴望长成参天大树。

怀有成长为参天大树的渴望与信念，就一定能在风中雨中、在电闪雷鸣惊涛骇浪中葱茏地站着，而不会凋零为一棵衰枯的草。

——摘自我的教育随笔

用心播种

1993年，刚满18岁的我从江苏省南通师范学校毕业了。踌躇满志的我却因那年特殊的分配政策被分到了一所村小，任教六年级。那时我的心情黯淡到了极点！

一个偶然的机会，听南通师范学校第二附属小学的施建平老师上“送教下乡课”。我惊喜地发现，语文课堂竟可以演绎得如此生动活泼！我不禁看呆了。这是我神往的课堂！听完课，生性好强的我暗暗下了决心：既然不能选择环境，那就让我在现有的环境中生根发芽！

调整了心态，我开始了自己的摸索。手中唯有一本语文教学专著《李吉林情境教学案例》，我翻来覆去地读着，真有醍醐灌顶之感。拿着李老师的经典教案去上课，学着她的做法，用上音乐、板画、动情的语言，课堂竟有声有色起来！然而，仅止于此，没有人告诉我以后的路该怎样走。

两年后，我有幸来到通师二附，跟随施建平老师学情境教学。听课、看录像、听讲座、上研究课、参与研讨……短短两个月，点燃起的教学激情，其力量的坚毅和执着，是不可估量的。

回校后，我全身心投入教学中：模仿名家精心设计教案，常常为自己的突发奇想沾沾自喜；开始关注教学杂志，尝试写一些豆腐块文章，居然在《小学语文教学》《小学语文教师》等刊物上发表了；有空时，练书画、练诵读，参加海门市演讲比赛、书画比赛，都获得了一等奖。

看到班上学生语文素养差，我不断改进教学方法：精心选择课外书，与孩子们一起阅读、交流；采用“每日一诵”的方式，带领他们诵读古诗、名句；组织各种语文实践活动，诗歌朗诵会、辩论会……阅读、活动使班上孩子的语文素养有了质的飞跃。在村小六年，我教了三届毕业班，毕业会考成绩在整个乡镇名列前茅。

在乡下教书的日子，我印象深的还有读书。在乡村无边的黑夜和寂寞里，我百无聊赖，口诵手抄自己心仪的好文章。现在想来，有点后悔当初自己一心只阅读小说、散文、诗歌，而对自己专业范畴内的教育教学理论却很少关注。但那时的读书对我的发展，对一名语文教师而言，我以为都是必要的。一名语文教师如果不爱好文学，哪来激情、敏感？哪来对真善美的诗意追求和对语言文字刻骨铭心的爱恋？

最难忘的是读自考。读自考很辛苦，时间有限、精力有限、资料有限，更要命的是靠自己一页一页地啃，这是对一个人的自学能力、自律能力、自悟能力的考验。乡下的夏夜虫子特别多。关了窗读，常常大汗淋漓；开了窗，因为灯光的吸引，大大小小的虫子飞进来，驻在灯管旁、雪白的墙壁上。尽管如此，我仍然常常坚持读到子夜，拿下了大专、本科文凭。夜读让我领悟了什么叫坚韧——一种人生中最宝贵的品格。我也渐渐明白：读书是一种生活方式，一种行走姿态。一名教师究竟能在教育这条路上走多远，很大程度上取决于他对读书的态度。

回想在村小教书的六年，没有上公开课的机会，没有任何荣誉，没有谁来关注你，然而那时读的书、上的课、对教育教学的思考却在慢慢发酵、慢慢酝酿，生命的能量在不断强大。

破土而出

1999 年，我从村小走出，怀着忐忑与憧憬相交织的复杂心情踏进海门市东洲小学。

在东小，我从有思想、有激情、富有开拓精神和感召力的许新海校长身上感悟到，教育需要忘我投入，需要责任心和奉献精神，需要一个教育者对教育理想的浪漫构想和狂热追求。我拜敬仰已久的李庆明老师为师，认真聆听成尚荣所长、杨九俊会长等教育专家的讲学，我与苏霍姆林斯基、陶行知等“亲密接触”，我一有机会就去听优秀教师的课……我惊喜于自己身体内沉睡的每一部分被唤醒、被激活。

我的快速成长，得益于一次次赛课、公开课中所接受的“魔鬼式”训练。2001 年，海门市教师基本功大赛，比赛内容有特长展示和上课。师父李庆明老师帮我细细推敲每一个环节，反复斟酌每一句话。他指出我的课堂教学中存在的问题：手势过多，教学语言不够儿童化，缺乏激情，教学评价不到位……一次次教学设计，一次次试教，推翻了，重来，再推翻，再重来……为了练课堂语言，我买来名家诵读的磁带，跟着大声练；为了练体态，我对着镜子，一个眼神，一举手一投足，尽量做得完美；为了练课感，夜深了，还独自一人站在讲台前进行“空试教”……那次比赛我获得第一名，后来又代表海门参加南通市比赛获得一等奖。

之后，我多次参加赛课，从海门赛到南通，从南通赛到江苏省，赛到华东“六省一市”和全国。2006 年，一路“过关斩将”，在全国苏教版小学语文阅读课教学大赛中，我执教的《月光启蒙》一课以精到深刻的教材解读、灵动优美的教学风格、扎实有效的教学效果赢得了专家评委的高度评价，获得一等奖。这样一路赛下来，每一次比赛都经受一段

“魔鬼式”的训练，从师父最初的指导到后来的自觉“磨炼”，每经历一次“磨”的过程，都让我感觉有一种蜕变，对教育教学的理解也愈来愈深刻，我听到了自己生命拔节的声音。

渴望参天

我的专业生命不断生长，与进入两个团队分不开。

2006年，南通市第一梯队名师培养对象遴选，经过封闭备课、现场抽签上课、论文答辩等多个环节，通过专家打分、测评、考察，我最终被确定入选，成为当时最年轻的培养对象。2015年，也是经过重重遴选，我非常幸运地进入江苏省人民教育家培养对象团队。这两个团队，其实是“专业发展共同体”，聚集着一批有思想、有见地的特级教师。团队活动极其丰富，有个人教学风格展示与研讨、送教下乡、读书沙龙、专业发展诊断会、暑期集体研修等，丝毫含糊不得。

常言道：“师父领进门，修行靠个人。”这些年，我又是如何修行的呢？总结为五句话：

1.“名师的生命在课堂”

这是导师们一再强调的话。每学期，每人至少打磨一节新课，然后到各地送教研讨。公开课，它的最大价值，不在课的本身，而在备课和研究的全过程。只有在公开课的不断洗礼中，我们才会真正成熟起来。

那几年，我对课堂教学有一种近乎痴迷的艺术化追求。文本解读要独特，教学设计要巧妙，教学语言要富有感染力，课件要精致，音乐要摄人心魄，如何达到？就是一次次备课、一遍遍试讲、一次次修改，要对自己的教学挑剔到近乎苛刻。记得那时，上《珍珠鸟》《蚁国英雄》《金色花》《伯牙鼓琴》等课，因为得到了导师们的多次赞赏，我窃喜不已，对课堂教学更加痴迷。

为了锤炼课堂教学艺术，我还摸索出一些日常的教学修炼方法。例如“细读实录法”，我收集了许多语文名师的课堂教学实录，一有空就细读，反复揣摩每一个精彩片段，细细品味独具匠心的方法和智慧，学习他们的“绝技”。又如“自我剖析法”，把自己的课录下来，整理成实录，反思课堂的教育行为及教育效果。此外，还有“微格研究法”“文本细读法”“主题研究法”等。

我一直认为，不讲究艺术的课堂注定不会走得太远。“要上，就要上出自己的最好！”一定要暗暗跟自己较劲，超越别人，超越自己。省人民教育家培养对象团队导师孙双金校长在听了我的课后评价：既是听课，又是审美，人词合一。杨九俊院长夸我的课精致，当然，他希望我要超越精致，到一定程度上，把精致打碎，走向更自然。这是我今后努力的方向。

2. 寻找属于自己的句子

“确立教学主张，彰显教学风格。”这也是导师们反复强调的。要想更好地成长，不能没有独特的风格，不能没有鲜明的个性。

在导师们的要求与帮助下，我越来越意识到理性自觉、明确的专业发展方向对于个体成长的重要意义。2008年的暑假培训，在小学组讨论、定位各自的教学风格时，朱嘉耀校长说："吴建英的课，清新雅致，富有情感，充满意蕴，语言训练扎实，课堂教学风格可以说已经呼之欲出。现在的主要工作是用核心词加以提炼、概括。"朱校长的话给了我莫大的鼓励和信心，引领我开始了对个性化课堂教学构建的实践与探索。2008年年底，许友兰校长、许新海局长和袁炳飞校长和我们继续讨论专业发展问题。当讨论到我的教学风格时，许局长沉思片刻，突然兴奋地说："吴建英的课情深意切、情意交融，我们暂且称之为'情意课堂'吧！"随后，他们帮我进一步梳理。这次讨论在我的成长之路上具有里程碑式的意义，它使我的专业发展方向顿时清晰起来。

之后，在我感到迷茫、困惑时，朱嘉耀校长、施建平老师、唐铁生老师总是及时给我鼓励与指点。他们说："在语文教学中，'情'已挖掘得很深入，'意'还研究得较少，中国的古代文论是很强调'意'的。""你要立足学科本位，从母语的本质特点、人与语文的关系中去研究'意'。""开创性的研究之路从来都不平坦，不能浅尝辄止，要持续深入！不要轻言放弃，不要轻易转向！"这些话语为我指明了前进的方向，给了我继续前行的无穷动力。

结合导师的点拨以及对自己的分析，我把研究锁定在"探索展现母语之美的语文教育"上，努力将母语教育植根于汉语文本土，遵照汉语言文字特点与儿童学习母语的规律，遵照现代先进教育思想来进行和改造母语教育，构建起独具民族特点和中国特色的母语教育体系，培养儿童对中华文化的认同感和对母语的热爱之情，探索一条"母语教育民族化"之路。

2010年10月，南通市名师导师团、海门市教育局主办"吴建英'情意课堂'教学展示与专题研讨活动"。在活动中，我执教了两堂课，并作了专题报告。大家普遍认为我的展示课优雅、灵动、唯美，专题报告见解有深度。朱嘉耀校长用"全面、深入、成功"六个字高度评价了本次活动。他认为，展示课显性的是"美"，隐性的是"丰"，从过程看有艺术性，从终极的指向看有生长性，体现了情感和认知、工具性和人文性的交融；专题报告，既有理论的初步构架，又有操作层面的初步呈现。只要坚持边实践边研究，不断完善深化，可望成为小学语文教学的一种范式。导师们的点评给了我莫大的信心，引领我做更深入的思考和探索。

风格一旦形成，就要坚持，就要聚焦，就要深挖，这样才能出成效。从2008年确立主张后，我的课堂教学、论文写作、教学思考都围绕这个主题，所以，在四五年时间内，我发表了近百篇相关文章，出版了专著《情意课堂展现母语之美》。2013年，《"情意课堂"教学范式及"情意课程"建构的研究》获得了江苏省基础教育成果奖一等奖。

3. 课程，铺就专业成长之路

除了在教学风格、课堂艺术上下功夫外，我更钟情于做课程研发。我感觉，课程比课堂更重要，更有意思，更有魅力。我主持的第一个江苏省立项课题是"十一五"的"阅读文化课程的构建与开发”，这个课题虽已结题，但我还在做，已做了十年多了。因课题研究的需要，我投入到了大量童书阅读中，读童书，不仅使我与孩子们有了共同话题，更使我保有赤子之心。同时，我还阅读了大量的儿童文学与语文教学方面的理论书籍，开创性地设计了《阅读手册》，引领全校语文教师进行阅读课程的开发与构建，做了整本书阅读、读写绘、主题阅读等，让师生沉浸于清朗而高贵的读书生活中。

2015 年，我主编的《给孩子们上的阅读课》一书，入选“2016 年全国中小学图书馆(室)推荐书目”。“整本书阅读课程”被评为“全国新教育卓越课程”之后，又在 2017 年江苏省校本课程评比中获最高等级奖，研究论文在《人民教育》等杂志上发表。2017 年，《“儿童书香课程群”的构建与实施》又一次获得江苏省教学成果评比一等奖。

近几年，我专注于“中国风・母语美”微课程群的开发与实施，此项目 2016 年被评为“江苏省基础教育前瞻性教学改革实验项目”，2017 年又被评为江苏省“十三五”精品培育课题。围绕课程，举办了多次研讨活动。南通市中小学名师培养导师团团长王笑君先生看了之后说：“最强烈的感觉，这个课程有一种教育担当、教育责任意识，境界高远、指归明确。能始终把握语文教育的本质，牢牢地把握了本质，找到了回家之路。”许新海博士也高度认可这个课程，认为“很有眼光，具有前瞻性、挑战性，具有中国风格、中国气息，是建立在中国传统文化基础上的蕴含中国元素的表达方式和文化形象”。这更让我坚定，要走出一条充盈着民族文化和时代精神的教育探索之路。

4. 读书，绕不开的主题

我喜欢阅读。以前，文学阅读是首选。读小说，如《百年孤独》《追忆似水年华》《不能承受的生命之轻》……还读散文，汪曾祺、林清玄、余光中、余秋雨、史铁生和周国平的读得比较多。读文学，就是读人生。我对文学教育特别偏爱，执教了《金色花》《月光启蒙》《珍珠鸟》等多个文学阅读的课例。

我的专业阅读是从充实学科知识开始的。了解汉字，我读《汉字的故事》；夯实语文基础知识，我读《语言学与语文教育》；了解修辞，我读《周振甫谈修辞》；进行文本细读，我读《论雅俗共赏》《谈文学》《孙绍振如是解读作品》；了解语文教学的思想和理念，我读《语感论》《走进语文教学之门》《语文：表现与存在》《语文科课程论基础》等。此外，我还选择教育学、心理学的书目进行阅读。

在系列阅读中，我感到与教育教学研究相结合的阅读是最有效的专业阅读。例如，我一直感到古诗词教学是个难点。如何在古诗词教学中寻求新的突破？带着这个问题，我开始阅读《诗论》《唐宋词十七讲》《人间词话》等书，通过阅读，我才真正懂得古人因何写诗词、为何如此写，我们如何解读、学习诗词。其中，叶嘉莹的《唐宋词十七讲》给了我极大的启发。在书中，她多次谈到王国维的《人间词话》，她对王国维给词的定义深为赞同：“词之为体，要眇宜修……诗之境阔，词之言长。”就是讲词有一种最精致、最细腻、最纤细幽微的美。这些论述，引发我在备《如梦令》一课时，以词的特点、文本特色为突破口进行教学，充分体现了“词必须以词的方式来教”这样一种理念。严清先生在给我的评课中就充分肯定了这一点——是什么就教什么。

这些年的阅读史，使我越来越感觉到：一个教师要改变和提升自己，除了阅读，别无他法。

5. 做到极致，就是卓越

有时，优秀会成为卓越的敌人。正如一句话所说的那样，一旦你以为自己已经非常卓越，那滑向平庸的过程也就开始了。其实，对于卓越的追求是一个动态的过程，永远没有终点。我一直坚信，做到极致，就是卓越。

怎么做到极致？三个关键词：坚守、努力、超越。

其实，磨课、读书、思考、写作等，没有什么特殊之处，这是成长的一般规律，它们构成专业成长的链条。问题是，为什么有的教师能按这些方式迅速成长起来，获得成功，而有的教师却成长缓慢，甚至没有明显进步，最终仍然平庸？那是因为成功的人把这一链条中的每一个环节都做得很充分、很扎实，绝不匆匆走过，绝不浮光掠影、蜻蜓点水。记得一位专家说："名师，都是在艰苦的环境，或自设的艰苦环境中成长起来的。"我对这句话的理解是，"艰苦的环境"对教师而言是"劳其筋骨"，而"自设的艰苦环境"则不仅是"劳其筋骨"，还是"苦其心志"，是自我加压，自求历练。

学习、工作，基本成了我生活的全部。在外人看来，这种生活无趣无味，但真正投入进去，也能自得其乐，乐在其中！在坚守中探索，感觉自己就是"生活在规律中的主人"。这样，每一个平淡无奇的日子都会带给自己清新亮丽的感动。

以树的姿态生长，那个蓊郁茂盛的参天梦想永远具有诱惑力！